明治維新をとらえ直す

非「国民」的アプローチから再考する変革の姿

Nara Katsuji
奈良勝司

有志舎

明治維新をとらえ直す

——非「国民」的アプローチから再考する変革の姿——

《目次》

四　江戸幕閣と東国公議論　169

序章　時代劇の世界はなぜ行き詰ってしまったのか？

1 明治維新論の形骸化と危機

二〇一八年現在、日本列島地域の人々が生きているこの社会は、どのようにして成り立ったものなのだろうか。著者もふくめ歴史学者とは、過去から現在へと連なる人々の歩みの積み重ねを観察することで、この壮大な問いに近づき、専門技能を駆使して答えを見出そうとする職能家集団である。注目する時期は人により違うが、直接的な意味で我々が暮らすこの世界がこの世界としての基本構造を定めた画期を、通常専門家は近代の始まりとよぶ。そしてその時期は日本史では、明治維新期あるいは幕末維新期とされる。本書は著者と学界の近年の研究成果にもとづき、近現代日本の土台がどのようにしてできたのかを検討することで、我々が生きる社会の成り立ちとその問題構造を明らかにする。

冒頭でこのようにいささか大上段なものいいをするのは、もともと明治維新史研究とはそのような使命と性格をもって始まったものだったからである。後述するように、一九二〇年代に明治維新史研究が広義の革命戦略として開始されて以来、科学的であろうとする明治維新史研究は、常に「私たちはなぜこのような国に生きているのか？　私たちはいったいどこから来て、どこにいるのか？」という問いのもと、数々の成果を生み出してきた。

しかし、誤解を恐れずにいえば、現在ではこのような明治維新史研究の定義はなかば過去形になりつつある。明治維新一〇〇周年をすぎた一九七〇年代あたりから、明治維新論は現代社会とのつながりをダイレクトに問うというよりは、むしろそこで躍動した人々や事件の足跡を紹介（称揚）することに軸足を移し始めた。その大きな流れは、後述する近代化論がアカデミズムの範疇をこえたところで社会の主たる雰囲気を醸成し、研究者をふくむ人々の無意識の前提を規定したことによる。そこでは前近代から近代へという大雑把な前提は共有されつつも、安土桃山時代や江戸時代をあつかった近世史研究の成果は十分に参照されず、「遅れた状態から進んだ状態へ」という曖昧な空気と現代的ナショナリズムが混ぜ合わされた。近代像も、近世社会の変容や転回として有機的なつながりのもとに理解されるのではなく、前後の時期との関係性をもたない明治維新像が生まれた。「情けない」現代人と「素晴らしい」坂本竜馬を対比させはしても、坂本竜馬たちが作った日本近代の帰結が現在の状況であるという問題設定は、発想すらされることがない。当該期は、近代社会の土台をなすメカニズムが誕生した画期として厳しく吟味される対象から、そんなものとは直接無関係で、むしろ日常を断ち切ってつかの間の逃避を求めた際にそこで消費可能なエピソードの集積へと、位置づけが変わったのである。

もちろん例外はある。各々の問題関心から明治維新を分析する作業は、この間も継続されてきた。その成果のいくつかは本書でも参照し、全体の論旨の一翼を担っている。しかし、明治維新の全体像を明確に意識し、読み手に自覚的に訴えかけた研究は、今ではそれほど多いとはいえない。前の時代（江戸時代）と後の時代（近現代日本）をつないだ未曾有の変革たる明治維新の（問題もふくめ）構造を、総体として、あるいは一つのメカニズムとして描ききる試みはある時期から滞ってしまった。

代わりに、明治維新＝大変革というテーゼだけが共有され、近世と近代の狭間にあたかも幕末維新期という固有の時期区分が独立して存在するかのような前提のもと、当時の個人や集団の活動の軌跡を描くこと自体が自己目的化するようになった。全体構造やそれをもたらした力学への関心を欠いたまま、変革イメージの外皮に彩られた事象の紹介や史料の羅列をくり返しても、そこで描かれる個人や事件は、〈過酷な国際環境のもとで近代化に寄与した顕彰譚〉か、その裏返しとしての〈時代に翻弄された悲劇〉にしかならない。結局のところ、明治維新とは何だったのかという問いは解を得られず浮遊し、我々の祖先がいかに頑張ったのかというエピソードだけが無数に生み出されることとなる。一九四五年以前に存在した帝国の正統性を称揚する目的でその成り立ちを語る視角のことを、古典的には漠然と皇国史観といってきたが、現状はあたかも史料の数を増やした皇国史観の再来のようである。

本書が先達への「暴論」「極言」を犯してまで、無数の先行研究の上にあえて大仰な明治維新論を講じようとするのは、こうした著者なりの危機意識がある。それは、もしかするとドン・キホーテのような無謀な試みかもしれないが、今このタイミングでしかできない作業でもある。しかし、そのためにはまずこれまで明治維新史研究がどのように進められ、そこにはいかなる特色と問題があったのか、を考えなければならない。遠回りにみえるかもしれないが、そのあたりから話を始めよう。

②「建国神話」の克服と変革の洞察の必要性

二〇一八年現在、明治維新史研究は明治維新論の再構築とその体系的な提示という意味ではある種危機的な状況にある。しかし、多くの人はこのような言葉には違和感を覚えるだろう。大河ドラマや歴史小説などでこの分野の人気は衰えることを知らず、研究者や学術論文の数も増えている。社会でも学界でも人々の興味が集まり成果も着実に積み重ねられているのに、なにが問題なのだ、と。その理由の一端はすでに述べた点にある。ブラックボックスのように核心は問わないまま、明治維新＝大変革というテーゼだけが独り歩きし、先達が素晴らしい偉業をなしとげた時代だというお墨つきがあればこそ、個別に作業の意味を証明する必要なしに（研究の価値を厳格に問われることなしに）、そこで躍動した個人や、変容をとげた制度・事象を「精緻」に再現する条件と環境が整うのである。だがいうまでもなく、そのような作業をいくら重ねてもそれだけでは明治維新論の再編にはつながらない。肝心の全体像や総体としての意義を問わないまま、時期や対象を区切って無限に細分化された「実態」分析が自己増殖をくり返し、インフレーションを加速させるだけである。さながら我々は、肝心の目的地や航路を知らないまま、船内パーティの熱気に酔いしれるタイタニック号の乗客のようだ。

加えていえば、現在の明治維新史研究の人気を土台で支えているのは、「癒し」の供給である。かつての明治維新史研究はそうではなかった。他のあらゆる歴史学と同じく、現代社会（の矛盾）をとらえ返し、その価値や常識を相対化し、中長期的には問題構造を解決し、より良い未来に変えていこうという目的意識のもとに存在した。いってみれば、現代社会に対する批判的洞察と直結したアクチュアルなものであった。先述したように、一九七〇年代以降に明治維新史研究が本来の目的を見失ったのは、高度経済成長の定着と生活水準の底上げという社会状況のもとで、眼前の矛盾を打破せねばならないという動機が相対的に説得力を失い、社会での影響力という意味では存在感を減じてしまったからである。新たな問題も次々に生まれていたとはいえ、社会は手間ひまとリスクをかけて変革しなければならないほどに酷いものとは、少なくとも一定層の人びとにとっては思えなくなったのである。

しかし、そのような理由で減じた意欲と説得力は、社会が混迷の度を強めた時には、再度活性化する可能性も十分にあったはずである。私たちはなぜこのような世界に生きているのかという問いこそが、人々を歴史へと駆り立てるのだから。本来であれば、バブルが崩壊して日本社会が構造不況に迷いこんだ一九九〇年代以降に、その現実を踏まえて明治維新論は再編されなければならなかった。しかしながら、その頃には学界は作業に必要な環境と体力を失ってしまいつつあった。同時期に生じたソ連に代表される社会主義諸国の瓦解は、さまざまな修正を経ながらも革命戦略としての明治維新史研究を引っぱってきた戦前以来の講座派マルクス主義理論を、最終的に壊滅させた。すでに一九七〇年代には社会の実態と乖離して説得力を低下させていたとはいえ、一九九〇年代初頭の変動はこれにとどめをさす大ショックで、既存の明治維新論はいったんリセットを余儀なくされた。当時の衝撃がどれほど大きかったのかは、それまでは研究書や学術論文などに頻出していた封建主義、絶対主義、ブルジョワジーなどの用語が、この時期を境に全くといっていいほど見られなくなったことからもわかる。

もちろんさまざまな試行錯誤はなされた。前述したいくつかの魅力的な明治維新論は、二〇世紀最後の一〇年ほどに書かれたものが多い。ただ、明治維新を体系的に描こうとしてきた講座派マルクス主義の本流を受け継いだのは、国民国家批判（論）であった。これは、特定の政府や体制ではなく、近代そのものを一つの抑圧的なシステムとみなす理論（歴史とりわけ近代史の見方）である。そしてその巨大な天蓋が社会全体を覆って、人々の意識そのものを変容させていく有り様を問題視し、実態を白日のもとに曝け出した。国民国家批判論のもとでは、明治維新は近代が日本列島地域にもちこまれた起点という位置づけになる。この議論の優れた点は、文化や伝統や言語・美的センスといった、それまでは社会とは直接無関係のように思われてきた領域においても、近代は大きな変化をもたらし、むしろ新たな規範を作りだす核となったことを描いてみせたことである。つまり、何を美しいと感じ、何が当たり前で心安らぐのかといった無意識の領域こそが、政治・経済以上に近代国家の社会形成に影響をおよぼし、しかもそれは権力の作為によって増進されたというのである。

このように、国民国家批判論は、政治史・経済史中心の歴史から文化史・美術史・言語史といった多彩な領域を切り開いたが、他方でもう一つの大きな特徴をもっていた。それは、近代の到来の全世界的な共通性を重視した点である。こうした特色は講座派マルクス主義にもあったが、政治史中心の近代史研究では、天皇制や東アジアへの膨張をどう捉えるかという固有の課題も存在した。それに対して、近代日本が文化や習俗では基本的に西洋化に邁進し、それへの異議申し立ても「伝統」の対置や両者の折衷の要請として展開したことで、講座派マルクス主義以上に近代化を全世界に普遍的なものと位置づけ、それぞれの国家や地域に固有の問題構造が相対的に見えにくくなる結果を生んだ。

しかも、近代はある日頭上から飛来するもののように描かれ、変革そのものというよりは、政体変革がすすんだ後にどのように文化面での統制や作為が表れるかという点に、実証研究の主眼はおかれることとなった。端的にいって、国民国家批判論は明治維新後の明治時代や大正時代を舞台に、文化行政などの諸政策が人々の通念を作りかえる上でどう影響したのかを具体的に描いてみせた反面で、その前提に位置づく幕末維新期の政治・社会変革に関しては、特段新しい成果を生み出したとは言い難い。しかも、近代が普遍的な抑圧（技術革新や生活改善といった肯定的イメージの裏面での、西洋由来の息苦しい管理社会の到来）として描かれたことで、そもそもなぜ近代が生じたのか、近世の影響や国際環境がその過程でいかなる役割を果たしたのかという点にも、主たる関心は向かなかった。

前述の自己目的化した個別実証の氾濫と、この国民国家批判論の隆盛は、政治・外交史と広義の文化史に領域を事実上棲み分けながら、奇妙にもほとんど交わることなく、一九九〇年代以降の学界を「並走」してきた。ここで「国民」というキーワードから両者を比較してみよう。「国民」の観点からみれば、九〇年代以降の幕末維新（期）研究は、できあがった「国民」やその後の歴史の積み重ねのなかで我々が疑いなしに習得し内面化した（してしまった）「国民」意識、「国民」感覚といったものを所与の前提に、いわば跡付けの常識を遡及させるかたちで自らの〈誕生日〉を再現してきた。

一方、国民国家批判論は、「国民」意識の誕生時の作為に自覚を促し、これを相対化した。いわば非「国民」的感覚を十分に意識し、現在我々が文化や伝統だと無意識に考えているもののなりたちを〈暴露〉した。しかし、そもそもなぜその作為が力をもったのか。またそれが一九世紀後半にユーラシア大陸東端の列島地域で促進された理由については、十分に位置づけられていない。つまり、近代社会成立後の「装置」に詳しい反面、そのなりたちを通時的に描く作業は行ってこなかった。

本書は以上の点をふまえ、非「国民」的な視座から幕末維新期の変革の姿を描き、評価したい。それは、一九九〇年代以降に時系列に沿った体系的な明治維新論があまりみられなくなってしまったという構造的な問題意識にもとづいて、かわってこの間大きな二つの潮流となった、①細分化したかたちでの幕末維新（期）の個別分野の実証と、②国民国家批判論それぞれのよいところ（長所・成果点）を統合する作業をおこなうということでもある。

それは「国民」であることを前提にしてはいけない。なぜなら国民国家批判論が明らかにしてきたように、現在の私たちがなんの気になしに使ってしまう、「日本人であれば」「常識でいえば」といったたぐいの感覚表現は、一九世紀なかば以前の日本列島地域においては必ずしも自明のものではなかったからである。挑発的な物言いをすれば、その時代に現地に生きていたのは、私たちの多くにとっての祖先ではあっても、決して現在普通に想起される意味での「日本人」ではなく、一種のエイリアンであった（今日の保守的政治家が訴える保守回帰・伝統回帰が、せいぜい明治時代までのことであって、彼らに江戸時代以前を考える発想も力量もないという事実は、このテーゼを皮肉にも逆説的に証明している）。少なく見積もっても列島地域における近世と近代のあいだには、「近代人になること」と「日本人になること」という、二つの属性にもとづく人間存在のドラスティックな変容がみられた。そのようなドラスティックな変容がみられたからこそ、明治維新は日本の歴史上の画期とされるのであり、端的にいってそこには時代の断絶が生じた。現在私たちが「時代劇」という言葉を使うとき、それが明治・大正でも鎌倉・室町でもなく、江戸時代のことに限定されるのはそのためである。隣り合いつつも隔てられた一つ前の時代に、人々は一種の〈異国趣味〉と親しみやすさの共存を求めているのだから。

この点を踏まえれば、西洋帝国主義の圧力にさらされたアジアのなかで、坂本竜馬や西郷隆盛といった英雄が身を投げだし奮闘したおかげで、日本だけが「半植民地化の危機」をまぬがれ、みごとに近代国家に成長することができた、といったたぐいのテーゼが、いかに予断とバイアスにまみれているかが少しは想起できるだろう。そこには、現在の我々と同じ感覚をもった英雄が、現在の我々が心地よいと思う活躍をして、到来した危機をはねのけて素晴らしい発展をとげたという、現代人のお国自慢をくすぐる前提（お約束）がすでに幾重にも敷かれているからである。この点をもう少し考えてみよう。

第一に、事実として今日ではアジアで近代国家として成長をとげたのは日本だけではない。一九七〇年代以降に大きく成長した韓国やベトナムにシンガポール、また近年驚異的な台頭をみせて世界第二位の経済大国となった中国に、その座を脅かしそうなインドと、二〇世紀後半以降アジア各国の伸長は目覚ましい。バブル崩壊後の「失われた二〇年（三〇年）」にもがき続けている日本との差は、控えめにいっても目立たなくなってきている。

確かに、明治維新一〇〇周年の一九六八年には日本は高度成長の只中にあり、この国を非西洋圏のスペシャルな存在と歴史的に位置づける誘惑は、当否は別にして、世間においてはかなりの説得力をもった。当時台頭した近代化論が、ベトナム戦争におけるアメリカの冷戦戦略に起因し、講座派マルクス主義の理論に比しても極めて乱暴でお粗末なものであったにも拘わらず、また司馬遼太郎の小説の歴史観がアカデミズムの議論に支えられていなかったにも拘わらず、民間レベルで定着したのは、この社会の雰囲気によるところが大きかった（「研究者がいくら理屈をこねくり回しても、現実に日本はいま大国としての地位を享受しているではないか！」）。しかし、二〇一八年の明治維新一五〇周年をこのような自信と多幸感と共に迎えられる人は少ないだろう。五〇年前は明治維新を考えることは、（戦争による挫折はあったとはいえ）発展の軌跡をたどる作業にまだしもなり得た。しかし現在では、発展と沈滞を総体としてとらえる必要があり、英雄の奮闘を無邪気に顕彰するだけでは、少なくとも現在への射程をそなえた明治維新「論」にはならないのである。

第二に、明治維新の際の「危機」というものを考える際に、意識と実態を区別することなく、両者がごちゃまぜにされがちなことである。戦前の帝国を称賛した皇国史観とその打倒をめざしたマルクス主義歴史学は、政治的には対立したが、旧体制（徳川政権）を否定して彼らを打倒した勢力（薩摩・長州を代表として、通常学術用語では「維新の変革主体」とよばれる）を高く評価する点は共通していた（ただし講座派マルクス主義では、すぐさま打倒すべき近代天皇制の創設者として批判対象に転じる）。つまり一世紀半におよぶ維新史研究において、旧体制（徳川政権）＝悪玉、「維新の変革主体」＝善玉というテーゼは、この間力をもった代表的な二つの歴史観に共通し、それゆえ今日でも強い影響力をほこっている。このような皮膚感覚が当該期の「危機」への関心とリンクすることで、日本が西洋帝国主義の毒牙にかかりそうな状況下で、それに鈍感であったり時には彼らにすり寄ろうとした旧体制（徳川政権）と、鋭敏な危機意識をそなえてその目論見を打ち破った「維新の変革主体」というナラティブ（物語・神話）が力を得る。当時の「国際的危機」については、かつて学術用語で「半植民地化の危機」などと呼ばれてきたが、旧権力保持に拘泥して侵略者にへつらい、「半植民地化の危機」を増長させた一部幕臣層（「買弁《ばいべん》的吏僚層」などと呼ばれてきた）と、愛国心に燃えそのような悪だくみを打ち砕き、困難な近代国家建設をなしとげた薩長勢力（および坂本竜馬などの仲介者、勝海舟などの一部の例外的な幕臣）が綺麗に対比され、「民族独立」の偉業として明治維新が称揚されるのである。

この「建国神話」のもと、①当時の国際環境がいかに過酷であったか、②旧体制（徳川政権）がいかに売国行為に加担したか、③それに抗して「維新の変革主体」がいかに外圧の浸透をはねのけてきたかがくり返し強調されてきた。問題は、これらの理解が予断を排した実態分析の積み重ねのすえにあくまで結果的に導きだされたというよりは、「建国神話」を担保するもっとも基本的な前提として、先に結論ありきで語られてきたことである。そこでは「危機」は大きくなければならず、旧体制と「維新の変革主体」のあいだには後者優位の明らかな差異が存在しなければならなかった。「危機」が深刻であればあるほど、「敵」が悪辣で卑怯であればあるほど、「建国神話」はよりドラマチックになり、得られるカタルシスも増すからである。特に、国内でも弱者の立場におかれた農民や被支配層の立場によりそい心情を同化する立場の研究においては、その傾向はいっそう激しさを増した。

だが、こうしたバイアスを当初からふくんでいれば、研究の進展とともに実証の精度が増せばそれだけ、「神話」と実態のあいだに存在するズレが顕在化するのは当然である。維新一〇〇年の喧騒が収まったあたりから、それはとりわけ経済史の分野で顕著となった。当初は「半植民地化の危機」論にあわせて幕末日本の外国資本への従属的傾向を強調してきたこの分野では、具体的な数値や統計データが出しやすいという特性もあり、一九八〇年代ごろからテーゼと実態の齟齬への意識が深まり、通説を部分的に修正する作業がすすんできた。たとえば金の流出に関していえば、かつては安政六年（一八五九）の通商開始から日本と他国での金銀の交換レートのズレが悪用されて莫大な量の日本の金が海外に流れ出たとして、幕臣の無能が糾弾されてきた。しかしその額は研究を重ねるごとに下方修正され、現在ではせいぜい一〇万両前後であったとされている。また、フランス公使にロッシュが着任して以降は幕臣内部に「買弁的」な「親仏派」が形成され、鉱山開発権などを担保に二四〇万ドルの対仏借款が組まれたといわれてきたが、現在では十分な史料の裏付けが存在するわけではないことがわかっている。

軍事面では、一八六一年のロシア艦隊の対馬占拠事件（ポサドニック号事件）や一八六四年の四ヶ国（英仏蘭米）艦隊の下関砲撃事件などから、日本が西洋列強に占領される危機があったことが強調されてきた。しかしこれも今日では、そのような政策や能力は当時の列強に乏しく、むしろかつて小英国主義と呼ばれていたイギリスの政策に代表されるように、直接征服よりも市場優先の軍事的抑制方針が当該期の主流政策であったことがわかっている。要するに、「半植民地化の危機」はテーゼとしていささか誇張されたものであり、必ずしも当時の実態を反映したものではなかった。

問題は、こうした実証の進展が基本テーゼの見直しには必ずしもつながらず、実態の問題が意識の問題へと読みかえられてしまったことである。今日では、前述した「建国神話」の三要素のうち、少なくとも①や②を無邪気にくりかえす研究者はまずいない。かつては学界を席巻していた「半植民地化の危機」というフレーズも、今はすっかりみられなくなった。「建国神話」が語る「危機」と実態のあいだにズレがあったことは、すでに専門家のあいだではなかば常識になっているのである。しかし、そのズレを正面からうけとめ真剣に明治維新論を再編しようとする動きは、残念ながらほとんどおこっていない。それは、〈「半植民地化の危機」があった〉という話が、〈「半植民地化の危機」を感じた〉という話にすり替わってしまったからである。そして、必ずしも国際環境の現実ではなかったかもしれないが、維新の英雄が危機感をもち、命を懸け奔走したことは確かだ、という評価へとスライドしてしまったからである。また、客観的状況はどうあれ、彼らの危機意識をもとに世界にも稀な大変革が成就したのは事実なのだから、そこを重視すべきだという心情もこの理解を支えた。

社会通念としても、「建国神話」が維持できるならそれにこしたことはないので、こうした感覚は根強い力をもち、今日でも再生産され続けている。後だしジャンケンのように重箱の隅をつついて実態とのズレを訴えるよりも、現実に変革をおこした人々の意識や想いを受け止めるべきではないか、というわけだ。実態と意識のズレなど、程度に差はあれどこにでもある普遍的なものだ（日本に限った話ではない）、という政治学的見地もあるだろう。

しかし、このようなかたちで問題を片づけてしまうと、彼らの精神構造を真に理解することは永遠にできない。それはとても危険で不確かな主情主義だし、過去の「英雄」の心情に同化して「サクセスストーリー」や「苦闘の歩み」を追体験しているだけでは、いっけん史実の誠実な観察のようにみえても、その実は、観念の世界の住人になってしまっているだけである。はっきりいってそれは、カタルシスを得るための、都合のいい歴史の消費にすぎない。

3 外国の軍事援助に関して「買弁」勢力と「維新の変革主体」の差はあったか

そして、各々の認識や具体的政治局面での発言の次元においても、「買弁的」とされた幕臣層と「維新の変革主体」のあいだには、「買弁」という尺度に照らし合わせた場合、実は明確な差はみられないのである。「半植民地化の危機」論の根拠とされるエピソードは大体決まっているが（結論ありきの言説なので、限られた事例が「使い回される」のである）、前述の金貨流出や「対仏二四〇万ドル借款」以外でよく使われるのが、①文久三年（一八六三）に江戸の老中格小笠原長行《ながみち》が兵力を率いて上洛を試みた（学術用語で「小笠原率兵上京」という）ときに、計画に関わった若年寄酒井忠毗《ただます》が「この計画が失敗した時には横浜にもどって（イギリス軍の）兵力の支援を乞うつもりだ」と語ったとされる件と、②幕末に目付や外国奉行、駐仏公使などを務め、明治期には郵便報知新聞の主筆として近代ジャーナリズムの象徴の一人となった栗本鯤（鋤雲）が、慶応元年（一八六五）に「頼りにできるのはフランス公使ロッシュだけだ」と語り、フランスへの全面的な依存を表明したとされる件である。

しかしながら、①②はともに「半植民地化の危機」論の根拠としては問題がある。まず②であるが、これは簡単な話で、この史料の出所は先述の栗本鯤の手による回顧談なのだが、実は該当部分は彼の同僚の旗本山口直毅《なおき》の発言を引用した箇所であり、栗本本人の発言ではない。つまり史料を前後もあわせて丹念に読みこむことなく、栗本の回顧談だから栗本の発言だろうという思いこみのもとに引用され、その後もわかりやすい表現だということで原典を厳密に再検証することなく孫引きがくり返されてきた史料なのである。しかも、この発言はイギリス公使パークスの要求に苦慮したさいに山口が発したものであり、彼らがロッシュに頼って対抗しようとしたのはイギリスであった。通説では長いあいだ、こうした事実や文脈が正確にふまえられないままに、「国内の敵対勢力を弾圧するためなりふり構わずフランスに依存して国家を半植民地化の危機に晒した」根拠として利用されてきたのである。

①に関しては、酒井がこのような発言をしたこと自体は事実である。そのため学界でも、彼らの「買弁性」がどの程度のものだったのかについて論争がくり広げられてきた。しかし、実は「維新の変革主体」の側にも似たような発言が存在するのである。

第二次長州征討が迫り、戦争の危機が高まっていた慶応二年（一八六六）四月一八日、伊藤博文が木戸孝允と井上馨に送った書簡には次のような記述がある。本書では煩雑さをさけて原則史料の長文引用は最小限に留めるが、以下に紹介する史料はこれまで学界でもほとんど活用されていないものなので、原文のまま紹介することとする。読みにくいかもしれないが、一次史料の生々しい雰囲気も伝わるのでしばしお付き合い頂きたい。なお、本書では史料の引用に関し、適宜読みやすいように表記を調整し、一部は現代語訳に改めた。また、研究者のあいだで一般的な史料集については、出版元、出版年を省略したものもある。

ミニストル論も、事誼相迫《じぎあいせま》り候上は、急に相運び置きたきことと存じ奉り候、戦争相開き、馬関警衛ぐらいは英船をもって致させ候策もこれ有るべきかと存じ奉り候、尤も、右の論相行われ候上ならでは六ケ敷《むつかしく》候えども、行われ候上に候えば、戦争を起こし候後の助けを得候こと少なからずと存じ奉り候、久保抔《など》は、頻りに、急に相行われ申さずては後憂測りがたしとの論に御座候、何分、ご英断今日の大急務と考え奉り候（『木戸孝允関係文書』一、東京大学出版会、二〇〇五年）

当時伊藤と井上は、長州毛利家の未来を担う有司かつ有能な実務役人として頭角を表していた人材であった。そして木戸は、長州の事実上の最高指導者として、迫りくる長州征伐の軍勢に対応する立場にあった。三人とも、明治新政府で中心的な役割を果たす代表的な「維新の変革主体」である。書簡の内容は、長州が征長軍と戦う際に、馬関海峡の警備をイギリス海軍に委ねてはどうかというものである（鵜飼政志氏によれば、この事実はイギリス側にとっては、馬関海峡の通行保証の意味合いを兼ね備えていた）。「ミニストル」とはイギリス公使パークスのことで、彼の提案を土台に伊藤が持論を述べている。ちなみに、パークスが実際にこの提案を行ったかどうかは、ここでは問題ではない。筆者が問題にしたいのは、「維新の変革主体」の意識や言説に限ったうえで、買弁的勢力とされてきた勢力と「半植民地化の危機」論に即した質的差異がみられるかどうか、という点である。伊藤はここで、「戦争を起こし候後の助け」と述べて木戸と井上の「英断」を促しており、征長軍との戦争にイギリス軍を味方として参加させる案を唱えて、積極的にその実現を目指している。また「久保」というのは、吉田松陰の弟子で明治維新後には山口県権大参事、渡会《わたらい》県令などを歴任した久保松太郎のことであるが、久保もこの計画を急いで行わないと後々後悔することになると主張しているのだという。

要するにこの書簡は、長州戦争という幕末最大の内戦を間近に控えた時に、長州毛利家の指導部が、戦局を自らに有利に展開させるために、西洋列強への軍事援助要請を内部で真剣に検討していたことを意味する。そして確認できる限りでは、この書簡を受けとった木戸・井上のどちらも、伊藤の提案を頭ごなしに否定したりその言動を問題視してはいない。外国軍隊に頼るなど言語道断と叱り飛ばしてはいないのである。もっとも、このイギリス海軍への戦闘介入要請は、結局は未遂に終わったようである。その意味では、伊藤や久保の提案は考慮はされたが、結局実行には移されなかった。

しかし、別の史料には、伊藤らの提案と同じだと思われる案件について、その後日談が記されている。この時期宇和島伊達家で作られた情報探索書には、越前松平家臣で洋学に精通し、当時イギリス船に乗り込んでいた瓜生三演《うりゅうさんえん》の情報として、次のようなやり取りがあったことが記されている。

三演乗り組みの英船より、小五郎へ申し立て候ところは、元来長州の義は、最早ご処置になり候義をまた御征伐と申すは、一向聞へざることに候あいだ、遠慮なく加勢申すべくと再応申し込み候処《ところ》、小五郎挨拶に、御加勢の義は御断り申し候、若《も》しまた存分防戦致し候上、社稷《しゃしょく》滅亡と申す時に至ては、また御頼み申すべくと申し候由（「宇和島藩周旋方聞書」、祭魚洞文庫 210.088-108、流通経済大学図書館蔵）

瓜生は、慶応元年冬に英仏蘭米の四ヶ国艦隊が兵庫沖に乗りこみ、徳川政権や朝廷に示威を示して条約勅許と兵庫開港を求めた事件（学術用語で「四ヶ国艦隊摂海侵入事件」という）の直後にも、長崎でイギリスの軍艦レパルト（Leopard）号に乗りこんで、懇意の船将と会談して情報を聞き出している。つまり、瓜生は実際にイギリス海軍とのあいだにコネクションを有する人物だったのであり、彼が提出した情報にはそれなりの信ぴょう性があったと考えられる。

史料の内容としては、幕長戦争に際してイギリスが木戸孝允に長州への軍事支援をもちかけたというもので、さきほどの伊藤書簡とも一致する。結局ここでも木戸はイギリスの提案を謝絶しているが、大事なのはその断り方である。木戸は、まず長州だけで戦った上で、「社稷滅亡」の事態になればまたお願いすることもあるだろうと答えている。「社稷」というのは国家のことで、ここでは長州を指す。実はこのくだりにおける木戸の話しぶりは、前に①で紹介した小笠原率兵上京の際に若年寄酒井忠毗がイギリス代理公使ニールに語った言葉と酷似している。酒井の場合も、最初に軍事支援を提案したのはイギリス側であり、それに対して当面は断ると答えたうえで、いずれ徳川政権の力だけで問題解決が困難になった時には、改めて支援を仰ぐこともあろうと述べていたのである（この時も木戸たちのケースと同じく、結局酒井ら幕閣は外国の加勢を得てはいない）。そして、通説的理解ではこの酒井の発言が「半植民地化の危機」の象徴と解釈され、徳川政権の「買弁性」を証明するものとみなされてきた。

しかし、いま述べたように、木戸の発言にせよ酒井とほとんど同じなのである。内戦が起こりうる政治情勢のなか、外国側の軍事支援の提案に対して、将来的なふくみは残したまま当面は謝絶するという話としてみれば、酒井のケースと木戸たちのケースは、時期と対象は違えど、基本的性格としてはまったく同質である。瓜生が報知した木戸の対応は、自己のおかれた状況といい、言葉のニュアンスといい、酒井のそれと瓜二つであった。ならば、酒井の発言が「半植民地化の危機」を招いたのであれば木戸も同様ということになるし、木戸たちの行動はセーフということであれば、酒井の言動だけを責めるわけにはいかない。結局どちらの場合でも、いわゆる「買弁幕臣」と「維新の変革主体」に「半植民地化の危機」をめぐって特段の差異を設けようとするのは、言説分析の次元においてもかなり無理があるといわざるを得ない。したがって、「独立心に燃えた愛国者」が「国を売り渡そうとした旧体制」を倒したというような、ある種の「建国神話」（ナラティブ）を先に前提としてしまうことなしに、いま一度明治維新とは何だったのかという問いに〈白紙の状態〉から向き合う必要があるのである。

④ 明治維新の謎と「癒し」からの脱却

少々フライング気味に具体的な話をしてしまった。主情主義の問題に議論を戻そう。大事なのは、「事実はどうあれ彼らは危機感をもっていたのだ」という理解に〈籠城〉し、問題をいなして誤魔化してしまうことではない。危機感が存在したことは事実として認めつつも、なぜそれが生まれたのかという問いから身をかわすことなく、維新変革の性格を根本的に考え直すことである。いいかえれば、関心を社会心理の領域にまで広げて、関係者の発言や行動を意識下で規定した前提や土台を、当たり前でも普遍的でもなく、この時期にまさに歴史的に生み出された思考の結果として読み解くことであり、徹底的にドライな視角でその特質と問題構造を描ききることである。膨大な蓄積をもつ明治維新史研究のなかで、政治思想史という切り口や社会心理学の成果を応用した試みは、実は意外なほどなされておらず、いまだ未開拓の分野である。しかし人々の常識的感性も含めて前時代の規範が丸ごと変容してしまうような時代に、政治思想や社会心理を無視した実態解明などというものが、はたして可能だろうか。

実際、維新変革においては当事者の意識に寄りそうだけでは見落としてしまうことになる〈奇妙〉な現象がいくつもおこっている。たとえば急激な中央集権化である。版籍奉還をへて廃藩置県にいたる政体変革や租税・軍隊など各種インフラの一元化は、わずか数年のあいだに一気呵成にすすめられたが、通常その理由は、国際情勢の危機がそれだけ切迫していたからだと説明されてきた。しかしこのような理解の背景には事実と認識の混同があることは、すでに述べてきたとおりである。また比較史的にみても、このような日本の事態の推移は異彩をはなっている。たとえば日本が近代化の範にしたとされるドイツである。ドイツは日本の近代化とのかかわりもあって、当該期の代表的な中央集権国家であると考えられてきた。しかし、日本史の領域ではあまり知られていない事実であるが、一八七一年に統一を果たしたこの後発型国家は、実は第一次世界大戦まで真の意味で統合された軍隊をもたなかった。第一次世界大戦のドイツ軍は、プロイセンやバイエルン、ザクセンといった、前近代の領邦単位で構成された師団で西部戦線や東部戦線を戦ったのである（たとえば若き日のアドルフ・ヒトラーは、〈バイエルン師団〉に所属して大戦を戦った）。この事実と比較した場合、旧体制の打倒を果たした薩摩や長州などの軍隊が、わずか数年で解体されたのはなぜかという問いが改めて突きつけられる。たとえそれが実態より拡大された危機意識にもとづくものであったとしても、それならばなおさら、その意識はなぜ生まれたのかという問いに、一般論へ逃げることなく向きあわなければならない。

また、身分制の問題もある。江戸時代を通じて存在した強固な身分制は、維新後わずか数年で姿を消した。長らく支配者であった武士身分は、不思議なまでの自己破壊をとげた。これは、今日でも身分制の残滓が色濃く残る欧米社会の目からは、到底理解できない出来事である。ところが、武家政権の存立を規定していた暴力性は、消えてなくなったわけではない。むしろ現象的には逆のことがおきた。鎖国をやめた近代日本は、それまでの自足的政策が嘘のように、一貫した対外膨張政策をとって東アジア各地に進出していく。職能的暴力集団としての武士身分は消滅した一方で、むしろ列島領域の全住人が兵士となって〈国民皆兵〉、周辺地域に暴力を輸出した。東アジア地域における近代日本のイメージは、このような暴力性と決して切り離せない。生活と情報選択の両面で二一世紀も鎖国を続けるならともかく、広域レベルでみればそれは好き嫌いを別にした厳然たる事実である。なぜそのようなことが起こったのか。不当な言いがかりだとヒステリックに耳をふさぐことなく、逆に日本人とはそういう民族なのだと安直な人種論で断罪して片づけてしまうこともなく、歴史的に要因を解明する必要がある。

このように、膨大な研究蓄積にもかかわらず、明治維新にはまだ解かれていない大きな謎がいくつも存在する。当事者の意識に「寄りそい」、栄光や苦闘の軌跡としてその歩みを追体験（消費）するだけでは、重要な問いを見過ごしてしまうことにもなりかねない。そのような事態を避けるためには、近代以降に私たちが身につけた、いわゆる「国民感覚」をいったん棚上げにしなければならない。変革の結果として長い時間をかけて定着したものを前提に、そもそものことの起こりである変革を解き明かすことはできないからである。〈結果〉を常識視して〈淵源〉に遡及させることは、現在という地点から過去に釣り針をたらして都合のよい「史実」と文脈を釣り上げる行為に似ており、完全な脱却は原理上無理であっても、そのような恣意による本末転倒の行いは、できるだけ避けねばならない。

この点は重要なので、くどいようだが別の角度から今一度確認しておこう。なぜなら、こうした行為はいくらくり返しても、現在の価値観や問題構造を相対化しとらえ返す方向には向かわず、眼前の矛盾から一時の逃避を与えてくれるかわりに、結局は仮初めの「癒《いや》し」に終わり、所与の価値観を再確認するベクトルとして働くだけだからである。つまり、現実の見直しと刷新にではなく、その目隠しと延命として機能してしまうのである。このような明治維新の「消費」は、キャバクラやホストクラブと似ているかもしれない。つらく退屈な日常（矛盾）から逃れ、ひと時のきらびやかさや心地よい関係に酔う。顧客は心の底ではそれが真実ではないことを知っているが、苦しい現実よりは美しい嘘を選ぶ。近年、ゲームなどで日本史上の人物が美形に描かれるのは、こうしたキャバクラやホストクラブの機能を歴史が担い始めたことを意味している。人々は店の玄関をくぐるように、時空の扉を開けて幻想の世界にタイムスリップする。しかしそこにあるのは、所詮は消費される〈商品〉に過ぎない。現在をとらえ返す学知から、現在を補完する〈商品〉へ、主客関係の転換が起こってしまっているのである。

〈探求の対象〉から〈息抜き〉へと存在が矮小化され、しかも表面上の活況に目がくらんでそのことに気づけていないのだとしたら、状況は深刻である。なぜなら、前者は公的なリソースを投入して（ありていにいえば税金を使って）推進する価値をもつが、後者はむしろ「娯楽商品」であり、キャバクラやホストクラブと同様、楽しみと引き換えに逆に対価を支払うべきものだからである。かつて敗戦直後の時期には、歴史学はまさにこれからの社会を作っていくための実践の学問であった。医者を辞めて歴史学者に転じた人もいたぐらいである。今日、そんな人物がはたしてどれだけいるだろうか。世間で問題が生じたとき、テレビに社会学者がコメンテーターとして呼ばれることはあっても、歴史学者がまず呼ばれないのはこの点と無関係ではない。昨今問題になっている文系廃止論は、安易で危険な発想から持ち出されたものとはいえ、学問の現状がその隙を与えてしまった面もあるのである。

5 無意識の感性・比較史の視点・江戸時代論

このように、「国民」的感性への依存を前提に成りたつ明治維新論は、ロマンの供給としては有用でも、中長期的には学問としての深刻な欠陥を孕んでしまう。眼前の歴史ブームが学問の命脈を縮めてしまっては、洒落にもならない。そうした事態を避けるためには、どうすればよいか。一体何に留意するべきか。「国民」的感性とは、現代の私たちの日常生活に巧みに入りこみ、なかば内面化してしまっている非常に厄介なものでもあるから、この点は自覚して慎重にことを進めなければならない。

一点目は、幕末維新期という時期が、人びとが行動したりものごとを考えたりする際の前提や常識までもが分裂・重層化し、変容した時代であったことを幾重にも押さえておくことである。人びとが行動したりものごとを考えたりする際には、必ずそこには前提条件というものがある。いちいち言葉に出して確認したりはしないが（だからこの種の前提条件は、わかりやすい直接的な言葉で史料の文言として登場はしないことが多い）、人々が意識的に何かをしようとする時には、しばしば本人も自覚できないかたちでその方向性に一定の枠をはめたり制限をかけている無意識の領域がある。通常、安定して成熟した時代であれば、この種の前提条件はある程度統一され、万人が共有できる常識となる。しかしながら、幕末維新期は文字通り時代の転換期であり、そこでは国家制度や文化・風俗と同様に、この前提や常識自体が大きく変容した。それだけではない。同時期であっても、立場や帰属が異なれば、個人や集団単位でまったく異なる常識・前提が併存し、互いに齟齬を引き起こすこともあった。

たとえば、この時代には尊王論の高まりにともない、中世に後醍醐天皇と対立した足利尊氏の評判がたいへん悪くなる（対照的に、尊王の立場から後醍醐天皇を支え、湊川で圧倒的劣勢のもと尊氏に立ち向かって戦死した楠木正成の人気が高まりをみせる）。その結果、「尊氏」という言葉はある種の人びとにとっては最大級の悪口となり、木戸孝允などは他人を非難するときに、「あいつは尊氏中の尊氏だ」というような表現を用いたほどである。

しかしながら、尊氏が挙兵した時に拠点となった丹波地域（現京都府亀岡市のあたり）では、尊氏は幕末時点でもどちらかというと地元の英雄であった。なぜそんなことがわかるかといえば、「人見・中川両苗《りょうみょう》」と呼ばれた地元の「郷士」（立命館大学の創立者で、NHKの朝の連続テレビ小説「あさが来た」に登場する山崎平十郎のモデルになった中川小十郎は、幕末に彼らのリーダーであった中川禄左衛門の息子にあたる）が自分たちの由緒を主張した際、祖先が足利尊氏と近しい関係にあったことを周囲に誇らしげに訴えているからである。木戸と人見・中川両苗のあいだでは、同じ尊氏という名前が真逆の意味をもっているのだ。片方は他者を蔑む時に、もう片方は自己を誇る時に用いている。もし、木戸がいうような悪口としての意味しか知らずに、それを常識視して人見・中川両苗の史料にも当てはめれば、彼らが何を言っているのかまったく分からなくなるのである。

幕末維新期には、こうした常識や前提条件のズレがいくつも存在する。それなのに、後に明治政府を作った「維新の変革主体」の感性だけにのっとり、対立勢力や彼らの意に沿わなかった人々の言動・行動を断罪すればどうなるだろうか。勝てば官軍の言葉通り、勝者の側から歴史を組み直して、現実の幕末維新期の経緯にバイアスのかかった修正を施してしまうことになるのである。それを避けるためには、当該期には何が正義かという所与の前提自体が乱立し、対立勢力同士が互いに自分こそが完全に正しいのだと思い込みながら、すれ違いと衝突をくり返す、壮大なディスコミュニケーションの状態を常に想起しておかなければならない。そして、そのために具体的には、政治思想や社会思想に注意を払い、フロイトがいうところの無意識まで意識して当時の史料をみる必要があるのである。

二点目は、ドイツの事例のように比較史の観点をとりいれることである。明治維新の英雄と感性を同化させてしまっては、そこですすめられた中央集権化の特性（あるいは異様さ）に気づくことはできない。「国民」的感性にしたがえば、そうしなければ日本民族が貪婪《どんらん》な西洋列強に侵略されてしまったかもしれないからだと「常識的に」答えるかもしれない。しかし、明治維新を日本一国の話ではなく、他国の視座も交えて観察すれば、事実として当時そうした国際環境にはなかったこと、中央集権国家の象徴たるドイツがイメージよりもずっと分権的であったことなどがわかるのである。ならば、客観的情勢と乖離してまで彼らを駆り立てた危機感の出所は、一体どこにあったのだろうか。換言すれば、彼らは何をそこまで恐れなければならなかったのだろうか。私たちは、「維新の変革主体」を脅迫観念症の集団と捉えることを躊躇《とまど》ってはいけない。他方で、すべてを知る後世の神の目線から彼らの囚われをあげつらうのでもなく、意欲に燃えて精力的に活動した人々を包み込んだ認識の傾向の問題を、個人の性格ではなく、変革期の構造としてしっかり位置づける（評価する）必要があるのである。

そして三点目は、江戸時代の実態を踏まえた話をすることである。学術的にいえば、近世史研究の成果を組み込んだ明治維新分析を行うことである。前述のように、近年のエピソード的な幕末維新（期）

叙述は、意識の上では実証主義的な（特定のイデオロギーに依らない）立場にあっても、構造として近代化論に立脚している場合が多い。そこでは意識・無意識を問わず、話の前提部分で、西洋の外圧をうけて未曾有の危機に瀕した東アジアの一国家が植民地化されずに独立を維持したという「成功物語」の文脈が共有され、時期や分野を区切って当時の関係者の行動や制度変容が再現される。そしてその背景には、前近代の日本は遅れた弱国であった（から、稀有な英雄の活躍がなければ周辺諸国のように植民地化されていた恐れがあった）という共通理解が存在した。話の筋としても、前時代の体制が理不尽で過酷であればあるほど、それを一新した大事業＝明治維新の輝きは増す。こうしたテーゼにもとづき低い評価を与えられてきた江戸時代の体制は、伝統的には「アジア的専制」などと呼ばれてきた。

しかし、実は近年、江戸時代を扱った研究は多方面でかなりの進展をみせている。その具体的成果は次章以降で紹介するが、一言でいえば、抑圧的で硬直的な「アジア的専制」イメージの見直しが各方面で進み、一部の権力者が絶対的な支配力を有していたわけではなく、より分権的・調整的な体制であったことがわかってきている。近代化論に依拠した明治維新論の構造的欠陥は、近代以降に初めて常識となった感性を過去に遡及して明治維新を叙述するため、江戸時代の体制がどのように変容したのかという視点が、最新の研究に即したかたちではほとんどみられないか、極めて弱いことである。学界においても、こうした近世史研究と近代史研究のあいだの溝の影響は大きい。しかしながら、ビッグバンのようにそこからすべてが始まったという前提のもとで、日本近代の出発点を描くことなどできるのだろうか。考えてみてほしい。江戸時代以降の歴史は、ようやく今一五〇年をむかえた節目に過ぎないのであり、三世紀近くにおよんだ江戸時代のやっと半分強を経過したところなのである。逆にいえば、江戸時代はそれほど長期にわたった時代であった。ならば私たちは、〈何が近代化したのか〉という問いの〈何が〉にあたる部分に、今まで以上に自覚的に執着してものを考えなければならない。そしてその作業の上に、初めて近代変革としての明治維新を検討する素地が整うのである。

⑥ 非「国民」的アプローチと明治維新

以上述べてきたことをもう一度まとめてみよう。本書では、非「国民」的な立ち位置から明治維新を体系的に叙述する。これは政治的に「非国民」の立場を標榜するというものではない。近代以降にあまりにも我々の前提となりすぎて、日常のなかでは意識することもできなくなってしまった「国民」的思考をいったん離れ、かかる文脈を前提とせずに変革期を描いてみたいということである。そしてそれは、日本近代の出発点として明治維新を解き明かそうとすれば、実は不可欠のことなのである。

そのための方法として、①「維新の変革主体」の感性に同化するのではなく、ある種突き放したドライな視座に立って、彼らの特性や意識の構造を明らかにする。つまり、彼らの常識がその集団の外では非常識であった、あるいは彼らの非常識が他では常識であった可能性も十分に考慮して、特定の政治勢力の感性にではなく、当該期の政治社会、および人々の認識が、重なりすれ違う構造に視座の中心をおいて考えたい。②そのため、必要に応じて同時期の他国の事例との比較検討を行い、世界史的な文脈のなかに明治維新を位置づける（当該期におこった全てのことを、当時の環境に照らせば当たり前のことと は見ない）。③先行研究に即して、明治維新の前提となった近世（江戸時代）がいかなる特質と構造をもった世界であったのかをふまえ、その観点から変革の様相と日本近代を考え直す。

常識を疑わず、近代以降の「国民」的感性を自明視しているかぎり、現在の私たちが立っている位置を見定め、未来に向けて展望を描くことはできない。〈今・ここ〉に依拠した仮初めの「癒し」のためではなく、私たちがどこからやってきてどこに向かうべきなのかを、真にとらえるための幕末維新史を、以下、読者の皆さんと一緒に探っていきたい。

一

日本列島地域にとって近世社会とは何だったのか

——その構造と特質——

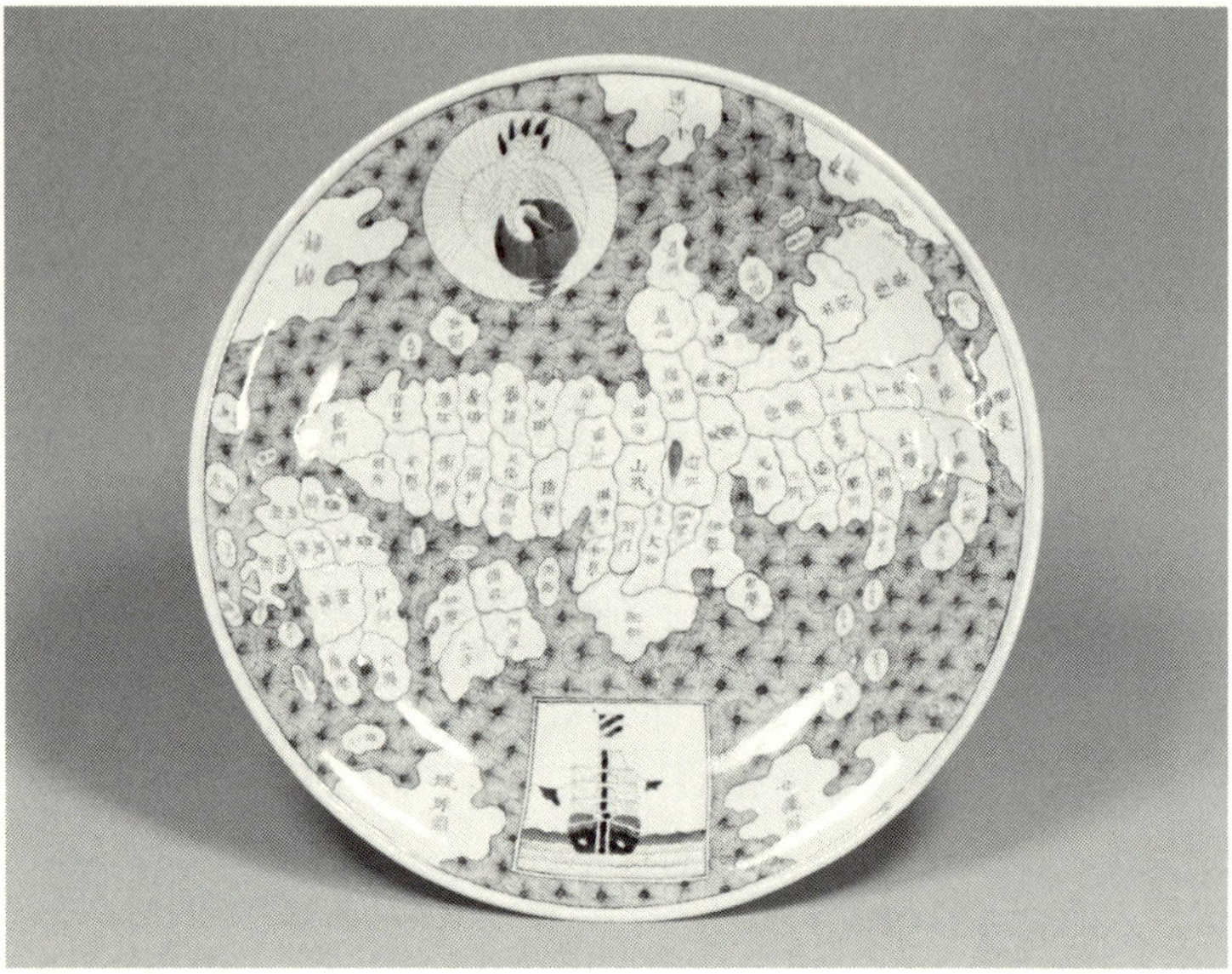

染付日本地図大皿「本朝天保年製」染付銘（東京国立博物館蔵）

近世の列島地域には、松前・対馬・長崎・琉球を介した交流があり、物理的に外界と隔絶していたわけではなかった。しかし、輸出銀の枯渇や輸入品の国産化成功は、列島地域を徐々に自足化させ、「武威」によって泰平がもたらされたという神話のもと、内部がバランス調整の論理で覆われた〈自己完結の世界〉が形成されていく。19世紀前半に庶民のあいだで普及した地図皿（伊万里焼）は、かかる世界観の視覚化といえるものであった。

❶ 従来の江戸時代イメージ

江戸時代というと、皆さんはどんなイメージを持っているだろうか。先に結論めいたことをいってしまえば、戦前・戦後を通して、歴史学の分野では江戸時代は〈暗黒の時代〉であったとされてきた。戦前の皇国史観では、江戸時代を含む武家政権の治世は天皇が権力を奪われていた非正常な時期であったと評価されてきたし、民間の歴史学でも、福沢諭吉の「日本にはただ政府ありていまだ国民あらず」という言葉に象徴されるように、一部の人間の支配の影で大多数の庶民が抑圧され、自らを表現できなかった時代であったとみなされ、近代国民国家となった明治時代以降と対比された。

戦後に力をもった講座派マルクス主義歴史学でも、歴史は遅れた状態から進んだ状態へ段階的に発展していくという考え方（発展段階論）に根差した革命戦略の前提のもと、江戸時代は窮屈な「封建制」の時代であり、庶民は権力者の抑圧に苦しめられていたとされた。「封建制」は近代市民社会の前に存在した世界的に共通する歴史段階の一つとされたが、なかでも日本は参勤交代に象徴されるように、ヨーロッパと比べても権力（「幕府」）の力が突出しており、より過酷な支配がなされたと考えられてきた。農民に対しては、「百姓は生かさず殺さず」と、人間としての最低限の生存権や尊厳をも脅かすような支配が行われ、追い詰められた貧民の悲痛な抵抗として一揆が頻発したとされた。

狭義の学問の世界の外では、娯楽小説や漫画などが人々のイメージ形成に大きな力をもった。小説では、司馬遼太郎が描く等身大の英雄が「幕府」や西洋列強の抑圧に立ち向かい、漫画では『カムイ伝』

（白土三平）、『お～い竜馬』（武田鉄矢・小山ゆう）などのヒット作で、身分制のもとで権力者が弱者に対して凄まじい差別をくり広げる様子が生々しく描かれた。そしてこれらのグランドイメージを、時代劇やＮＨＫの大河ドラマといった広義のマスメディアが再生産し、人々の江戸時代イメージを固定してきた。くり返し訴えられる時代像が血肉化し、無意識のレベルにまで高められてきたのである。

しかし、ちょっと考えてみればこうした単純でステレオタイプな江戸時代イメージにはいくつもの無理が存在する。たとえば、一部の権力者が暴力で他を抑圧していたのなら、なぜそのような体制が長期間にわたって安定的に存続できたのか。すでに近世史研究者から、「江戸幕府は強大な武力を背景にして圧政をしき、百姓・町人は武士に虫けらのように扱われたというのは、明治以降に作られた江戸幕府と江戸時代のイメージであろう。領主と百姓・町人がいつも対立し、いがみ合っている、という光景を規定するのは無理がある。幕府と大名との関係でも、幕府が絶大な軍事力を背景にして力で圧倒し、また大名をいつも警戒しその弱体化をはかっていた、と考えるのもかなり無理がある。力で押さえつける政治、百姓を虐げる悪代官ばかりでは、二七〇年もの泰平を維持できるわけがない」といった指摘が普通になされているのである（藤田覚『泰平のしくみ―江戸の行政と社会―』岩波書店、二〇一二年）。

百姓研究に限っても、「従来の百姓像は、武士に支配されてモノも言えず、年貢の重圧に押しつぶされ、食うや食わずの生活に苦しんだ末に、我慢の限界に達すると百姓一揆を起こして弾圧されるといったものでした。あるいは、質朴ではあるが学問・教養とは無縁で、悪代官と結託した御用商人に手もなくだまされ悲嘆に暮れる存在といったところでしょう。これらは、テレビの時代劇などでおなじみのものです。そこでは、百姓は抑圧される受身の弱者として描かれます。けれども、こうした百姓イメージは、一〇〇パーセント間違いではないにしても、実像からはほど遠いと言わざるを得ません」と言われている（渡辺尚志『近世百姓の底力―村からみた江戸時代―』敬文舎、二〇一三年）。また、元禄年間に来日したケンペルは、なぜ江戸社会を「幸福」と表現したのか。初代駐日米国総領事ハリスは、なぜ日本を「衣食住に関するかぎり完璧にみえるひとつの生存システム」と評したのか（渡辺京二『逝きし世の面影』平凡社、二〇〇五年）。一方で、なぜそのような長期政権がペリー来航後一五年で崩壊したのか。こうした素朴な疑問に答えるためには、世界の歴史のなかで江戸時代が一体どういう存在であったのかを考えるところから始めなければならない。

2 東アジアの普遍的傾向

江戸時代というのは、実はいくつかの意味において特別な時期であった。約二七〇年にわたって一つの体制が存続した例は世界史的にみてもそれほど多くないし、始期と終期を除いて大規模な動乱が起こらなかった点は、この規模の国家では他に類例がなく空前絶後といってよい。よく知られる通り、日本列島地域では一二世紀末から武家政権が続いており、江戸時代の徳川政権（幕府）もその例に洩れなかったが、統治期間を通して対外的にはもちろん、内部に向けても軍事力の発動はほとんど行われなかった。これは考えてみれば奇妙なことである。暴力の専門家によって作られた政治体制が、暴力をほとんど発動させることなく三世紀近い安定社会を築いたのである。そのくせ、武家政権であるというタテマエは、最後まで変わることはなかった。このような体制は社会にいかなる性格をもたらしたのか。

本章では主に先行研究の成果を参考に、正当性意識の側面を念頭において、江戸時代の政治社会の現実の構造とその移り変わりについてみていきたい。

そのさい、東アジアという広域文化圏と、そのなかに存在した一王朝としての近世日本という、二つの次元から江戸時代の体制がもった性格をとらえる。前近代の東アジア社会には、当然のことながら西洋近代の基礎をなした〈主権〉と〈国民〉という概念は存在しない。独自の原理のもと、儒教規範や漢字使用などの共通項が諸国家をまたいで存在する世界であった。広域秩序と王朝ごとの個性が重なり合って重層的な特性を生み出していたのであり、東アジアという地域に共通した性格の上に、東端部の列島地域に存在した王朝の事情がどう作用していたのかという見方を、私たちはしなければならない。その全体構造を把握するためには、両方の面をそれぞれ確認した上で、改めて総合的な性格を考える必要がある。具体的には、前者においては華夷秩序と海禁体制が、後者においては身分制の実態と「武威」の自意識がもった影響について、順にみていきたい。

(1)中華と小中華

東アジアでは、伝統的に大陸の王朝の影響によって中華意識にもとづく世界観が共有されてきた。これは、世界を統治する「徳」を十分に備えた「中華」王朝が、「徳」に欠ける周辺の蛮族(東の「東夷《とうい》」、西の「西戎《せいじゅう》」、南の「南蛮《なんばん》」、北の「北狄《ほくてき》」)を手なづけ感化するというものである。一五～一七世紀にスペイン人やポルトガル人が「南蛮」と呼ばれたのは、南から新たに来訪した蛮族とみられたためである。なかでも、日本列島や朝鮮半島はその北東部に位置したので、本来は北方と東方の蛮族を表す固有名詞であった「夷」と「狄」が、蛮族自体の概念となり、「夷狄」という用語が定着して盛んに用いられた。また、こうした「中華」と蛮族の関係は、ひと言で「華夷」とも言い表された。

「徳」に満ちていることが「中華」になれる条件であったが、これは別の言い方をすれば、「礼」が備わっているということであった。「礼」は文化概念であり、検証可能で比較可能なものであったから（単なる抽象概念ではなく、儀式によってその都度具体的に可視化された）、原理的には「華夷」の関係は永久的で固定的なものではなく、場合によっては変化したり入れ替わったりする可能性をもっていた。「中華」概念の本質は、支配のためのレトリックというよりは、世界を捉える見方であった。しかし一方で、現在の中国に位置する王朝が中華王朝であり続けたという歴史事実から、中華であることの資格は地理的に固定されている（中国大陸の王朝こそが中華である）という観念をも生みだした。後述する「華夷変態」の衝撃や小中華思想の誕生も、こうした文化的流動性と地理的固定性の重層という曖昧さが生んだ矛盾の結果として、歴史的にもたらされたものであった。

「華夷」にもとづくものの考え方や規範を、それぞれ「華夷思想」「華夷秩序」などと呼ぶが、重要なのは、このような世界観・ルールにのっとった王朝や部族間の関係性は根本的に【差別⇕被差別】の構図に依拠しており、西洋近代的な意味での人種平等性や国家対等性とは別物であったということである。いったいどれほどの「徳」「礼」を備えているのか、王朝や部族は原理的には常に観察され、評価され、階層づけられた（王朝内部でも、中国や朝鮮では試験によって国家官吏が選抜され、「士大夫《したいふ》」「両班《やんばん》」として文人支配を形成した）。したがって、具体的な国家間の関係も、「徳」「礼」の相対的に低いものが相対的に高いものを訪問して、その教えに服する代わりに、迎えた側は恩寵を与えるという形式がとられ、このような交際の形態を「朝貢」と呼んだ。またその際に物品のやり取りが行われることもあり、これを学界では近代的な貿易と対比して「朝貢貿易」と呼んできた。

しかし、このような【差別⇕被差別】、優劣の原則が存在した一方で、王朝同士の結びつきは比較的緩やかであり、当事者が織りなす秩序の実態は、それぞれがどのような認識を抱いているかにも大きく影響をうけた。「朝貢」による関係性の確認・可視化は、逆にいえば「朝貢」の場でだけ体面をとり繕っておけばよいということでもあった。本拠地やその周辺地域でどう振る舞うか、あるいは支配下の民に自らをどう説明するかについては、かなりの自由が認められたのである。また「中華」の側も、直接に相対する場でメンツを立ててくれさえすれば、原則的に「夷狄」が帰った後の現地のことにまで逐一介入することはなかった。緩やかでいい加減といえばそうなのだが、常に厳格に監視しなくてすむことはコスト面で大きなメリットにもなる。一九世紀に至るまで、極めて長い期間にわたって東アジアで「中華世界」が持続できたのは、このようなほど良い曖昧さが秩序維持を可能にして、後述する王朝間の矛盾を緩和していたためでもあったのである。

東アジアの「華夷世界」では、中国大陸の王朝以外にも、周縁部の有力王朝では、特に近世になるとこれに似た自国中心的な世界観が登場した。そしてこれらは自意識として定着し、「小中華思想（意識）」と呼ばれた。本家の中華王朝に正面から挑み、その地位を強奪しようとは考えないが、本家との関係が破綻しない範囲で、自らを真の中華、あるいは小型版の中華のように位置づけ、領域の内外に示す世界観である。イメージでいえば、大陸の中華王朝を中心として同心円状に広がる華夷意識は残しながらも、中華世界の外縁にあたる周縁地域でいくつかの有力王朝が、また別個に小型の同心円状の秩序意識を形づくり、両者が厳格には擦り合されることなく、部分的に重層構造をなしているような状態である。当然、王朝間では自意識の齟齬が発生するが、大陸の中華王朝も辺境の精神的不服従を特には咎めなかったので、当事者それぞれが自らに都合のいい自己中心的な世界観を抱き、互いに齟齬を感じながらもそれらが奇妙に並存することとなった。「小中華思想」は、日本に加えて朝鮮や東南アジア地域で力をもったベトナム（大越）などでも醸成され、近代化の過程でも大きな意味をもった。

(2)「海禁」体制と〈自己完結の世界〉

「小中華思想」は近世に強化されたが、それはこの時期に王朝をまたいだ人々の交流に制限がかかり、結果として自己中心的な世界観の並存状態が促進されたためであった。制限という表現に語弊があれば、権力による管理と言いかえてもよい。そしてこのような政策は、学術用語で「海禁《かいきん》」と呼ばれた。「海禁」は明代、清代などの大陸の中華王朝が実施した対外政策で、周辺王朝の有り様にも大きな影響を及ぼした。厳密には中世から断続的に続けられていた政策だが、一六世紀末に「海禁」という言葉が定着し、概念として確立するに至った。目的としては、中世後期に中国沿岸部を荒らしまわった後期倭寇《わこう》や、一七世紀の清朝成立時に抵抗勢力として活動を続けた鄭《てい》氏勢力を取り締まり、弱体化させることを狙いとしており、その基本は民間の自由な交流を厳しく制限して、交易を含む王朝間の交流を、権力の側で一元的かつ厳格に管理しようとするものであった。

「海禁」政策は、程度に差はあれ東アジアの王朝に共有されたが、江戸時代が始まった一七世紀を境に、本家たる大陸の中華王朝では緩和されたのと対照的に、日本では規制が強化された。戦国時代や安土桃山時代に活発であった人々の国家をまたぐ移動は、極度に制限されるようになった。日本人の海外渡航は禁じられ、東南アジアに発達していた日本人町は衰退し（中国からの移動が継続し、当地に華人社会を築いて今でも続いているのとは対照的である）、すでに渡航済みの者は支倉《はせくら》使節団のように梯子を外された。キリシタン大名のように、日本という枠に拘泥せずに海外の宗教や社会とつながっていた勢力も姿を消した。九州を中心に唐名由来の名前がつけられた地名も存在したが、そうした影響力も減退した。一定の浸透をみせていたキリスト教勢力も、寛永一四年（一六三七）の島原の乱で政治勢力としては壊滅した。スペインやポルトガルを中心とした「南蛮」勢力も、平戸の閉鎖によるイギリスの追放などによって漸次駆逐され、一七世紀中葉には長崎の出島にわずかにオランダ人が残るのみとなった。

このように、一六世紀には非常に活発であった日本列島をまたぐ人やモノの交流は、江戸時代になると強力に押さえ込まれた。近年の研究では同時代にも様々な出入りが存在したことがむしろ強調されるが、これは古典的な「鎖国」イメージがあまりにも一面的で暗かったことに対するアンチテーゼの意味合いがあり、近代以降と同様の交流があったと言っているわけではない。対外関係は、松前（蝦夷）・対馬・長崎・琉球において継続し（学術用語で「四つの口」という）、山丹《さんたん》、アイヌ、朝鮮人、中国人、オランダ人、琉球人などとそれなりに豊かな国家間（人種間）交流が展開したが、それを過大に評価してはいけない。これらの交流は、確かに地域の特色を表す史実として丹念に掘り起こされてはきたものの、国家システムの次元でみれば、領域をまたぐ民間人の移動が厳しく制限され（特に日本からの出国は厳禁とされた。一般イメージと異なり、「鎖国」の本質は外国人の渡来禁止というよりは、日本人の渡航禁止にあった）、場所や資格を定めた厳格な管理が行われたことは事実だからである。

個々の事例をこえた総体的な政策でいえば、これらは豊臣秀吉の二度にわたる朝鮮侵略＝文禄・慶長の役（壬申《じんしん》・丁酉倭乱《ていゆうわらん》）の失敗にともなう、秩序再編の意味をもっていた。織田信長以来の構想を具現化して、朝鮮半島はもちろん、明朝をも征服して自ら「中華」になり代わろうとする、東アジア全域を射程に収めた秀吉の野望（村井章介『分裂から天下統一へ』岩波新書、二〇一六年）が潰えたことで、再び日本列島地域という「小中華思想」の影響力が及ぶ範囲に勢力圏を区切って（つまり世界として設定する領域を縮小した上で）、そこでの完全な支配を実現しようとしたのである。

これに加えて、経済活動の推移が自給自足世界の形成を後押ししたことも押さえておかなくてはならない。一七世紀までは、日本の主な輸入品は朝鮮人参などの薬品類であり、主要輸出品は銀であった。しかし一七世紀末になると銀山が枯渇し始め、また農業分野の技術革新によって、それまで輸入に頼っていた作物の自給が徐々に可能になる。地球規模で世界が小氷河期に入ったこともあり、列島地域の人口は三〇〇〇万人規模で横ばいか微減傾向を示す一方で、農地開拓と技術革新による生産性向上がみられた。その結果、王朝をまたいだモノと金のやりとりの必要性が薄れ、交易は長期衰退傾向に入る（そのため、中継交易で富をなしていた対馬宗家は、慢性的財政難に苦しみ始める）。

このように、人為的政策と経済・自然環境の自然な推移が重なり合って、戦国・安土桃山時代には多様な国際交流を経験した列島地域は、一八世紀になると意識と物資の両面で自給自足の状態に近づいた。必ずしも当初から統一された国家政策として実施されたわけではなく、また一七世紀には多くの紆余曲折と多様な側面をみせながらも、である。経済史・歴史人口学を専門として一つの文明の観点から江戸時代を考察する鬼頭宏氏は、このような江戸時代の状況について、「海外との物品の交易、情報の流入に全く窓を閉ざしたのではなかった」点は事実として認めた上で、「しかしこと資源・食料・エネルギーについてみれば、ほとんど「鎖国」状態にあったといわなければならない」と結論づけている（同『文明としての江戸システム』講談社、二〇〇二年）。また、対外関係史の木村直也氏はこうした推移のことを、自覚的に推進される「政策」と区別して、「「鎖国」的な実態への接近」と述べている（同「近世中・後期の国家と対外関係」曽根勇二・木村直也編『新しい近世史』二、新人物往来社、一九九六年）。「四つの口」を通した多彩な交流こそ継続したものの、全体としては、近世日本は〈自己完結の世界〉を形成した（鬼頭氏は「江戸システム」の主要な特徴の一つとして、「日本列島内部での、相対的には自己完結的な閉鎖体系」が形作られていたことを挙げている〈鬼頭前掲書〉）。以後、本書ではこの〈自己完結の世界〉という世界のあり方を、近世社会の核と位置づけていく。

(3)日本における華夷思想の位相

では、こうした要素は江戸時代の日本列島地域に生きた人々の意識にいかなる影響を及ぼしたのか。中華世界の周縁で発達した「小中華思想」は、海に隔てられた自然環境のもと、現地王朝（徳川政権）が他国より厳格な「海禁」を施行したことで、一つの自己完結した世界観を形作った（本書では「幕府」ではなく徳川政権と呼ぶが、その理由は後述する）。大きな中華世界のなかに、入れ子構造のように武家政権によるもう一つの世界が存在する状態である。それは、一面では東アジア地域の現実と部分的に重なりつつも、同時に異なる側面も含みこむ別個の幻想世界であったが、世代を越え再生産されることで実体化し、江戸人の発想を規定していった。儒者の言説としては、一七世紀から一八世紀中葉にかけて、「華夷」を地理的条件＝領界を越えて移動し得る〈交換可能な〉機能概念とみる「礼・文中華主義」から、機能概念の感覚と日本という固定性や土地感覚に根差す自尊意識の両方が併存した「日本型華夷思想」の段階を経て、さらにはずばり日本こそが中華であるとみる「日本中華主義」へと、個人差はあれ思考の推移が見られた（桂島宣弘『思想史の十九世紀』ぺりかん社、一九九九年）。以下、こうした世界における外部者の〈配置のされ方〉に注目して、その社会的な表れを具体的に見ていこう。

日本を訪れた〈他者〉は、朝貢使節と見られた。江戸時代に交流をもった〈他者〉のうち、朝鮮・琉球・オランダの三者は、単なる交易上の関係に止まらず、使節を徳川将軍のもとに派遣していた。将軍の代替わりの挨拶（朝鮮・琉球）や、交易の年次報告（オランダ）として、定期的に対馬や琉球、長崎から日本列島を横断する長い旅を経て、異国人が江戸を訪れる慣行ができたのである。このことは同時に、その旅程の途中で彼らの姿が沿道の民衆の目に晒され、珍奇で興味ぶかい格好の見世物として印象づけられることも意味した。ここで大事なのは、朝貢使節という位置づけのもとで、彼らが日本の徳を慕ってわざわざ遠方から訪れる、ワンランク劣位の存在とみなされたことである。日本と彼らの関係は決して対等なものではなく、前者優位の大前提が敷かれていた。もっといえば、その日本の優位性や卓越性を確認し、民衆にアピールするために江戸訪問は利用された。

たとえば、朝鮮通信使は江戸に向かう途中で京都にも立ち寄ることになっていたが、日本側はそのルートのなかに方広寺を組みこんだ。方広寺は近世京都の有力寺社だが、ここには文禄・慶長の役（壬申・丁酉倭乱）の際日本軍が大量に持ち帰った朝鮮人の耳を供養した耳塚があった。つまり、使節の方広寺訪問は両戦役における日本軍の武功を彼らに見せつけ、使節を従えることのできる日本の威光を民衆にアピールする意味を持っていた（ロナルド・トビ『「鎖国」という外交』小学館、二〇〇八年など）。逆に朝鮮からみれば、壬申・丁酉倭乱の際に日本軍にされた蛮行を改めて突きつけられる、屈辱の行為に他ならなかった。当然ながら、朝鮮使節はこうした仕打ちをいぶかり反発したが、日本側は執拗に彼らの方広寺訪問にこだわった。また、日光東照宮への参詣も強要された。善隣友好といわれる江戸時代の朝鮮通信使の実態には、このような側面も存在したのである。

ちなみに、耳塚はオランダ人にも見せられた。一七八〇年につくられた『都名所図会』（秋里籬島《りとう》著・竹原春朝斎画）には、「喝蘭《オランダ》人観耳塚」としてオランダ人が耳塚を見学するさまが描かれているが、挿絵の余白には「オランダ人が耳塚を観る。豊臣秀吉の朝鮮征伐が完遂し、日本に凱旋した際にここに大いなる見物を築いた。そして今の太平の世にオランダ人がこのように朝貢にきている。なお遠方の人をしてその肝を冷えさせているのだ」という意味の文言が記されていた。「名所図会」とは現代でいう旅行用の絵入りガイドブックで、二五〇枚の挿絵がまったく新しく作成されたことからもわかるように、紹介する全国の名所の当時の実像が描かれていた。一八世紀末には、方広寺の耳塚は多様な〈他者〉に日本の力をみせつける、代表的なシンボルとして庶民のあいだに定着していたのである。

オランダ人一行は、江戸城を訪れた際も強烈な「小中華主義」の洗礼をうけた。年に一度参府した商館長は、将軍の御前で平伏するのみで顔を見ることすら許されなかった。また一行は大奥に連れていかれ、猿回しの猿のような振る舞いを強いられた。元禄時代にオランダ東インド会社の医師として来日したケンペルは、御簾《みす》の裏から婦人たちに、泣いたり、笑ったり、歌ったり、飛び跳ねたり、酔っ払いの真似などをさせられる様子を記録している（国立民族学博物館編・発行『ケンペル展　ドイツ人の見た元禄時代』一九九一年ほか)。また、彼らは側用人《そばようにん》柳沢吉保《よしやす》の邸宅も訪れ、そこでも露骨な好奇心の犠牲になり、さまざまな芸を披露させられた。さらに、江戸滞在時や往復の道中でも庶民の遠慮ない視線に晒された。一行の旅程は四ヶ月に及ぶ大がかりなものであったが、江戸で三週間を過ごした長崎屋や大坂の同名の旅館、京都の梅屋など、途中の都市には定宿が存在した。そしてそこには子供を含め大勢の見物客が殺到し、まるでサーカスを見物するようにこの異国からの珍しい来訪客を観察した。一言でいえば、彼らは対等の外交使節ではなく、珍妙な見世物であった。

富士山も日本が自らを誇る際の象徴であった。朝鮮通信使の行程を描いた書物には、しばしば富士山の麓を通過する一行がその威容に感激する様子や、随行(ガイド)の日本人がこれは世界一の名峰であると自慢する様子が記されている。また、平賀源内が一七六三年に書いた『風流士道軒伝』では、主人公の朝之進が中国に渡って皇帝に富士山自慢をした挙句、現地に人造の富士山を作るという逸話が収められている。ここでは誇らしき日本の象徴が、本家の中華王朝にまで輸出されようとしている。さらに、秀吉の朝鮮出兵の際に「おらんかい」(今の朝鮮半島の東北部、ウラジオストックのあたり)まで遠征した加藤清正が、日本海を隔てて富士山を視認する逸話も生まれた。ここでも富士山は、日本が領域を広げようとするなかで、世界の中心として振り返り確認される存在となっている。

このように、将軍の代替わりに江戸にきた朝鮮通信使や、長崎の出島から毎年春に上府したオランダ商館長の一行は、後述する「武威」という日本の徳に畏服する「夷狄」だとみなされた。ここでは取り上げなかった琉球使節にしても、事情はおおむね同じである。そして、これらの劣位の〈他者〉たちは、日本の公儀権力と上下関係によってゆるやかに結びつき、列島地域の内部で単一のヒエラルキー(自己完結の世界＝「天下」）を支えていると観念された。彼らは理念的にはあくまで、公儀秩序を周囲から支える一要素（モジュール）に過ぎず、主体的かつ公儀と同格の〈外国〉ではなかったのである。

(4)自己中心主義と誤解の並存構造

もっとも、こうした「小中華」の理念にもとづく優劣関係の構図は、当然ながら実際の国際関係とそのまま同義だったわけではない。優劣関係の〈劣〉の側に置かれたものが、自らの立場を支配者と同じ論理で受け入れ、同じ秩序観を共有したとは限らなかった。華夷理念にもとづく海禁体制のもとでは、複数の現状認識が互いの矛盾を爆発させることなく並存できる構造が存在した点はすでに説明したが、日本列島地域の事情もその例外ではなかった。いやむしろ、「海禁」の徹底（鎖国）と海に囲まれた地理的条件から、理念と現実のギャップは東アジアの他地域よりも大きかった。たとえば朝鮮通信使である。前述の通り、日本側は通信使を日本にかしずく朝貢使節ととらえていたが、朝鮮側は秀吉のような侵略行為を二度と起こさせないための監視使節と位置づけていた。富士山を通過した際も、使節側は使節側で朝鮮の名峰金剛山の素晴らしさを日本人に訴え、論争になっている。

また、前に日本側が通信使を方広寺に訪問させたと述べたが、渋る使節を説き伏せるために虚偽の説明もされていた。享保四年（一七一九）に八代将軍吉宗の襲職に際して来日した時は、方広寺は秀吉の「願堂」と聞いているのでこのような「吾邦の百年の讐《あだ》」に関係した施設へは立ち寄れないと訴えた通信使に対して、対馬の宗家と京都所司代は幾度も説得を重ね、最後には方広寺は徳川家光の創建だと偽った『日本年代記』の偽書を急遽刷って渡すことまでして、参詣を受け入れさせたという（ロナルド・トビ『「鎖国」という外交』)。朝鮮側は秀吉由来の寺社への参詣に賛成したわけではないし、もしその説明のままなら、参詣は実現しないか、してももっとこじれたに違いない。日本側は、自らの優越性を誇る論理を相手に押し付けるのではなく、相手がまだしも受け入れやすい論理をでっちあげてでも、朝鮮通信使の方広寺参詣という〈事実〉を演出し、周囲に見せつけたかったのである。相手側との共通理解などは、ここでは二義的だったといえる。

明との関係も示唆的である。初期徳川政権の外交課題の一つは、秀吉の朝鮮出兵後、敵対関係が続く明との国交をどう回復するかであったが、日本側は慶長一五年(一六一五)に福建総督に書簡を送った際、朝鮮と琉球は日本に臣従しているのだという本音(「朝鮮は入貢し、琉球は臣を称す」)を隠し、明とも冊封関係にある朝鮮の位置づけをあえてぼかした書簡を送ったとされる(荒野泰典「江戸幕府と東アジア」同編『江戸幕府と東アジア』吉川弘文館、二〇〇三年)。結局講和交渉は最終的には失敗に終わるが、公儀は江戸時代を通じ、唐船の長崎来航を認め続けた。国交が存在しないならスペイン・ポルトガルのように追い返すのが筋なのだが、交易の利益を優先したのである。このように、交渉時の論理においても、実際の取り扱いにおいても、いかに域内の利益と安定に役立てるかという面が、相手との共通理解や国際規範そっちのけで決定力を有したのである。

参府の際に道化のように扱われたオランダも、本国政府がこうした立場を公的に了承していたわけではない。一八世紀に三度にわたり商館長を務めたイザーク・ティッツィングは、三度目に来日した天明四年(一七八四)、それまで彼らが公儀権力から強いられてきた待遇への憤りを、「私は、会社の輸入品の価格引き上げについても、商館長に対する不名誉な身体検査の免除についても、前商館長が江戸において提出した要求が、拒否された件についての情報を集めようとした。けれどもどちらについても情報が得られなかった。前商館長の報告によれば何度も申し出たにもかかわらずうまくごまかされたままであるというので、私は不満だった」と日記に記した（松方冬子『オランダ風説書―「鎖国」日本に語られた「世界」―』中公新書、二〇一〇年）。ここでは貿易不均衡に加えて、国家代表に等しい商館長が強いられていた屈辱的差別待遇と、日本側がその改善に応じないことへの不満が綴られている。有能な商館長であり学者肌の教養人でもあった彼の目には、自分たちが置かれている環境は道理に外れた不正なものと映ったのである。ティッツィングは抗議の意味をこめて長崎奉行に提出する風説書への署名を拒否した。しかし、結局は説得に訪れた年番町年寄に説き伏せられ、その日のうちに署名している。

ここで注意しておきたいのは、日本側はティッツィングになんら説得的な理由を示していないことである。町年寄は「署名の拒否は江戸の幕府に悪く取られるだろう」と述べただけで、前任者の要求が通らなかったのも「うまくごまかされた」結果に過ぎなかった（同前）。ここには理詰めで国家関係の原則を再確認する態度も、剥き出しの恫喝で相手を脅す態度も見られない。彼らの要求は、ただいなされ、先送りされたのである。しかし同時に、三度の奉職経験と優れた知性を胸に毅然と抗議したティッツィングを屈服させ、丸め込んでしまうだけの力もそこにはあった。琉球使節も事情は同様である。

もちろん、お国自慢や自国中心主義自体はある種超歴史的な現象であり、西洋化したとされる近現代の国際社会にも存在する。しかし、東アジア近世の特徴は、国家関係において、公的理解が厳格には共有されなかった点にあった。互いの自尊意識は正面からぶつかり雌雄を決することなく、交錯・両立し、しかし結果的には、この曖昧な状況こそが相対的な国際環境の安定をもたらした。そしてそうした機能を担保したのは、事実上の緩衝地帯（者）による情報の捏造や改竄であった。たとえば、日朝関係では両国は直接には相対せず、あいだに対馬宗《そう》家という仲介役を挟んでいた。そして宗家は両国の外交文書を捏造・改竄して、相手側の受け入れやすい表現へと調整することで、ある種のクッションシートの役割を果たして円滑な関係の維持に寄与した。また、公儀権力の方でもこのような現実を抜本的に改変しようとはしていない。一七世紀中に宗家の家老の柳川重興が対馬で横行していた文書改竄の実態を曝露した際も、幕閣は訴え出た柳川氏の方を罰して、宗家はお咎めなしとしたのである（柳川一件。荒野泰典「大君外交体制の確立」同『近世日本と東アジア』東京大学出版会、一九八八年など）。

また、近世日本の公的な〈窓口〉であった長崎にも、段階的なクッションシートが存在した（以下、松方冬子氏の研究による）。オランダ風説書は近世の代表的な海外情報であったが、オランダは世界情勢をすべて報告したわけではなく、自国の利益を考えて意識的に情報の取捨選択を行っていた。また、外国情報は翻訳が必要だが、長崎通詞もオランダ人とともに情報の取捨選択に関わり、時にはオランダ人が伝えた情報でも、町人身分でもあった自らの利益を鑑みて握り潰した。さらには長崎奉行も、この二重の〈関門〉を通過した情報を、時に統治体制への影響を考え、あえて江戸の閣老に報告しなかった。つまり、オランダ人・通詞・長崎奉行という三重の〈沪過装置〉が存在したのであり、このフィルターを通る過程で元の情報は、統治体制の原則や建前を脅かさないように〈調整〉されたのである。

そこに通底していたのは、世界の情報を公儀の世界観に添って編集する行為であり、この原理は文化元年（一八〇四）にロシア使節レザノフの来航情報がもたらされた際にも、長崎奉行の手元での情報隠匿という事態をもたらした（松本英治「レザノフ来航予告情報と長崎」片桐一男編『日蘭交渉史　その人・物・情報』思文閣出版、二〇〇二年）。レザノフ来航は、その後のロシアとの国際紛争や、さらには幕末外交を大きく規定した「鎖国祖法観」の誕生にも直接関わった。つまり、一九世紀的状況の出発点であり、広い意味での幕末の始まりであった。しかるに、国際情勢や外国の動きを自己の統治の論理にあわせて編集し、情報を取捨選択するという近世的世界観にもとづく統治秩序の力学は、ここでも強力に作用していた。それは近世の慣行の確認であったと同時に、新たな国際環境が生まれつつある初発の時点での日本の対応の仕方にも、大きく作用したのである。

③ 列島地域の個別的特質

⑴ 武家政権による兵営国家と「武威」

華夷意識や海禁秩序という東アジアに共通した普遍的な性質に加えて、近世日本にはもう一つの固有性というべき特質があった。それは、兵営国家としての統治形態と「武威」にもとづく統治理念である（以下、主に前田勉氏と池内敏氏の研究による）。一二世紀以来の武家政権は、一七世紀後半になるとより〈純化〉した姿へと形を変える。織田信長が「天下布武」というスローガンをかかげて領域の統一を図ったことは、それまでの武家による統治という単なる事実から、さらに踏みこんで、価値の次元でも「武」というものに絶対性・唯一性を認めたということであった。もとより、これは好戦主義の理念化といった単純なものではない。「天下布武」といっても、その背景にあったのは応仁の乱以来一世紀以上にわたる長年の戦乱に疲れ果てた人々の平和を願う心であり、そうした切実な想いこそが理念に現実の力を与えていた点は、押さえておかなければならない。ただし、大事なのは平和を実現するために最終的に選ばれたのが、たとえば宗教のようなそれ自体として自立した価値をもつ体系的な思想ではなく、暴力という唯物的な事実性そのものであり、その理念化という逆説が起こったことである。

信長は一向宗や延暦寺のような各地の宗教勢力を殲滅することで、この概念以外には列島地域に正当性を体現できる価値が存在しないようにしようとした。信長の跡を継いだ豊臣秀吉は、この路線をさらに徹底した。惣無事令《そうぶじれい》を出して他の大名などによる私戦を禁じたが、これは公権力による暴力の独占を意味し、逆にいえば暴力を独占するものこそが公権力であるという宣言であった。ここにも戦争禁止という平和の実現が、圧倒的武力を背景に実現するという逆説がある。また兵農分離・刀狩を行うことで、階級的にも、正当性=「武」を独占する存在として武士身分を再整備・強化した。

江戸時代になると、徳川家康と彼の子孫は元和元年に数十万人が動員された大坂の陣で豊臣氏を滅ぼし、武力を直接に用いて天下の覇権を争う戦国期以来の政治構造に終止符を打った。「元和偃武《えんぶ》」の到来である。また、対外的には豊臣秀吉の膨張政策を〈清算〉して国家領域を定めた上で（ただし、島津氏に命じて琉球王朝に侵攻、これを服属させている）、その内部からキリスト教を排斥するとともに、寺社を宗門改帳《しゅうもんあらためちょう》という戸籍管理制度の核にすえて世俗権力に従属させた。いまだ大きな力が残ったとはいえ、中世には公家とならぶ権門の一つとして、武家に匹敵する独立性と権力を誇っていた寺社は、武家支配の装置の一つに〈格下げ〉され、同じ宗教勢力である切支丹を禁止し、監視するある種の行政機構へと再編された。ここに、一二世紀以来の武断統治が〈純化*〉された近世が到来する。

＊〈純化〉の位相は、儀礼の場における服制にも表れた。武家と公家が顔を合わせる公武の儀式の場で、関係者がどのような服装をするかは、各々の力関係（ヘゲモニー）を視覚化するものであったが、徳川家康は慶長・元和年間に、これをより武家文化を反映させたものに改めた（寺嶋一根「江戸幕府成立期における武家服飾上の画期」『洛北史学』第一一号、二〇〇九年）。すなわち、家康は中世までの服飾体系においては、武家独自の装束である直垂《ひたたれ》よりも公家由来の狩衣《かりぎぬ》・小直衣《このうし》がなお上位にあったことを熟知しながら、慶長八年（一六〇三）二月の将軍宣下と慶長二〇年正月を二度の画期としてこの価値観を転換し、直垂を狩衣・小直衣より上位に位置づけて、その論理を公家側にも共有させたという。

高木昭作氏や前田勉氏などは、このような戒厳令の日常化とでもいうべき統治形態を、「兵営国家」という表現で言い表している（高木昭作『将軍権力と天皇』青木書店、二〇〇三年。前田勉『近世日本の儒学と兵学』ぺりかん社、一九九六年）。平和な時代になっても、統治機構は抜本的に改変されることはなく、武士が事実上官僚化して民政を司ることはあっても、常備軍の構成員と役人の境界はなかった。徳川政権の役職には番方と役方という二種類があるが、後に軍事力としては形骸化がすすんでも、形式上は軍事を司る前者のほうが格式は高く、担い手も大身の旗本が任命された。徳川吉宗の将軍職就任を祝って日本を訪れた朝鮮通信使の申維翰《シンユハン》は、「士農工商というが、日本の現実は兵農工商である」といった趣旨のことを述べている（前田前掲書。『海游録』）。文人が「士」として統治を司る朝鮮王朝の感覚からすれば、日本の「士農工商」は名前に偽りありとみえたのである。このような江戸期の統治体制の実態について、渡辺浩氏は「欧州のいわゆる絶対王権は、常備軍と官僚制が支えたと言われる。しかし、徳川時代の日本では、常備軍が官僚組織であり、官僚組織が常備軍であった。超長期安定軍事政権だった」と述べている（同「「礼」「御武威」「雅び」―徳川政権の儀礼と儒学―」笠谷和比古編『国

際シンポジウム 第22集　公家と武家 その比較文明史的研究』国際日本文化研究センター、二〇〇四年）。簡潔にして、極めて的を射た指摘であるといえる。

ただし、そこで唯一の正当性とされた「武」は、構造的な脆弱性を持ち合わせていた。〈剥き出しの暴力〉と、それによって敷かれた平和という〈事実〉にしか根拠をもたない正当性は、より強大な暴力が出現して平和が脅かされる事態がおこれば、たちまち存立根拠を失うからである。荻生徂徠《おぎゅうそらい》は、「諸大名はみなご家来ではあるが（中略）下心には禁裏を誠の君と考える輩《やから》もいる。当時ただご威勢に恐れてご家来になった迄のことだとの心根が消えなければ、世の末になった時には、安心なりがたい筋もあるだろう」と警告している（『政談』巻之二）。しかも、軍事力は数値化可能で比較可能だったから、文化主義のように敵に神学論争を挑むことも困難であった。純粋な暴力は、言葉や文化の壁を越えて彼我の力関係を冷徹に浮き彫りにするため、文字通り「負けは負け」となる。

このことはもっと単純に言ってもいい。「武」が周囲に威力を与え続けるためには、それがしばしば実際に発動されるか、少なくとも発動されるかもしれないし発動されたならば恐ろしいことになるという、予測と恐怖心が再生産され続ける必要がある。なぜなら、反逆者は無慈悲に誅滅されるという実感こそが人々を委縮させるのだから。しかし、端的にいって天下統一後の泰平の到来はこれを困難にしてしまった。江戸時代の状態を、研究用語で「パクス＝ロマーナ」（ローマの平和）になぞらえて「パクス＝トクガワーナ」（徳川の平和）ということがあるが、この「パクス＝トクガワーナ」が実現されたことによって、暴力の時代が過去のものになった（なってしまった）のである。

もっとも、一七世紀のうちは「武」の発動の予感はなお強かった。大坂の陣や島原の乱の収束後も、また戦争が起こる可能性は十分にあった（と人々は思った）。なにせ、応仁の乱から数えても一世紀半以上、南北朝期を含む不安定な室町時代も考えれば数世紀にも及ぶ動乱を生きてきた人々にとって、戦乱はむしろ日常であった。いきなりそれが終わったといわれても、すぐに信用できないのは当然だろう。歴史の結果を知る後世の我々とは、当たり前だが感覚が違うのである。また、東アジアの環境も不穏であった。大陸では明清王朝交代（「華夷変態」）に伴う混乱が続き、明の遺臣の依頼をうけて支援の出兵計画も真剣に検討された。台湾の鄭氏勢力や三藩の乱が鎮圧されて帰趨がはっきりするには、もう少し時間が必要であった。加えてイベリア勢力への警戒も求められた。スペインとポルトガルは、禁教政策後も日本への布教を諦めておらず、公儀権力は島原の乱の際にも一揆勢との内通を警戒せねばならなかった（服部英雄「原城発掘」荒野泰典編『日本の時代史14　江戸幕府と東アジア』吉川弘文館、二〇〇三年）。さらに現実の再来航の可能性がなくなった後も、オランダはシャム風説などの形をとってヨーロッパのライバルの脅威を公儀権力に吹きこみ続けた。東アジアの海を荒らしまわった後期倭寇の脅威もあわせて、列島地域の内外に安定した平和が訪れるにはさらに一世紀を要したのである。

しかし、一八世紀に入るとそうした状況もなりを潜める。次の戦場を待ち望む武士の前に、一向に戦乱は現れなかった。殉死や「かぶき者」といった死や秩序の転倒を厭わない戦国以来の遺風も、この時までには禁じられた。平時への移行に伴うこの変化は、しかし武人にとっては悩ましい事態の到来でもあった。「武」による平和という逆説的な理念に支えられた統治は、原理的にはあくまで〈次の暴力への予感〉によってのみ、その力を保てる危ういものなのだから。平和を求める理念でありながら、実際に平和が実現して定着すると、その効力が失われてしまうという矛盾が、そこにはあった。それゆえ、この逆説のなかで列島地域の安定が続き、戦乱を知らない世代が台頭して、人々の実感としても天下泰平が当たり前となるに至って、「武」は剥き出しの暴力ではいられなくなっていく。

⑵徳川綱吉・新井白石の挑戦と挫折

このような現実を背景に、戦国時代の暴力の余塵がようやく薄れつつあった一七世紀後半から一八世紀前半の数十年間のあいだに、二人の養子将軍によってあらたなレジームの構築が試みられた。先代の血を継がない将軍の誕生は、血統の弱さを補うための大胆な政策を生み出す契機となり、二人の養子将軍はある意味対照的な施策を講じた。

その一人目は、五代将軍徳川綱吉である。綱吉は儒教を前面に出すことで支配体制の抜本的な再編を試み、この潮流はその後、六代将軍徳川家宣《いえのぶ》と七代将軍徳川家継を補佐した儒者の新井白石にも受け継がれた。綱吉や白石の施策は多岐にわたり、両者の個性も非常に強かったが、戦国期以来の「武」の統治との対比で二人の共通性を一言でいえば、社会の平時への移行に対応して、武断政治から文治政治への転換を図ったことである。綱吉は武家諸法度を改訂し、第一条に「文武弓馬の道、専ら相嗜《あいたしな》むべき事」とあったのを、「文武忠孝を励《はげま》し、礼儀を正すべき事」と変更した（高埜利彦『日本の歴史13 元禄・享保の時代』集英社、一九九二年）。武家諸法度は武家政権にとっての〈憲法〉にあたり、歴代の将軍が就任時にこれに手を加えたのは、その治世の施政方針の宣言のようなものであった（深井雅海『綱吉と吉宗』吉川弘文館、二〇一二年）。武家が武家たる所以である「弓馬」の勉励の箇所を、「忠孝」を重んじて「礼儀を正」せという内容に変えるのは、武家政権の根本に関わる変更であり、言うなれば〈憲法改正〉ともいうべき試みであった。このほかにも、徳川綱吉といえば悪名高い生類憐みの令が有名であるが、これも近年の研究では、本当の目的は武士や「かぶき者」の試し切りを抑制することにあったとの再評価がなされている（塚本学『生類をめぐる政治』平凡社、一九八三年。ボダルト・ベイリー『犬将軍』柏書房、二〇一五年など）。戦国時代の雰囲気を引きずる、血の気の多い連中によって横行していた悪習を禁じることで、ここでも乱世から泰平への転換が試みられていたのである。

そして、このあらたな体制の基準に位置づけられたのが「礼」であり、それを支える儒教であった。儒教については長らく、江戸当初からの中核の統治理念であり、公儀権力が動揺する過程は、この（古臭い）大原則が形骸化して廃れていく過程であったというのが常識的理解であったが（丸山眞男『日本政治思想史研究』東京大学出版会、一九五二年）、近年ではむしろ、江戸初期に儒教がいかに根付かなかったのかが強調されるようになっている（渡辺浩『近世日本社会と宋学』東京大学出版会、一九八五年）。実際、一七世紀の社会が「武」の側面を強く残していた点はこれまでに述べた通りであるが、このような平和の時代にも残った「武」の力学を、平時に応じた儒教中心のものに抜本的に転換しようとしたのが綱吉であり、その具体的な手段として「礼」が想定されたのである。

「礼」による秩序再編は、綱吉の方向性を継いだ新井白石によっていっそう強力に推し進められていく（以下、主に前掲渡辺浩「「礼」「御武威」「雅び」——徳川政権の儀礼と儒学——」による）。白石は、東海道が江戸の中心に入る地点に芝口御門という南向きの門を建築した。また、江戸城本丸御殿の入り口にも南向きの華麗な中の門を建てた。古代より中華世界では、「天子南面」といって、君主は北に座して南に向け宮殿を構えるのが通例であった。長安や京城（ソウル）や京都などの都市区画が有名だが、江戸においても、この大原則にのっとって「天子南面」の実現が試みられたといえる。近年絵図面の発見によって明らかにされたように、江戸城は実は大坂の陣までは姫路城を凌ぐ戦闘要塞であったのだが、白石はこれを、儒教理念を体現する施設へと改造しようとしたのである。

また、服制も改められた。徳川家康が武士の象徴である直垂を最重要視したことは前に述べたが、白石はこれを直衣に改めた。家康がすすめた武士上位の価値観を儀礼の場にも導入する試みを否定し、古代中国の「礼」に合致させたのである。現実に、白石があらたに指定した服装と作法にしたがって、将軍が諸大名を引き連れて孔子廟に参拝することも行われた。大名・旗本のお目見え時の式服も改められ、身分ごとに色や形の指定がなされた。また、白石は地名の表記にも手をくわえた。正徳四年（一七一四）には、全国二六の地名について「中古」以来の誤りを訂正するよう通達がなされた。また、正徳六年（一七一六）には全国の主要道路の呼び方が改められ、海がないという理由で「日光海道」「甲州海道」が「日光道中」「甲州道中」に、漢音と呉音が混在しているという理由で山陽道・山陰道の読みが「センヨウダウ」「センヲンダウ」に変更されるなどした。

現在の私たちの感覚からすれば、これらは滑稽な妄執にみえるかもしれない。表面や体裁のみにこだわった些末な形式主義と映るかもしれない。政策実施のために莫大な費用を要したことを考えれば、その必要性にはなおさら疑問符がつくだろう。しかし、白石の政策の背景には、当代の将軍（徳川家宣）の、「すべて名の正しからぬをきらはせたまひ、物ごとに典故を正し給ひ」という信念が存在していた（「文昭院殿御実記」付録上『徳川実記』七）。大坂の陣から数えても約一〇〇年、すでに厳然たる事実として、社会の諸側面で泰平の現実に応じた膨大な「例」が積み重なっていた。それなのに乱世の論理が根本次元で総括されずに続いている現状は、儒教君主の目には「御代の始めには、必大令を仰出さるることなりしが、元和年間に頒ち下されしよりこのかた、百年の久きを経て文質宜を異にするをもて、代々損益少からざりし」と映ったのである（同前）。

ならば、白石の試みは体裁への偏重であったかもしれないが、それはそれまでの現実が素朴な理由づけすらない、論理整合性とは無縁のまさに事実の集積でしかなかったことの裏返し（集積でしかなかったことへの反発）でもあった。別の言い方をすれば、白石の〈特異性〉は、その主義が変であったという点ではなく、「武」を清算しないままの現実＝泰平のとめどなき追認という一世紀にわたる社会の歩みを、自覚的な主義によって確信犯的に再編しようとした点にこそあった。その背景に存在したのは、A〈ただいま現在〉の社会が安定的にうまく回っているならば、――〈余計な〉お金や手間や軋轢を生むかもしれない――正当性や整合性など気にしなくていいではないかという、〈いま・ここ〉重視の現実信仰と、B現状は言語によって論理的に把握可能でなくてはならないし、そのような現実と概念の橋渡しによって、もし必要ならば操作可能な対象であるべきという思想との、潜在的だが根元的な対立構図である。綱吉や白石たちは、このうちの後者（B）によって、「旧染の弊習をのぞき、維新《いしん》の政を施さるること、挙げてかぞへがたし」（同前）と呼ばれた果敢な体制変革に挑戦したのである。

(3)徳川吉宗の改革と復古

しかし、徳川吉宗はこれを覆して「武」の相対化を拒絶した（渡辺浩『日本政治思想史―十七～十九世紀』東京大学出版会、二〇一〇年ほか）。以下ではもう一人の養子将軍が行った前代とは対照的な、しかし同じほどに抜本的な改革をみてみよう。

吉宗が享保元年（一七一六）に将軍に就任すると、矢継ぎ早に様々な改革がすすめられていくが、本書との関わりでいうと、直後に新井白石の罷免と鷹狩り復活がなされた。まず前者である。吉宗は上述の白石の改革を次々と覆し、中の門は破壊され、芝口御門は火事による焼失のあと再建されなかった。武家諸法度、服制に白石がくわえた変更もすべて旧来のものに戻された。吉宗は白石を「文飾過しもの」と評し、「華美の風俗」「華奢《かしゃ》の風」を生んだものとして否定し、代替わり直後に大名に対して「今よりは奢《おご》りを去り。節倹を守り。国政の事に専ら心を用ゆべし」と大声で命じたという（前掲渡辺論文）。ここで吉宗は、白石＝「華奢」＝悪に対して、自己＝「節倹」＝善を対置させている。

ただし、白石は贅沢を無制限に奨励していたわけではない。彼は過大な「僭侈《せんし》」と過少な「節倹」の両方を否定したのであって、その目的は「分限」に応じた正しい秩序が「礼」という共通規範のもとに整然と実現することであった。それは戦争の絶えた時代に暴力の代わりに財力に対応した〈奢侈〉によって、各階層の力関係を視覚的に確認する行為であったといえる。しかし、儒教倫理を共有しない武士にとってみれば、そのような振る舞いは公家の真似事にすぎず、武士が武士であることの冒涜に映った。吉宗のブレーンを務めた荻生徂徠の高弟である服部南郭《はっとりなんかく》は、「白石はとかく江戸を禁裏の如くするつもりのように見ゆ。武士と云う事きらい也」と述べている（『文会雑記』）。同じ儒者からの辛辣な批判である。白石は政権の実権を握っていたが、孤独でもあった。制度的裏付けをもたず個人的信任を根拠とした権力は、後ろ盾の将軍が亡くなると脆かった。このような状況のもと、吉宗は綱吉〜白石が築き上げた儒教政治の大半を否定したのである。

それでは、綱吉以来三代にわたって進められてきた儒教政治を否定した「国政」とは、一体どのようなものだったのか。それは「武」の復活であった。紀州徳川家に生まれた吉宗は、幼少のころから家康をことのほか尊敬し、治世の理想を投影した。そして彼の目に映った家康の力の源とは、「天下」を平定する圧倒的な「武」を体現した点であった。吉宗は将軍就任後わずか一ヶ月で、綱吉以来等閑視されていた鷹狩り制度を復活させ、並々ならぬ意欲をもってその再興に努めた。鷹狩りは「武」の象徴であるとともに、鷹狩りで得た獲物や鷹場の下賜は、将軍と大名や大名と家臣団の主従関係を「武」に即して確認する意味をもった。また、猟場の整備の兼ね合いで秀吉の兵農分離後も農村に大量に保持されていた鉄砲の管理・統制も進められた（塚本学『生類をめぐる政治』。根崎光男『犬と鷹の江戸時代』吉川弘文館、二〇一六年）。生類憐みの令から「犬公方」と呼ばれた綱吉との対比で、吉宗が「鷹将軍」と呼ばれた所以である。

また、大陸で進行していた明清王朝交代の影響も見逃せない。一介の「北狄」に過ぎなかった清（後金）が、「武」で中華＝明を凌駕するという衝撃は、一八世紀初頭にはゆるがぬ事実となっていた。言ってみれば、かつて豊臣秀吉が目指したことが主体をかえて実現したわけである。清自体はこの後「文」国化の道を歩むのだが、かかる情報が列島地域の為政者に、間接的なかたちではあったにせよ、「武」への確信を強力に再喚起したことは間違いないだろう。

一言でいえば、吉宗は戦時体制から平時への移行に正面から（それまでの武家政権の伝統からいえばいささか馬鹿正直に）挑もうとした綱吉や白石の挑戦を全否定し、後述するように、現実の暴力をイリュージョンとしての「武威」に転換させることで、戦国期以来のスローガンを総括することなく、一八世紀の社会を統治していこうとした。幻想に変換された「武」による泰平の維持とは、論理的にはいかにもアクロバティックで危ういもののようにみえるが、人々が根本から価値観の転換を迫られた時に生じる困難を考えれば、現実政治としてはむしろ混乱を避けた（ある意味では安易な）〈安全策〉でもあった。現実の暴力を実態のともなう経済成長、「武威」を二一世紀型の金融資本主義や国家ぐるみでの株価操作と考えれば、気分や幻想のもつ力には侮れないものがあり、経済の場では現在でも実践されている〈効果的〉な方策とみることも不可能ではないだろう。ある意味では、日本は一八世紀初頭の時点で、統治の根幹にかかわる要素に関して実体と建て前を分離させたのである。

しかし、正当性の根本に深刻な矛盾を抱えた支配理念に、果たして筋の通った体系性はあるのだろうか。吉宗に建策をくり返した荻生徂徠は、儒学に〈政治〉を持ちこんだ人物と言われ、白石などに比べると遥かに現実に即したリアリストであったが、その彼をしても吉宗政権の先行きは不安で仕方なかったようである。徂徠は武士の所領居住などの根本的な制度改革を熱心に吉宗に説いたが、ほとんど採用されなかった。徂徠は「国脈大《おおい》に縮まり、程なく甲冑の入《い》ることとなるべし」（『文会雑記』）と語り、無念のまま死んだ。白石ほど極端ではなくとも、統治体制には最低限の理論化や制度整備が必要であり、目の前の現実のみに依拠した状態では、治世も長くないと悲観したのである。ところが、一七世紀中に〈自己完結の世界〉を形作った列島地域は、以後も相対的安定を続けた。理念も制度的裏付けもなく、泰平はいよいよ続いた（後者では『公事《くじ》方《かた》御《お》定書《さだめがき》』が作られたが、理念の結晶ではなく先例の集積であった）。「乱に遇《あわ》ば乱に処し、治に居《おり》ては治に処して、各《おのおの》修身斉家、治国平天下の本務を知るべし、是《これ》皇国兵道の主本、外国と大《おおい》に異なる原因なり」（岡熊臣《おかくまおみ》『兵制新書』巻一上）と言ってのけた兵学者の強弁は、平和の持続という現実によって説得力を得たのである。このようにして、平時における「武」の支配という吉宗の倒錯した理念は、列島地域に根付いて近世後期には常識化する。

(4)「武威」のイデオロギー構造

このように、一七世紀を通して定着した泰平の現実をどう位置づけるかという試みが、世紀転換期の数十年のあいだに試行錯誤された結果、吉宗は綱吉～白石以来の儒教政治定着の試みを否定して、家康以来の「武」に回帰した。ただし、一八世紀の列島地域がすでに現実の暴力が容易に発動できる世界でなかったことは、綱吉や白石のやり方には賛成できなくても厳然たる事実であった。人類学的にみても、戦乱が日常ではなくなったことに相即して、江戸時代人の骨格は縮小傾向にあった。特に歴代将軍やその親族の骨格は、吉宗を挟んでも一貫して〈貴族顔〉へと近づき続けたという(鈴木尚『骨は語る　徳川将軍・大名家の人びと』東京大学出版会、一九八五年)。またそもそも、〈自己完結の世界〉が安定するなかで巨大な余剰軍備を維持するのは、財政的な自殺行為でもある。いくら戒厳令を日常化した兵営国家的な構造であっても、特に外敵もないのに本当の臨戦態勢を際限なく続けていては、そんな政体は遠からず内部崩壊を起こしてしまうだろう。

そこで一八世紀以降漸次進展したのが、「武」の凍結と儀礼化であった。現実の戦争が想定できない世界では、実際に強いことよりも、い、か、に、強、く、見、え、る、か、の方が大事になる。「抜かずの宝刀」の論理である。また、軍事力の絶対量よりも関係者間の順位付けが大事になる。一〇〇メートル走で最大のライバルが一五秒でしか走れなければ、金メダルを取るのに一〇秒を切る必要はない。一三秒かかろうが一四秒かかろうが、とにかく一位であることが九秒台で走った銀メダルより重要になる。

　したがって、泰平が続く〈自己完結の世界〉では軍事力は発展せず、むしろ儀礼的優越感と引き換えにいかにそれを消耗させるか、無駄遣いさせるかが焦点となった。お手伝い普請や参勤交代での見得の張り合いはその典型である。また、軍事パレードとしての行列にも多大な財力が注がれた。その反面、現実の軍備増強や技術革新はなされず（刀剣や甲冑、鉄砲の形態は三世紀近く一切進歩しなかった）、むしろ形骸化が進んだ。「日本人は兵器の発達を完全に止めた。いや後退さえさせた」のである（ノエル・ペリン『鉄砲を捨てた日本人』紀伊国屋書店、一九八四年）。「旗本八万騎」という言葉があるが、幕末にそれを現実の動員能力と考えた者は皆無だった。近世前期の戦乱では数十万人が動員されたが、戊辰戦争で戦った兵力はその一〇分の一程度である。互いの力関係を反映さえすれば、三〇万人と二〇万人と一〇万人よりも、三〇〇〇人と二〇〇〇人と一〇〇〇人の状態の方が経済的に決まっている。ゆえに徳川体制は、「武」を押し立てた兵営国家でありながら現実の軍事力は下がり続けるという奇妙な現象を生んだ。日本人の骨格が縮小して武士が官僚化する一方で、鷹狩りや弓術は様式化し、武士が酒呑童子《しゅてんどうじ》＝異界の暴力を成敗して泰平を実現するといった民間伝承が、広く社会に浸透した。イデオロギーとしての「武威」の定着である（池内敏『大君外交と「武威」』名古屋大学出版会、二〇〇六年ほか）。

　武力そのものと、イデオロギーとしての「武威」の違いはなにか。それは、後者は正当性の根源自体を「武」におくために、戦争に負けることが許されないという宿痾《しゅくあ》を抱えていたことである（山本博文『鎖国と海禁の時代』校倉書房、一九九五年ほか）。「軍法」を「国ノ仕《し》ヲキ」に転用した武士は、朱子学者から「アッチハ勝負ニノミ心ガアリ」と皮肉られる存在であった（佐藤直方『韞蔵録拾遺《うんぞうろくしゅうい》』巻三。

前田前掲書）。文治政治を実践した中国王朝や朝鮮王朝とは異なり、役人・官僚であることが現実ではあっても観念にまでは至らなかった日本の「士」＝武士が、泰平の世で「農工商」＝「衣食住の三」の体現者＝「三宝」の上に君臨することをどう正当化できるのか。それは、統治秩序の紊乱者を必ず「征罰」できるという前提の保証以外にはありえなかった。それが不可能ならただちに武士自体が「天の賊民」「汗辱すべきの至り」になってしまうのである（北条氏長『士鑑用法』序。山鹿素行《やまがそこう》『武教小学』門人序）。もしこれが、「武」が手段でしかない体制なら、一度ぐらい戦争に負けてもすぐ国家存立の危機に直結するとは限らない。しかし「武」が正当性そのものであった場合、敗戦は単なる軍事的結果にとどまらず、自己（自国）が自己であることの正当性の根源、つまりレゾンテートルの危機に直結してしまう。最強の武力で世界を差配するという万能性が失われたとき、なんら生産手段をもたずに農工商身分の上に君臨してきた武士の支配正当性は、音をたてて崩れるのだ。

しかも、儀礼化の過程で現実の暴力は形骸化がすすんでいた。ならば、至当かつ唯一の正当性となった「武」は、理念と実態に分裂し、しかも両者の矛盾が広がり続けたことになる。実力の低下とプライドの肥大化が、相即しながら巨大なクレバスを形成した。吉宗が深化させた兵営国家の統治システムは、当面の安定と引き換えに、統治の正当性の裏付けを細らせ続けるという、時限爆弾のような構造を抱えることとなった。一一代将軍徳川家斉《いえなり》は、家康や家光でさえ成しえなかった在世中の太政大臣任官という栄誉を得るが、江戸庶民は「これぞぶしょうのきわみなりけり」とおちょくった（『藤岡屋日記』二、三一書房、一九八八年）。事前の根回しによって上洛すらせず実現したこの栄華は（藤田覚『泰平のしくみ』）、「武将《ぶしょう》」としての最高到達点であったと同時に、現実の形骸化が一つの極点に達した「無《ぶ》精《しょう》」の象徴ともみなされたのである。

また、五十数名もの子供を作った家斉は、彼ら彼女らを次々と他大名の養子に入れた。御三家・御三卿以外に多くの大名が徳川家の親族となり、彼らは新たな由緒を武器に自身の官位も上昇させた。つまり、家斉一人の威光だけが突出したのではなく、ゆるやかに親族化した武家階級の総体で権威がインフレを起こしたのである。バランスと関係性の世界では、儀礼秩序は相互にリンクしていた。栄誉の安売りが他にも波及し、観念の世界の自尊心は、武家全体を巻きこんで膨らみ続けた。

④「先例とバランス」の世界と単一主権の不在

(1)外交の〈消失〉と先例化・儀礼化

本節では、「武威」にもとづく〈自己完結の世界〉が、領域の内部ではいかなる意思決定システムを形作ったのか。また権力はどんな形態をとったのかをみてみよう。ヨーロッパでは、一七世紀はカトリック普遍主義による地域統合の試み（パクス＝ロマーナの夢）が最終的に挫折していく時機であった。一つのヨーロッパは宗教的にも政治的にも実現できないことが人々の脳裏に刻み込まれ、地域は理念の上でも主権概念を身にまとった絶対主義国家群に分割されていく（大澤真幸『ナショナリズムの由来』講談社、二〇〇七年。菊地良生『戦うハプスブルク家』講談社、一九九五年）。一方、日本ではカトリックの受難は同じでも、それが地域の理念構造に及ぼした作用は対照的であった。キリスト教を閉め出した為政者は、切支丹でないことの宣誓を事実上の戸籍制度へと転用させた、宗門改帳や五人組に象徴されるように、その存在を相互依存的な統治機構の一端に否定形のかたちで組みいれて利用した。

領界については、豊臣政権の東アジア地域への拡大政策を修正し、明や朝鮮王朝と関係回復を進めて目指す支配領域を自ら制限した。結果的に「四つの口」という回路が整備され、外界との交渉は遮断したわけではなかったが（荒野泰典『近世日本と東アジア』）、朝鮮通信使やオランダ商館長を朝貢使節と位置づけたように、その外界は日本の権威を周囲から補完し、威光を担保する役割を担わされた。ヨーロッパでは、教皇や皇帝という既存の宗教・政治権威が大きく傷つき、国家や個人が新たな行動単位として自立化・主体化した（旧来の超国家的・超個人的普遍権威がその超越性を断念させられた）点に画期的意義があったとすれば、日本では逆にこの時期、自己限定された領界の上を徐々にではあるが確実に、高度に完成された単一の秩序が覆っていったのである。

しかし、このようにして整備された体制は、体系性と強力な求心力を持ちつつも、近代的な意味での主権を備えていたわけではない。対外政策では、情勢に応じて迅速な決断を下し、統合された単一の国家意志を発するシステムは存在しなかった。出島に届いた情報が江戸に達するまでには幾重にも〈介在者〉が存在し、独自に情報の取捨選択や編集を行って、統治の根幹に抵触させないクッションの役割を果たした。それは統治をしなやかで強靭にした一方で、江戸の政権中枢による直轄とは異質な、外交職務・権限の事実上の分有状態を作った。外国船の渡来情報が老中に報告されず、しかし長崎警衛を担う外様大名の佐賀鍋島家と福岡黒田家には共有（察知）されて、幕閣の知らぬところで警備体制が構築されるという事態すら生じた（松本前掲論文）。ここでは、江戸の政治決断を経ることなく、外交の現場がちゃんと機能して（しまって）いる。「ご老中でも、手が出せないは、大奥・長崎・金銀座」と言われた所以である（松方前掲書）。長崎以外の外交も、アイヌは松前家、朝鮮は宗家、琉球は島津家と、大名家が間接的に担っており、しかも年月を経るにつれその状態は先例化・儀礼化していった。

もっとも、あいだに複数の人物・集団が介在し、その過程で情報が加工されても、為政者の側に政策判断のベースとなる旺盛な知識欲があり、対外政策が最新の情報に応じて逐一刷新される性格のものであったならば、外交が〈先例化・儀礼化〉したとはいえないだろう。事実、いわゆる〈鎖国〉の完成後も、一七世紀中は、為政者はヨーロッパのカトリック勢力の動向などに神経を払い、他所で得た情報と突き合わせながら、鋭い質問も交えてオランダから貪欲に正確な情報を得ようとしていた。

しかし、一七世紀末には、為政者の海外への関心それ自体が低下し始める。オランダ商館長が一六八八年に東インド総督に送った書簡によれば、江戸の幕閣は参府した商館長の一行にヨーロッパ諸国の動きについて何も質問しなかったという。オランダは自身のライバルについての悪印象を日本に植え付けたかったから、むしろ積極的にカトリック勢力が活発に活動していたシャムなどの情報を提供し続けたが、それも一八世紀初頭には途絶えた。一七五八年にオランダ商館長は、東インド総督宛の書簡で、日本のことを「他国とのあらゆる通交関係の外に暮らしていて、オランダ人が言うことをほとんど何でも信じる」と述べている。オランダ風説書の分量は短く、内容も薄くなった。商館長の日記には、風説書についてしばしば簡単に「情報を提供した」としか記されなくなった。

これらの事実は、公儀権力の側でもオランダ情報の政策的重要性が失われていったことを意味する。内容を検証する他の情報源獲得の努力もなく、オランダ風説書はただ辞める理由もないので漫然と続けられた。一八世紀中頃までには、日本の為政者は閉じた〈自己完結の世界〉の外部に位置するヨーロッパの動向について、政治的な側面にはほとんど関心を向けなくなったのである（以上、松方前掲書）。

長崎には唐船からの情報ももたらされたが、これも国内金銀の枯渇を懸念した正徳五年（一七一五）の正徳新令によって大きく制限された。輸出が無くとも輸入の必要性が変わらなければ何らかの対策が講じられた可能性もあるが、主要輸入品も一七世紀中葉までには国産化が進んだ。象徴的なのは生糸である。近世初頭に最大の輸入品の一つであった生糸は、江戸時代を通して国産化と品質向上が進み、明治期には逆に代表的な輸出品となった。一七世紀に輸入生糸の管理を目的に創設された糸割符《いとわっぷ》制度は形骸化し、幕末には生糸交易とは無関係に、京都町人によって名字帯刀の権利を得るために売買される対象へと変質した（尾脇秀和「幕末期京糸割符の動向とその終焉」『日本史研究』第五九九号、二〇一二年）。「華夷変態」の収束により、一七世紀末には清王朝が海禁政策（遷海令）を緩和したにも拘わらず、日本側の環境や必要性が変容したことに伴い、列島地域は対東アジアの側面でも、一八世紀前半には静態的な〈自己完結の世界〉に入りこんでいったのである。

以上のような「通商国」オランダと清（正確には唐船）の情勢変化は、「鎖国」的実態を固定化し、迅速・自在で緊張にみちた外交制度の確立を阻んだ。また、「通信国」朝鮮・琉球との接触は、（釜山の倭館や琉球への役人派遣、漂流民の送還を除けば）実際には将軍の代替わりなど極めてまれにしか生じなかった。対馬は朝鮮と交易していたが、これも唐人交易と同じ理由で漸次縮小する。かかる状況のもと、局面ごとに必死の判断を下さなければならないという感覚は確実に減退していった。

では、こうした関心の低下と緊張感の緩和は何をもたらしたのか。それは外交の先例化とある種の記号化である。閉じた〈自己完結の世界〉の定着は、外国の動静への興味を薄れさせ、時間・空間の両面で〈外部〉として一括してしまった。たとえば、①江戸中期以降、琉球使節を描いた出版物は同じ版本を人名だけ変えて使い回すようになった。基本は古い版木をそのまま再利用して、名前（正使の姓名）の部分だけが彫り直されたのである。人物は変わっても、やっていることは同じことのくり返しでマンネリ化したものだと、庶民が受けとめていた好例である。②また、朝鮮通信使とオランダ商館長の一行を視覚的に混同する事態も発生しており、通信使の随員がボタン付きの洋服を着ているかのような絵画も作られた（ロナルド・トビ『「鎖国」という外交』）。このオランダ人と朝鮮人の混同は、珍しいことではなかったようである。オランダ東インド会社を介して海外に輸出された日本製漆器（箪笥）や絵皿には、参府するオランダ商館長の一行の様子が描かれることがあったが、しばしばその服装は朝鮮人風に入れ替わっているという（日高薫「行列を読む⑧」国立歴史民俗博物館編・発行〈企画展示図録〉『行列にみる近世―武士と異国と祭礼と―』二〇一二年）。

これらは要するに、①ではタテの時間軸における他者の画一化が、②ではヨコの空間軸における他者の画一化が発生したことを意味する。体制の安定化と先例の蓄積に伴い、外国（人）への対応が形式化するとともに、彼らが意思と個性をもった主体ではなく、日本の秩序を周縁から支える脇役＝〈道具〉として記号化されたのである。後者に関しては、異国人の呼称が「唐人」に統一されたことも象徴的である。ケンペルの一行が子供に「唐人」と囃し立てられたように（櫻井哲男「ケンペルが聞いた元禄の音」ヨーゼフ・クライナー編『ケンペルのみたトクガワ・ジャパン』六興出版、一九九二年）、西洋人にも「唐人」「唐紅毛」「毛唐人」などの語が用いられ、民間を中心に幕末まで持続するのである（年配の読者は、「毛唐」という言葉が戦後の二〇世紀後半も生き続けたことを知っているだろう）。

そして重要なのは、このように先例化し記号化した他者への応接は、基本的には同一の対応のくり返しに終始し、厳密な意味での外交にはならなかったということである。外交の本質が、相手の予測不能な行動に対する、緊張に満ちた折々の決断にこそあるとすれば、規格化され習慣化された対象の動向は、ルーティンで処理し得る意味において、むしろ一種の「風物詩」に近いものであった。

たとえば、「オランダ人」という言葉は、江戸中期には俳句の春の季語になっていた。松尾芭蕉は彼らの江戸城登城を指して、「かびたんも、つくばはせけり、君が春」と詠んでいる。これは、徳川の威光は「かびたん」＝オランダ商館長も這いつくばるほどだという自慢である。つまり、「日本こそが世界の中心であり、日本の中心は江戸、江戸の中心は将軍様であるという、日本中心主義の思想や感情が、この元禄期の江戸の人たちにすでにあった」。また、このことはオランダ人が江戸に来るのは春だと自明視されていたことも示している。芭蕉は別の句でも「阿蘭陀《オランダ》も、花に来にけり、馬に鞍」と詠んでおり、彼らの参府が特定の季節（花が咲き誇る春）に起こる年中行事のようにみなされていたことがわかる。江戸庶民にとって、オランダ使節は独自の意思と行動原理を持つ存在（別個の主体）ではなく、春の訪れや花の香りとセットで語られるお約束になっていたのである（以上、芳賀徹「ケンペルと比較文化の眼」ヨーゼフ・クライナー編『ケンペルのみたトクガワ・ジャパン』）。

もちろん、厳密に毎回まったく同じことがくり返されたわけでは無い。現場に居合わせた当事者の役人たちは、不測の事態に備えて対処する心構えをもち、また実際に対処することもあっただろう。しかしそれでも、前提として特定の〈型〉が存在したことの意味は大きい。ましてや直接現場に関わることのない圧倒的多数の庶民にとっては、彼らの行動はルーティン化されており、予測不可能性ではなく予測可能性の象徴であった。つまり、近世における他者との交流は、基本的には先例にもとづいた儀礼であり、近代の「外交」とはかけ離れていた。前述した「四つの口」の間接管理の実態とあわせてまとめれば、単一の主体が臨機応変に国家意志を決断し、表明するのではなく、長年にわたりくり返されることで先例化・形式化した対応を、複数の担当者が分有していたのである。

(2) 権力の分散とバランス調整A——武家の場合——

このような体制のもとでは、原理的に専制権力の持続は困難であるが、事情は域内の統治においても同じであった。日本列島は徳川政権を含む三〇〇もの大名家などに分割されていたが、古典的理解では大名家当主や妻子を江戸に集住させる参勤交代制を根拠に、幕藩体制は同時代のヨーロッパ封建制と比べてもより専制的であったとされてきた。しかしながら近年の研究では、こうした徳川政権の全能性は多分に強調されたものであったことが立証されている（近世中後期のまとまった通史としては、深谷克己「一八世紀後半の日本―予感される近代」『日本通史14　近世4』岩波書店、一九九五年など）。

一例として、天保改革の状況をみていこう。三方領《さんぽうりょう》知替《ちがえ》と上《あげ》知《ち》令《れい》は、徳川政権の大名家に対する改易権が正面から問われた試みであったが、ともに無残な失敗に終わった。これも古典的な理解では、庄内酒井家領で発生した領民の大規模な反対運動が注目されてきたが、藤田覚氏は加えて、大名家と徳川政権の関係構造自体に失敗の要因が含まれていたとみる（同『天保の改革』吉川弘文館、一九八九年）。この時期までには、大名の領地は先祖が「神君」徳川家康から直接拝領したものであり、正当な理由なしには変更されるべきでないという観念が広く普及していた。だから明確な「不調法」がなければ、それは「筋なき所替」になるのである。近世後期には、改易権は上位権力＝徳川政権が一方的に行使できるものではなく、受け手や「世上」の「納得」が伴って初めて実現可能なものと見られるようになっていた。上知令の際も、そうした由緒の土地を無理矢理奪うなら、以後参勤交代を拒否する意思を有力大名が示したという。これらの事例からは、大名家と徳川政権の関係が一方的な支配―被支配ではなく、バランス意識と「納得」の意識に根ざした双方向的なものであったことが窺える。

また、大名家内部でも当主が絶対的な権力を握っていたわけではなかった。笠谷和比古氏は、当主が前例のない意欲的な改革を試みた場合、しばしば家臣団によって強制隠居させられた事例を明らかにしている（同『主君「押込」の構造』平凡社、一九八八年）。これは、君主の個人意思より家の保持や先例の力が強いことを示している。あわせて、各大名家で構成された江戸の留守居組合は、単なる法令や意思の伝達機関に留まらず、横断的な合意形成という独自の意思機能を働かせ、徳川公儀と主君＝大名双方の意思を一部相対化し得る力を備えていた（同『江戸御留守居役』吉川弘文館、二〇〇〇年）。

(3)権力の分散とバランス調整B――村落の構造――

また、人口の大半を占めた村落の実態も、古典的イメージとは相当異なっていたことが近年は明らかになっている。「江戸時代は、武士が百姓を「生かさぬよう殺さぬよう」がんじがらめに抑圧支配した専制的な社会ではなく」、身分制の枠内ながら「百姓たちに自治と自律を認めた社会」であった（渡辺尚志『近世百姓の底力』）。兵農分離で武士が城下町に集住したことで、村落は自立化し、村請制《むらうけせい》による徴税等の代行機能が発達した（以下、渡辺前掲書。深谷克己『百姓成立』塙書房、一九九三年。大藤修

『近世村人のライフサイクル』山川出版社、二〇〇三年などによる）。

まず、近世の村落は運命共同体としての側面を強くもち、セーフティネットの機能が重層的に張り巡らされていた。通常、村役人は「村方三役」と呼ばれる名主《なぬし》（庄屋・肝煎《きもいり》とも）・組頭《くみがしら》・百姓代が担っていたが、彼らは絶対的な支配者だったわけではない。たとえば百姓代は全住人＝「惣《そう》百姓」の代理人として、名主と組頭を監視する目的で設けられていた。また、地域によっては名主を輪番で回したり入札で選出し、「村寄合」とよばれる合議で物事を決めるケースも多くみられた（傾向としては、東日本は世襲的・固定的側面が強く、西日本は輪番・入札《いれふだ》が多かった）。さらには、困窮者に経済的援助を行う以下のような慣習に関しても、村役人は進んで役割を担う倫理的義務を負っていた。

たとえば借金の常態化である。現代の感覚からすると奇異に映るが、近世社会では「百姓は借金するのが当たり前」で、同時に「借り手を破滅させてはならないというのが基本原則」であった。しばしば借金は村役人の仲介でなされ、返済が滞っても期限の延長など柔軟な対応をとり、即時の財産没収は回避されることが多かった。「江戸時代の百姓の多くは、つねになにがしかの借金を抱えていました。借りては返し、返してはまた借りつつ暮らしていた」というのが実態であった（渡辺前掲書）。

また、たとえいったん財産が没収されても無年季質地請戻《うけもど》し慣行が存在した。これは、所定の期限を過ぎて質流れとなった土地でもいつでも元金を戻せば返ってくるというもので、村落の構成員が没落しても切り捨てずに再起させる知恵であった。証文通りの質流しへの反発は根強い権利意識で、いったん弱まるも一九世紀には復活する。

こうしたセーフティネットの背景には、所有概念が個人ごとに完全には区切られていない現実があった。耕作地はしばしば複数名で所有されたし（「割地慣行」と呼ばれる）、山林の多くも「入会地《いりあいち》」として共同所有され、領地を相異なる複数の領主が共有する「相給地《あいきゅうち》」も関東を中心に多くみられた。個人の人権ではなく運命共同体の維持のため、生命・財産の相互扶助精神が涵養され、有形無形の集団主義を形成していたのである。

その根底には、近世に確立した小百姓単位の家を保持し、次代に受け継ぐことを理想とする観念が存在した。いわゆる「百姓成立」である（深谷克己『百姓成立』）。何代目○○といった「通り名」の存在は、世代的なタテの継承の次元でも、個人主義とは異なる〈つながり〉と共有感覚が人々を規定したことを示している。

町人のあいだでもこうした世界観は共有されていた。竹川政胖《まさやす》は幕末に横浜で茶交易などに従事し、勝海舟とも親交があった先進的な商人であったが、息子が「一己ニ立」ことを訴えた時には、「父祖」や奉公先の主人の「余陰」の大きさを強調し、「己《おの》れ推量ヲ以主とし、主か心ヲ師とする」ことを戒めて「分ヲ量り一切合」するよう説き伏せている（『竹斎日記稿』Ⅷ、松坂大学地域社会研究所、一九九六年）。

(4)権力の分散とバランス調整C——為政者と民衆——

調和とバランスの力学は、為政者と民衆のあいだにも存在した。上位権力が一方的な支配者ではなかったということは、下位階層も一方的な被支配者ではなかったということである。久留島浩氏や籔田貫氏は、幕領支配における中間層の役割の重要性を指摘し、領主層は構造的に庄屋など村役人層の助け無しには統治をなし得なかったことを明らかにした（久留島浩『近世幕領の行政と組合村』東京大学出版会、二〇〇二年）。藪田貫『国訴と百姓一揆の研究』校倉書房、一九九二年）。平川新氏は大名家の事例を中心に取りあげ、目安箱や諮問・人材登用などによって、直接的な政策決定にも領民の「民意」が反映されていたことを明らかにした（同『紛争と世論』東京大学出版会、一九九六年）。

また、上下の階層がそれほど固定的ではなかったという指摘もある。磯田道史氏は、統治者である武士身分が必ずしも他の身分に対して閉鎖的ではなく、特に足軽以下の層には農民層とのあいだに日常的に人材移動がみられ、厳密な「兵農分離」とよべる状態ではなかったことを指摘している（同『近世大名家臣団の社会構造』東京大学出版会、二〇〇三年）。さらに近年の一揆研究は、一揆が暴力的で非妥協的な反乱ではなく、厳格な慣行と自己抑制にもとづく一種の交渉文化として機能していたことを明らかにしている（国立歴史民俗博物館編・発行〈企画展示〉『地鳴り　山鳴り』二〇〇〇年ほか）。古典的見解が一揆を「既存秩序を自明の前提としていたはずの民衆が、生活の限界に直面」したことによる「支配者側からいえば、異端」の行動としてきた（津田秀夫「民衆運動の思想について」〈「月報」2、『日本思想体系44　本多利明・海保青陵』岩波書店、一九七〇年所収〉）のに比べれば、ここでは一揆は、むしろ秩序を維持・運用する上での、調整弁の一つとして位置づけられている。総じて近世民衆は、間接的ながらも統治の側にもしばしば関与して、「民意」を政策に反映したのである。

もとより、それは近代以降の民主主義と同じではなかったし、民衆が抽象的な権利意識を胸に自身の生活圏の外部にまで影響力を行使した（できた）わけではない。影響力は、理念や想像力というよりは利害や実感に根ざした限定的なもので、「民意」の発露は連結的・連続的ではあっても、体系的・包括的ではなかった。しかし、まさにそれゆえに、利害や実感が直接及ぶ範囲では、為政者は民衆の意向を露骨に無視することは難しかった。そこには調整や妥協の連鎖が生まれたのである。

背景には、生まれた時に隣にいた人間と死ぬまで付き合い続けなければいけない事情があった。列島地域内の移動はあったが、たとえば一七世紀後半に「走り」（一種の社会慣行化した村民の他所への逃亡行動）が減少して村請制が確立するように、地域は村単位で閉鎖化ないしは高度に管理的・自己充足的になった（宮崎克則『大名権力と走り者の研究』校倉書房、一九九五年。渡辺尚志「村の世界」歴史学研究会・日本史研究会編〈日本史講座5〉『近世の形成』東京大学出版会、二〇〇四年）。また情報化の進展により、直接隣に接していなくとも、総体的な管理のシステムは高度に整備されていった。

このように、徳川政権、大名領主、民間社会のどの領域でも、権力や自我は集中的というよりは分散的で、新規の決断よりも先例の踏襲のもとでの融和・調整が重視された。井上勝生氏は、既存の研究が描いてきた「アジア的専制」という一部上位権力による抑圧体制は、近世の実態と合致していないと批判するが、妥当な指摘といえるだろう（同『幕末・維新』岩波新書、二〇〇六年）。*

*ただし、井上氏はこのようなイメージが形成された要因を戦前の皇国史観に求めているが、事情はマルクス主義歴史学（講座派理論）においても同様であったことは指摘しておかなければならない。これまでの代表的な明治維新「論」の双方で主張・継承されてきたからこそ、今でも江戸時代の強大で抑圧的な権力イメージは根強いのである。

(5)「公儀」という言葉の意味

権力が単一でなく、集中もしていなかったことは、「公儀」という言葉の用法からも窺える。江戸時代の権力は「公儀」「公辺」などと呼ばれたが、これは必ずしも徳川政権だけを意味した言葉ではない。大名も自領では「公儀」と呼ばれたし(徳川政権を「大公儀」、大名を「小公儀」という場合もあった)、下級役人層や、時には庶民を含む広汎で曖昧な社会全体を漠然と指す場合もあった(藤井讓治「一七世紀の日本」『岩波講座　日本通史』一二、岩波書店、一九九九年)。ちなみに、徳川政権が「幕府」と呼ばれ、公家の組織が「朝廷」と呼ばれるようになるのは、一般的には幕末になってからのことであり、近世の実態とは異なる。本書が「幕府」という表現を使わないのはこのためである(詳しくは後述)。ただし「朝廷」に関しては、「禁裏」でもいいのだが、便宜上「朝廷」と表現している。

また、天皇を含む朝廷も「公儀」の一翼を構成していた。公家は徳川政権を「関東」と呼び、徳川政権は彼らを「禁裏」と呼んだ。「関東」は方角的な概念で、西からみた東という意味をもつし、「禁裏」は表に対する裏という意味をもつ。どちらも対となる別個の存在を想定して初めて成り立つ言葉で、厳密にはそれ自体で独立していない。つまり、朝廷(公家)あっての徳川政権(武家)、徳川政権あっての朝廷であった。もちろん、両者は別組織ではあったが、現代の私たちが想像するような意味で独立した二つの主体というよりは、大枠では一対の存在として機能していたと言った方が実情に近い。

たとえば、天皇に代わり朝廷の運営と意思決定の中枢を担った関白と武家伝奏《てんそう》は、事実上徳川政権によって任命され、経済的にも彼らに依存していた。そもそも、前提として朝廷運営の根幹に徳川政権が食いこんでいたのであり、徳川政権なしの朝廷自体が想定できなかったのである。ただし、近代的な感覚において徳川政権が単純に朝廷を支配していたわけでもない。大事なのは、別組織である両者が密接に関わりあい、勝手な意思決定をして互いに齟齬することなく、どれだけ自覚的であったかはともかく事実上の役割分担のもとに協調しながら（相互に役割を棲み分けながら）統治を進めていたことである。力関係のうえでは徳川政権が優位であったにせよ、根本的には合意や調和が重視され、朝廷の意志を露骨に無視する統治は困難であったし、少なくとも好まれなかった。幕末の経験から後世に形成されたイメージは、近世全般の実態とは違うのである。

(6)「民意」の反映と〈プロト国民〉

ここまで見てきたことから筆者が訴えたいのは、江戸時代の政治体制は、特定の権力が他を圧倒していたと考えるよりは、個人や集団が互いにつながり合う際に生じる綱引きや利害調整の原理こそが全てを貫いていたということである。古典的な研究の専制イメージは、㋐世界観の閉鎖性（と密接性）が、㋑権力の集中性と混同された結果生じたミスリードである。〈自己完結の世界〉のもと、㋐が同時期の他の王朝に比べて高次元で実現していたことは、㋑の証明を必ずしも意味はしないのである。より正確にいえば、権力は確かに抑圧的で重苦しく逃れ得ないものだったかもしれないが、それは「公儀」という言葉の定義の曖昧さからも伺えるような包括性・全体性によるものであり、どこか一点に集中していたためではなかった。そしてそれは、実現したくてもできなかったのではない。そもそも、国家意思を継続的にとりまとめた上で外部に発信する局面がないという、「外交」が不要な（求められない）環境のもと、実現する必要がなかったからであった。

荻生徂徠―太宰春台《だざいしゅんだい》の弟子筋にあたり、諸国を周遊して過ごした儒者の海保青陵《かいほせいりょう》は、文化一〇年（一八一三）の著作で、列島地域の権力のあり方を次のように述べる。

天子は天下と云代物《いうしろもの》を持ちたる豪家也。諸侯は国と云代物を持ちたる豪家也。この代物を民へ貸し付けて其利息を喰ふておる人也（中略）死罰の罪人きはまれば（中略）死罪にするは売り買い算用はっきりと決まりたる也、天子止めても役人合点せずに死罪にすることは、天子の御意よりも天の理が重き故也、しかれば天子の御意よりも売り買い算用は重きこと也（「稽古談」一『日本思想体系44　本多利明・海保青陵』。便宜上一部表記を改めた。以下同じ）

青陵は宮津青山家の家老の家に生まれながら、かなりの〈俗っぽさ〉とそれゆえの鋭敏な世間感覚をもった人物であった。そもそも徂徠学は統治における政治性を重視し、民衆を操作対象とみる〈俗っぽさ〉を備えていたが、青陵が世の中をみる目はその極致ともいうべき〈身も蓋もなさ〉に覆われている。他方で、青陵の観察眼は全国を自らの足で歩いて回り、さまざまな事象を自らの目で見て回ったことに支えられた、極めて経験的なものでもあった。その特異な経歴はおよそ儒者っぽくなく、青陵は机上の思弁とは別に「現実を直視し、これに対応すべき姿勢」を重視し、自らの思想を「真の地に着いた、現実に結びついたものとして大成」していた（蔵並省自「解説」、同前）。

社会の実態を熟知する青陵が、「天子の御意」をも凌駕する要素と考えたのが「天の理」であった。その正体は、「売り買い算用」、つまり彼我のバランス調整の力学であった。商取引では、需要と供給のバランスが物事の落ち着く場所を決めるが、統治も同じで、特定の支配者が好きに左右できるようなものではないと彼は述べる。抑圧がないわけではない。権力は厳に存在する。しかしそれは、誰かが独占して恣意的に運用するのではなく、個人や集団のあいだの調整の論理として発現するのである。

大小の共同体の有機的結合のもとでは、隣人と抜きがたい対立に陥っても距離がとれず（たとえば外国へ亡命などはできず)、悪化した関係を抱えたまま生活し続けなければならない。モンゴルの騎馬軍団や焼き畑農業のように、少なくとも当面は反発や疲弊を真摯に正面から気にかけることなく、好きに奪って他所に移るという行動が、物理的に(倫理的にではなく!)不可能なのである。弱者とはいえ、恨みを買ったまま以後も同じ生活空間を共有するのは、相手を皆殺しにでもしない限り為政者の大きなリスクとなる。かくして、ヨーロッパ型の権利概念からすると奇妙なことが起こる。ホッブズやロックのような社会契約論にもとづき、個人の権利が明確に意識・確立されていなくとも、社会の閉鎖性ゆえに重視されるい全体性への配慮から、直接利害が関係する範囲での調整という形ながら、統治に「民意」が一定程度反映されるのである。「個」としてのアイデンティティではなく、全体性と関係性を基礎におく、閉じた〈自己完結の世界〉(山下範久『世界システム論で読む日本』講談社、二〇〇三年。奈良勝司『明治維新と世界認識体系』有志舎、二〇一〇年)ならではの「民意」政治である。

海保青陵は、儒者らしく上下の観念を土台におきながらも、次のように述べる。

上で取り過ぎれば下で苦しむことで、取り過ぎねば上で苦しむ、上下共に苦しむことなきが天の理也、上では上の勝手の良きようにしたがる筈也、下では下の勝手の良きようにしたがる筈也、上の勝手にばかり良きことは天理に違ふておるゆえ、つまる処はやはり上の勝手に悪しきことになる理也、下の勝手に良きことも天理に違ふておるゆえに、やはり下の勝手に悪しきことになる理也(中略)下の勝手をささぬが仁也、上の勝手をせぬが仁也、真ん中をゆくが天理也(「稽古談」一)

「上」や「下」が個々の意思では「勝手の良きように」したくとも、閉じた全体性という環境が領域内部に圧力を及ぼすことで、結果的に「真ん中をゆく」という調整が実現する構造になっている。こうした一種の全体性に覆われた社会では、一方的な支配意識や被支配意識は生まれ難く、多くの人々は自らを社会を支える一翼として意識する。もっとも江戸時代は身分制社会であったから、その有り様は荻生徂徠が述べるように、「米は米のまま、豆は豆のままで世の中の役に立ちます。米は豆にはなりません。豆も米にはなりかねます」という形をとった*（「答問書　中」尾藤正英編『荻生徂徠』中央公論社、一九七四年）。このように、各人が自らの置かれた環境を所与のものとして受けいれ、それぞれの立場に応じて役目を果たす社会のことを、笠谷和比古氏は「持分」社会と名付けている（同『近世武家社会の政治構造』吉川弘文館、一九九三年）。

＊荻生徂徠は丸山眞男氏以来、停滞的な近世社会を打ち破る画期をなした、近代の萌芽の象徴とみなされてきたが、尾藤正英氏は、彼をむしろ江戸時代の構造に即応し、これを表象した人物と位置付ける（「思想にみる江戸時代の個と集団」同『江戸時代とはなにか』岩波書店、一九九二年）。筆者の理解も大枠で尾藤氏に沿っている。

「持分」社会の特徴は、その構成員が外的な環境によって自己を規定し、個人的アイデンティティは未確立ながら、他方では社会を媒介に広汎な共感を有し、観念の平準化が大きく進んだことである（上述の尾藤論文は、伊藤仁斎を例に思想史の側面からこの原理を示唆する）。つまり、個人に即した主体性は欠くが、高い同族意識のもと、自らを取り巻く社会のなかで一定の役割を担うことには積極的な人々である。いまだ身分制の外郭は強固に存在していたとはいえ、現実には実力主義や経済的要因による階層移動が相当一般化していたことを考えれば（磯田前掲書、平川前掲書など）、これは国民にある程度近い存在と位置づけてもいいだろう。事実、日本や日本人意識は階層を越え広く共有されていた（水本邦彦「徳川の「日本」「日本人」認識」同『徳川社会論の視座』敬文舎、二〇一三年）。とりわけ、商品経済に伴う交通手段の発達や大衆文化の伝播が進んだ近世後期には、住民相互の共通意識はかなり「熟成」していたといえる。三谷博氏は、近世中期以降に農村歌舞伎が、言語面での共通意識形成に大きな役割を果たしたことを指摘している（同『明治維新を考える』有志舎、二〇〇六年）。

⑤〈袋〉の世界の構造と倫理

近世社会の人々は、個人の内から湧き上がる普遍的基準・絶対的原理にではなく、人間の身体を外から規定する諸要素によって自らを定置していた。小はイエのまとまりから、村請制で括られた村落を経て、大は大名領国に至るまで、個人は諸々の規模で排他的にではなく重層的に規定された。空間的なヨコの区分けと並行し、タテの身分秩序によっても存在は定められ、身分内にもさらに細かな待遇差に準じて、精緻化された序列（関連儀礼の際に褒美をいくら貰えるかなど）が存在した。

これらは近代人の感覚からすれば、人々が無数の〈袋〉に入った状態（松沢裕作『自由民権運動』岩波新書、二〇一六年）で、空間軸と階層軸（および、先例やイエの踏襲という意味では時間軸も）が組み合わさった三次元（あるいは四次元）の世界の中に自らの地歩を定めているような社会形態であるといえる。アイデンティティは個人レベルで定まっているわけではないので、原理的には、人々は自分では自我を規定できないが（宇宙船内部の無重力空間では、内壁に掴まらないと飛行士が体を固定できないように）、〈袋〉自体が極度に細分化されているために（宇宙船内部が一立方メートルの小部屋に区画されていれば、無重力でも四方に手足を踏ん張って体を支えられる）、事実上、人々は個人の内面に絶対神を持たないままの状態でも、社会に揺るがぬ居場所を定めることができるのである。

これらのモザイク状に張り巡らされた〈袋〉の壁は、決して〈越境〉不可能で宿命的な不登壁というわけではなく、武士と農民のあいだの階層移動すらあったが、総体としてみれば強靭に固定され、アイデンティティの〈入れ物〉として機能した〈〈越境〉は無制限ではなく、せいぜい隣かその隣の壁までであり、また建策などによって破格の抜擢を受けた場合でも、一代限りという時間軸の留保がつくことが多かった〉。世代をこえ、自己の置かれた立場に応じ責務をつつがなくこなし、そのことによって空間軸・階層軸・時間軸のいずれでも隣接者との関係を調和的に廻していくという観念が、「持分」意識を形成したのである。もちろん、個々の〈袋〉は自然に持続するわけではないが、特に近世中期以降は、勤勉・倹約・忍従などを徳目とする生活態度が社会的に推奨され、通俗道徳（安丸良夫『日本の近代化と民衆思想』青木書店、一九七四年）を形作った。勤勉も個人の確立でなく、「分」への没頭を意味した。幕末に宇和島の複数の村落で庄屋を務めた大野正盛は、「利口自慢」を否定して「馬鹿働」を推奨し、「阿房《あほう》と成て、外事をおもはず、耕作の事ばかりに心をよせて、他事なく働くべし」としている（「運魂鈍」）。環境への順応とそのもとでの奉仕自体が、内面（道徳）化したのである。そして外的環境による規定の連鎖を成り立たせていたのは、世界全体の〈外のなさ〉という逆説であった。

二

ロシア問題と近代の胎動

――一九世紀前半の情景――

通信使など各国外交使節の想像画（『天下一面鏡梅鉢』国立国会図書館蔵）

日本の「武」を畏れ慕う、虚実ないまぜの朝貢使節像が普及するなど、近世に定着した「武威」理念と、泰平のもとで低下し続けていた現実の軍事力とのあいだにはズレがあった。こうした理念と実態の乖離は、しかし18世紀末のロシアとの出会いを機に、統治体制に深刻な危機をもたらす。〈自己完結の世界〉が動揺するなか、当面は避戦により矛盾の露呈を回避しながら、為政者や住人は、現実を「武威」に沿うよう変革していくか、「武威」自体を克服するかの選択を迫られていく。

❶ 〈自己完結の世界〉の危機

(1) ロシア紛争と「不都合な隣人」

しかし、一八世紀末から一九世紀になると、新たな隣人＝西洋諸国がこの自足的世界に入り込む事態が生じる。特に、一八〇〇年を挟んだ数十年間には、北方のロシア帝国とのあいだに接触がくり返され、そのもつれは一時国際紛争ともいえる状況を呈した。ロシア帝国は一八世紀を通じてピョートル大帝のもとで勢力を拡大し、特に毛皮貿易を背景としたシベリアへの進出には目覚ましいものがあった。こうしたなか、ロシアは清と並んで日本を東アジア地域の足掛かりと捉えるようになり、寛政四年（一七九二）にはラクスマンが根室に、文化元年（一八〇四）にはレザノフが来航して通商を求める挙に出る。この事態は、日本列島の為政者にとっては「四つの口」の秩序に収まらない「不都合な隣人」の登場を意味した。

実は、この時ロシアの通商要求に応じる可能性がなかったわけではない。近世「海禁」体制の骨子は秩序の維持にあり、商行為自体をタブー視していたわけではないことは、田沼意次が通商に前向きな政策をとっていたことからも明らかである。しかし、公儀権力はロシア使節（レザノフ）を長崎に回航させた上で、最終的に通商を拒否した。これはロシアにとっては当然不本意な対応で、事前に信牌《しんぱい》（長崎への来航許可証）を付与して通商への期待をもたせておきながら、半年以上も回答を延引した挙句要求を拒んだことで、レザノフの部下のフヴォストフとダヴィドフらによる樺太および択捉への襲撃事件につながった。この時は、ナポレオン戦争でヨーロッパが大混乱に陥ったため、ロシアに東方への関心を持続させる余裕がなくなり事態は収束に向かったが、〈自己完結の世界〉の外側から「不都合な隣人」が到来したことで、公儀権力は否応なしに、自らが作り上げた世界の外部に存在するもう一つの世界というものを、単なる知識ではなく実感として意識せざるを得なくなった。

⑵松平定信による対応策

では、ロシア以前とロシア以後では何が一番大きく変わったのか。それは、〈自己完結の世界〉がただの〈状態〉なのか、それとも自覚的に保守・継続すべき〈目標〉なのかの違いであった。つまり、一七世紀末以降自然に形作られてきた「海禁」環境を、現前する泰平を、ただ単に天賦のものとして享受するか、あるいは自覚的に守るべき政策目標と位置づけて積極的にその保持を目指していくか、の違いである。ロシア問題の前後で、理想とする状態＝〈自己完結の世界〉のあり方が正面から問い直され、世界観自体が革命的に変わったわけではない。しかし、危機に瀕した近世中期までの〈状態〉は、ただ傍観しているだけでは維持できず、皆で意識を共有してさまざまな努力を重ねる対策が、換言すれば〈政策〉化とその実施が求められるようになる。そしてそのことは、それまで列島地域を覆っていた先例の踏襲と関係者間のバランス調整という二大論理からは導き出せない、構想力と体系性を為政者に要求することとなった。それまで無自覚であったものを意識し、想像力を駆使してまとめ言語化し（他者に提示・共有できるようにし）、未来に向けて構図を示していく必要性がここで初めて生まれた。

そして以上の要請に対応し得る、可視化と構想の政治家が松平定信《さだのぶ》であった。三谷博氏は彼のことを、

「日本の政治史の上では稀な、政策を重視し、長期的な観点からその立案に当たる政治家であって、伝統的な政策慣習、すなわち過去から引き継いだ禁制と慣行をすべて知的に再構成し、曖昧な部分を白日の下に引き出した」と評している（同『ペリー来航』吉川弘文館、二〇〇三年）。定信のもとで進められた寛政の改革の内容は多岐にわたるが、ここでは自覚化・体系化という観点から特に三点を取り上げたい。

一点目は、徳川政権と禁裏の関係である。大名家と並んで公儀権力の核を構成していた両者は、前述のように本来は切り離して考えられる別個の主体ではなく、密接不可分かつ曖昧な関係こそが近世社会の成熟のなかで定着した実態であった。定信はこのファジーな関係を、「大政委任論」という概念のもとに整理・体系化した。事実レベルでいえば、徳川の天下は徳川氏自身が暴力で勝ち取ったもので、天皇から征夷大将軍を授かったことが徳川体制確立の時点で政権の正当性の根幹にあったわけではない（渡辺浩『近世日本社会と宋学』）。しかし定信はこれに対し、形式的ながら上位者の天皇が、実質的ながら下位者の徳川当主に征夷大将軍職を与えることが公儀権力の基本的関係であるとの「伝統」を「創造」した。このことは、剥き出しの暴力以外に正当性をもたない徳川政権に（全国各地に設営された東照宮は、人々の正当性観念を左右する独立したイデオロギーとしての機能はついに確立し得なかった）実質的な大義名分を与えると同時に、時と場合によっては将軍職が徳川から剥奪され、より相応しい代替者に移し替えられる論理上の可能性も生みだした。

二点目は、「鎖国祖法観」の確立である。「四つの口」を介した対外関係は、一貫した統一的な国家意思によって形作られてきたというよりは、折々の宗教政策や経済対策などが積み上がって、成熟した総和として事実レベルで定着したものであったが、定信はこれを国家政策として明文化した。すなわち、ロシア使節に通商を断る際の理由として、寛政五年（一七九三）のラクスマンへの「諭書」では、「兼《かね》て通信なき異国の船、日本の地に来る時は、或《あるい》は召捕《めしとり》、又は海上にて打ち払うこと、いにしへより国法にして、今も其掟《そのおきて》にたがふことなし」と、現実にはこの時初めて作られた解釈が以前からの習慣かのように伝えられた。かかるロジックはその後、弘化二年（一八四五）には、日本は他国との関係を朝鮮・琉球との「通信」、清・オランダとの「通商」に限定しており、その改変は「国法」に抵触することとなり認められない（オランダ国王宛書簡）、というテーゼへと昇華される。そもそも「鎖国」という言葉自体が、長崎のオランダ通詞志筑忠雄《しづきただお》が享和元年（一八〇一）に海禁体制を称揚する書物を著した際に、元禄期に来日したドイツ人医師ケンペルの著作の表現から作り出した造語であり、文字通り一九世紀初頭という時代の産物であった。しかし、範囲が明示され概念が名前を持ったことで、〈自己完結の世界〉は、単なる状態から、伝統に根ざし未来にも続くべき政策へと読みかえられ、国家規範化したのである。

三点目は、朱子学の正学化である。かつて江戸時代の教学は、当初から主流であった朱子学が徐々に時代に取り残され、徂徠《そらい》学や国学・蘭学等の他学問に凌駕・駆逐されていったと考えられてきたが、近年はむしろ逆であったという理解が通説化している。定信は官学の昌平坂学問所を整備して朱子学以外の講釈を禁じる「寛政異学の禁」を実施するが、これは落ち目の朱子学の抵抗などではなく、むしろ清新な学問運動として進められ、諸学を包摂・統括する機能を果たした。寛政三博士と呼ばれた尾藤二洲・柴野栗山・古賀精里《せいり》は、みな町人身分や大名の下級属吏の出身で、林家自体は改革に消極的だったことからも、この政策が旧体制の保守反動ではなく、在野民間を問わずに当該期の「知」を結集する挑戦であったことがわかる。「朱学の儀は、慶長以来御代々御信用の御事」と謳われたが、これは文字通り受け取るべきものではない。前二点と同様、この一八〇〇年前後という世紀転換期の時点において、国家の学問とその解釈を過去にさかのぼって定義した、これまた「伝統」の「創造」であった。

天皇→将軍という上下関係に即した大政委任論。外部に対して国を閉ざしてきたとする鎖国祖法観。朱子学こそが幕初からの体制教学であったという朱子学正学説。誰もが江戸時代と聞き思い浮かべるこれらの三つの理解は、みなこの時期に定信主導で創出されたものであった。徳川体制が成熟した時点で、ロシアという強力な〈外部〉に接したことで一気に活性化した「日本」意識が、〈自己完結の世界〉における自然状態の規範化を促し、過去に遡った自覚的〈伝統〉に変えたのである。

(3) 寛政改革の革新と保守

松平定信の主導した寛政改革とは、一八世紀末段階で成熟の域にまで高められた〈自己完結の世界〉が、完成度の高さゆえの無自覚性をロシア帝国という攪乱要因によって脅かされたことに対する、体制立て直しのための一大事業であった。そしてそれは革新と保守が混ざり合ったものになった。

革新たる所以は、自覚・実行が求められたことである。元来、〈自己完結の世界〉は状態として定着していたもので、操作可能な自覚的政策として進められてきたわけではなかった。それが危機に瀕したことで、まず自分自身の姿を体系化し、為政者の共通理解に昇華する必要が生まれた。認識は整理を伴い、無限の諸要素を体系的に整理しようとすれば、そこには新たな解釈の創造や過去の改変が生じる。

その際重要なのは、一九世紀には時間観念の変化が起こったことである。〈自己完結の世界〉は時間的には循環社会であった。たとえば村落では、小農単位で自立した「家」を代々受け継いでいくことが至上命題とされ、○代目○○のように「通り名」が踏襲された。今日も続く歌舞伎や狂言の襲名はその名残である。農作業は春夏秋冬の循環のなか自然と一体で行うことが理想とされ、そこには去年と違うことをしようとする発想がなかった。十干十二支《じっかんじゅうにし》が一巡する六〇歳を迎えた者は、「還暦」と呼んで祝福され、子供回帰の象徴としてチャンチャンコを着用した。干支で時間を表すのは東アジア文化圏の特色だが、元禄期に来日したケンペルは過去に遡った干支と元号の対照表を楽し気に作り、著作でも十干十二支を紹介している。現在のドイツのレムゴー出身で、三〇年戦争や魔女狩りで身内からも犠牲者を出し辛酸をなめたケンペルにとって、近世日本は穏やかな時間が循環する理想郷だったのである（レムゴーの家具会社には、今でも「DEJIMA」の名前の高級ベッドが存在する）。先例の踏襲が慣習化した背景には、このように一方向に流れず循環する時間概念が存在したのである。

しかし、一八世紀末頃から時の流れや積み重ねを意識する動きが社会に登場してくる。その一つが古物、つまり骨董品の流行であった。伊万里皿を例にとれば、近世中期までは「福」「富貴長春」などの銘が一般的であったが、後期になると、「大明成化年製」のように制作時期（と産地）、それも事実でないものを騙って古さと伝統をアピールする手法が一般化する。モノが価格や機能ではなく古さによって評価される事態の発生は、人々が時間の流れを数値化し価値化するようになった証であった。また、由緒への関心も高まりをみせる。大名家（岸本覚「長州藩藩祖廟の形成」『日本史研究』第四三八号、一九九九年）や地域の民衆（羽賀祥二『史蹟論』名古屋大学出版会、一九九八年）が、先祖や地元の由来を探り、時には捏造してアイデンティティを語る動きが諸処で見られるようになった。地域で編まれた風土記や、文化九年（一八一二）に完成した大名・旗本の家譜集である『寛政重修諸家譜《かんせいちょうしゅうしょかふ》』などは、かかる動きが出版事業として具体化したものである。

　こうした変化は、記録の体裁にも影響した。昌平坂学問所の儒者であった松崎慊堂《こうどう》の日記は、一九世紀前半を境に紀伝体（事象・項目ごとの記述）から編年体（時系列の記述）に変わる。当初は「事項を中心に記述」されていたが、時を経るにつれて「毎日の出来事を記した所謂日記が、次第に記述上の中心を占める」ようになる（山崎琢「あとがき」『慊堂日暦』6、平凡社、一九八三年）。日記の起点は文政六年（一八二三）、終点は弘化元年（一八四四）。項目ごとでなく日々の事象を時系列に率直に記すということは、それだけ日々更新される未来が書き手にとって未知の予測不可能なものに変わり始めたということである。〈自己完結の世界〉が空間次元で綻びを見せたのに対応して、時間の面でも完結性は揺らぎ始め、列島地域における時間は不可逆の一回限りのものとして流れ始めたのである。

　このように、世紀転換期には〈自己完結の世界〉が人々の生活感覚の次元でも変容し始めたが、他方でこの時期に形成された政策・観念は根本的には保守的なものでもあった。前にも触れたように、ロシア問題の前後で〈状態〉の自覚化・政策化が進み、未来に向け人為的な目標が策定された一方で、理想とする状態＝〈自己完結の世界〉自体が変わったわけではなかったからである。言いかえれば、それまでの世界観を根底から組み直そうとする動きは主流化しなかった。むしろ既存の秩序やヒエラルキーを守り再強化するために、あらゆる政策は構想されたといってよい。たとえば文化四年（一八〇七）に松平定信が蝦夷地政策につき作成した意見書草案では、ロシアの軍事力や威圧を背景にした通商要求の受諸は「御国の御武威軽蔑」にあたると記されていた（藤田覚「対外的危機と幕府」『九州史学』第一一六号、一九九六年）。近世中期には公儀周辺で直接「武威」に触れた史料は稀であったとされるから、これは〈自己完結の世界〉の安定期には底流しながらも未だ明示的な言及や為政者の直接史料には登場しなかった「武威」観念が、ロシアの衝撃のもとで前景化・先鋭化し、強度を増すかたちで自覚的に再定義されたものといえるだろう。また志筑忠雄はその著書「鎖国論」において、日本を「皇国」と訳出して特殊性と優越性を宣揚し、平田篤胤はこの「鎖国論」に依拠して自身の誇大な「神国」意識を展開した（池内敏「大君の外交」歴史学研究会・日本史研究会編『日本史講座6　近世社会論』東京大学出版会、二〇〇五年）。

「大政委任論」のもとで徳川政権の正当性の核に征夷大将軍職が据えられたことも考えあわせれば、一九世紀初頭時点で揺らぎをみせた〈自己完結の世界〉を前に、為政者は抜本的に自らの既存の世界観の転換を試みたというよりは、「武威」を基軸に「皇国」「神国」といった自尊意識を固有のアイデンティティの拠り所として従来以上に前面化しながら、〈自己完結の世界〉の防衛という困難な試みに着手し始めたといえる。これは、いってみれば、根本次元においては精神の保守に執着しながらも、むしろその執着ゆえに、従来の政治体制をドラスティックに改変していく動きであった。また別の角度からみれば、安泰であった時には特に日常的に意識することもなく安住できた世界観を、危機に瀕したがゆえに自覚的に支え直し、理想化された未来の政治目標として再定置する動きでもあった。

❷ 幻想の揺らぎと立て直し

(1) 巷間における幻想の再編成

為政者の場合と同様、民間においても〈自己完結の世界〉は容易に清算されなかった。近世中期以降の蘭学の隆盛、地理情報の精緻化は、民衆の持つ知識の質量を高めたが、情報の氾濫はそれまでの独善的な世界観を必ずしも解体はせず、むしろ部分的には逆に強化することとなった。二つの事例から確認してみよう。

一つ目は、一八世紀末の黄表紙《きびょうし》本に収められた挿絵である（以下、タイモン・スクリーチ著、高山宏訳『大江戸異人往来』丸善ブックス、一九九五年による。高木昭作『将軍権力と天皇』も参照。本章の中扉裏写真）。これは戯作者・狂歌師の唐来参和の著作『天下一面鏡梅鉢』に記載されたもので、世界各国から朝貢使節が日本を訪れるさまが描かれる。もちろん創作だが、それゆえにおふざけに託した民衆の生理的な欲求が表れているともいえる。注目すべきは、架空の国や種族が含まれていることで、「大人国」「狗国《くこく》」「手長足長」「穿胸国《せんきょう》」などが確認できる。朝鮮・オランダ・琉球など実在の国とならび、これら架空の存在も混然一体となって日本を慕い殺到しているのである。作品の成立はロシアとの接触の時期にあたり、荒唐無稽な妄想の背景には、既存の自足的世界が脅かされることをリアルに感じとったがゆえの、不安と表裏一体の切実な願望があった。そして黄表紙本という大衆娯楽の形式は、それが広範な民衆に共有されていたことを示している。「かかるめでたき日本国なれば、君を敬い菅家の聖徳を慕いて、朝鮮・琉球はいうに及ばず、大唐・天竺そのほか万国の異形の国々まで貢物をととのえ来朝すること」という挿入文は、象徴的だろう（原文は平仮名だが、適宜漢字表現にあらため濁点等を加えた。「菅家」は菅原道真のことで、直接公儀権力に言及できないがゆえの表現である）。

二つ目は、天保期に市井で流行した地図皿（古伊万里）である（地図皿には様々なパターンが存在するが、基本デザインは同じ。以下、「染付日本地図大皿」東京国立博物館蔵。本書第一章の中扉裏写真参照）。地図皿は大量に作られ今でも骨董品として流通しているが、日本地図がかたどられたことからこの名前がついた。デザインとしては、行基図とよばれる卵型をくみあわせた日本地図の周囲に、海を挟んで朝鮮・琉球・蝦夷などが描かれたが、黄表紙本と同様、「小人国」や「女護国」などの架空の存在も交じっていた。つまり、実際の縮尺や距離感は無視され、概念化された日本が世界の中心に君臨する状況のもと、その周囲を虚実入り混じった〈他者〉が囲んでいたのである。

注意すべきは、地図に関する日本人の知識自体は、当時これよりはるかに精密であったという事実である。一七世紀にはすでにたとえば対馬の詳細な国絵図が作られていたし、全国図でも一九世紀初頭には有名な伊能図が完成していた。確かに、これらの情報は国家機密ではあった。しかし民間レベルでも、一八世紀後半には長久保赤水による赤水図が流通しており、民衆はすでに今のかたちに近い日本地図イメージを有していた。デザインの単純さの原因を、技術面での限界性に求めることもできない。これ以前に、平賀源内が世界と日本の地図皿を作成しており、また九州だけをデザインした別系統の地図皿も少数ながら存在したが、それらの描写はより細かく正確だったからである。

つまり、当時の日本人には正確な地理情報もあったし、技術的にもそれは反映可能であった。なのに、ディフォルメされた構図のもと、日本中心の世界像が描かれたのである。制作費用の問題もあったにせよ、当時の人々が思い描いた理念〈憧憬〉が地図皿というかたちをとって現れたとみなければならない。またそれがある種の危機感の裏返しでもあったことは、異国船が登場する地図皿の存在に明らかである(「染付日本地図大皿」)。

以上みたように、一八世紀末から一九世紀前半にかけてのウェスタン・インパクトは、西洋世界に対する人々の関心を一気に引き上げた。しかし、そうした事実は近世の独善的で自己完結的な世界観をすぐには解体しなかった。むしろ従来の静態的で安定した秩序が失われてしまう危機感から、能動的にその像を組み直して打ち出していくという事態が、為政者のみならず民間でも進行した(内政では、統治のバランスが崩れて在地が不安定化する一方で、調和的な為政への憧憬や「仁政」要求はむしろ強まった〈須田努『幕末の世直し 万人の戦争状態』吉川弘文館、二〇一〇年〉)。近世の世界観は、巷間においても危機に瀕したことで、むしろ自覚的に追求すべき理念として再構築されたのである。

(2)「武威」ゆえの避戦

世紀転換期のロシア問題を機に、〈自己完結の世界〉は〈状態〉から〈政策目標〉へとその性格を転回させ、「武威」に根ざした世界観は危機ゆえに逆に強化された。しかし、「武威」を根本で成り立たせている暴力は、剥き出しゆえに数値化・比較できる(されてしまう)ものでもあり、事態は現実と理念〈願望〉の溝を拡大させることにもなった。泰平の世に低下の一途を辿っていた現実の武力との対比で、

「武威」の肥大化はアイデンティティ確保の面では有効であっても、現実の戦争は困難なままであった。〈自己完結の世界〉の揺らぎに抗して、「武威」にもとづく「皇国」「神国」意識を増大させた（観念のインフレーションを起こした）時には、現実の戦闘能力は地盤沈下を重ねた状態にあり、理想と現実の間にできたクレバスは、すでに途方に暮れるほどの大きさになっていたのである。

そこで、「武威」を守るために避戦を徹底するという、いっけん奇妙な政策が一九世紀前半に定着する。イデオロギーとしての「武威」がもたらした重要な力学は、実はイメージ的には対極にある避戦政策であった。なぜ剥き出しの暴力から発展してきたはずの「武威」が避戦につながるのか。リアリズムによって西洋列強の軍事的優位性がわかるからこそ、避戦を貫くことで敗北の露呈から逃げ続けるという事情がそこにはあった。ボクシング世界王者がその座を譲りたくなければ、強敵相手の防衛戦をしなければいい。不利が見込まれる戦いの回避は、消極的にだが最強の称号の延命につながるのである。

この後、為政者は文政八年（一八二五）に異国船打払令を出し、アヘン戦争の報を受けた天保一三年（一八四二）にはこれを緩和して薪水《しんすい》給与令を発布するも、その後も数度にわたって打払令の復活を試みるなど、対外情勢を考慮しながら政策の調整をくり返した。一九世紀前半の公儀権力の対外方針は、打ち払いと撫《ぶ》恤《じゅつ》の狭間でゆれ動くが、だからといって前者を好戦論ととらえてはならない。前者も外国に警告を発して彼らの接近を阻むという意味では、避戦論の一種であり、両者は思考の土台を共有した上で実現方法をめぐって対立した。だから、実際に異国船が渡来した際には無難に引きとらせるという方策は貫徹されたし、このやり方はまがりなりにも半世紀近くは機能した。嘉永六年（一八五三）のペリー来航が突きつけたのは、このいずれの政策によっても退帆しないほどの覚悟と軍事力を備えた使節が近世秩序に正面から挑んできた場合に、一体どうするのかという問いであった。

❸学問（朱子学）の勃興と世界観の再編

色々な意味で動き始めた世界で、しかし結論として為政者の主流は〈自己完結の世界〉の保持に努めた。ところで、先例の踏襲が意味をもたなくなった状況下で、実学として役に立つものは何であろうか。一般論でいえば、それは学問である。原理的にいって、未来が予測できるくり返しの循環世界では、社会や生活を回すための知恵は必要でも、「昨日と違う自己になる」ことを本質にもつ学問は求められない。たとえば、山崎闇斎《あんさい》の弟子（崎門学派）であった朱子学者の佐藤直方《なおかた》は、世の「士農工商」がみな「年の暮には、一夜明けたらば、どこもよかろうよかろうと思ふて、行水して身の垢《あか》を落す様に思」ひ、「元日からむせうに目出度《めでたし》、目出度、春じゃ春じゃと云」ことに対して、「をかしきこと也、何が目出度やら、愚と云《いう》べし、学者は心得あるべきこと也、今年も去年の様に暮すであらふかと恐れ謹《つつし》む筈也《はずなり》」と憤っている（「学談雑録」『日本倫理彙編』巻之七）。この、牧歌的に年がめぐる循環世界に生きるがゆえに自己の価値を実感できない一学者の八つ当たりとも負け惜しみともとれる放言は、しかし未来が不透明さを増す世界では、学者の需要が一気に高まることをも逆説的に示唆している。

その意味で、寛政改革で進められた朱子学の正学化（昌平坂学問所の整備と官学化）は、単なる一政策にとどまらない重要な意味をもつ。松平定信がこの政策を行った直接の理由は、田沼時代に弛緩した武士の綱紀を立て直すことであった。また定信本人は、「文」よりも「武」に重きを置いていた。しかしそれだけでは、この後昌平黌《しょうへいこう》を中心に全国各地に藩校や寺子屋が乱立し、「教育爆発」といわれる現象を引き起こしていく事態はとうてい説明できない（辻本雅史『近世教育思想史の研究』思文閣出版、一九九〇年）。長期的な視点でみれば、この変化はロシア問題による〈自己完結の世界〉の動揺とその自覚的政策化が、泰平の時代とは隔絶した次元で、学問の社会的要請を高めたためであった。

もちろん、その方向性は狭義の対外政策のみに向いたわけではなく（大半の住人は直接この分野にコミットできなかった）、多くは倫理や統治の技術として表れた。しかし、対外政策と国内社会は密接に絡み合っていたし、「海防」自体がこの新たな支出の皺寄せをどうするかという意味において、内政問題に直結していた。具体的脅威としての外国を常に想定することで継続的な問題となる「海防」は、寛政改革期以降に初めて本格的に政策化されたものであり、その費用は内政の諸経費を圧迫し、幕末維新にいたるまで慢性的な財政不足と勘定所との綱引きを招いていくこととなる。ともあれ、一九世紀以降、学問は社会にすっかり根付き、統治に不可欠のものとなった。では、学問に従事した者たちは変わりゆく世界をどのように捉えたのか。会沢正志斎《あいざわせいしさい》・古賀侗庵《とうあん》という二人の人物から迫ってみよう。

一九世紀前半の中間地点にあたる文政八年（一八二五）、二人の学者が「新論」というまったく同名の著作を執筆した（侗庵の著作名は正確には「侗庵新論」で、弘化元年〈一七冊〉まで書き続けられた）。このシンプルな響き自体が先例をくり返す循環世界との決別を想起させるという点において、題名の一致は単なる偶然で片付けられない示唆に富む。二人の名は、会沢正志斎と古賀侗庵。前者は水戸の徳川斉昭《なりあき》の知恵袋で尊王攘夷論の泰斗として有名で、後者は半世紀にわたり昌平坂学問所の看板教授を務め、当時会沢以上の名声を博した。共に中央政治の世界にも密接に関与した名だたる学者である。

(1) 会沢正志斎の「新論」

会沢の『新論』は、文政七年に水戸の大津浜にイギリス船が漂着した事件を機に書かれたもので、一般的には攘夷の書として知られるが、内容の核をなすのは、むしろ時間の流れと空間の広がりの両面で人々を繋ぎ合わせ、日本という共通意識のもとに強力にまとめ、秩序付けよとの主張であった。

大津浜に出張した会沢は、イギリス人と接した漁民が彼らを恐れるどころかむしろ親睦を深める光景に衝撃を受けた。広大な海岸線をもつ常陸の沖合には数年前から異国船が出没しており、水戸徳川家領の村民たちは船員から物をもらいうけたり交換したりしていた。茨城県立図書館が所蔵する「文政七甲申夏異国船伝馬船大津浜へ上陸　幷《ならびに》　諸器図等」によれば、会瀬村・河原子村・川尻村などの村民が頻繁に接触しており、もらった品物は、銭、書物、頭巾《ずきん》、首飾り、風呂敷、米粒、とうもろこし粒、ブラシ、まさかり、櫛《くし》、剃刀《かみそり》、小刀、鋏《はさみ》、フラスコなどの容器類、火打鎌《ひうちがま》、子安貝《こやすがい》など多岐にわたっていた。珍しいところでいえば、水木村十三郎の船の者はビイドロ製の徳利に入った四匹のゴキブリ（！）をプレゼントされている。現代人の感覚からすれば理解しがたいが、命がけかつ退屈な長期航海に耐える船員にとっては、どこかの上陸地で捕まえたゴキブリも船中の無聊を慰める大事なペットだったのだろう。また、上陸後監禁状態に置かれたイギリス人が見物に来た村の女性が乳飲み子を抱えるさまを見て、故郷の父母や妻子を思い出し涙するという光景も見られた（以上、日立市郷土博物館編・発行『助川海防城・海防陣屋・遠見番所・砲台場　水戸藩の海防史跡をたどる』二〇〇九年による）。

要するに、大津浜で展開したのは、領民と西洋人が国は違えど同じ人間同士として交流を深める光景であった。これに危機感を抱いた会沢は、領民の心を領主の側につなぎとめることに腐心するようになる。まず会沢は「民心」の実態について、「民心、未だ主あらず」「その内は主なく、外は異物に遷《うつ》り易《やす》き」と捉えた上で、「今虜《りょ》は民心の主なきに乗じ、陰《ひそ》かに辺民を誘ひ、暗にこれが心を移さんとす、民心一たび移らば、すなはち未だ戦はずして、天下すでに夷虜の有とならん」と述べる（『新論』国体上〈日本思想大系『水戸学』岩波書店、一九七三年〉）。「主あらず」とは、心の核となり拠りどころとなるべきものがないことを意味する。会沢に言わせれば、「民心」とは「主」をもたず、それゆえに移ろいやすい存在なのであり、実際に大津浜において彼の眼前で展開したように、〈自己完結の世界〉の外部から到来した〈他者〉＝「夷狄」とも容易に馴染んでしまうのである。

現在の人権感覚からすれば、このような会沢の発言は為政者の高みから民衆を見下した高慢な思考に見えるし、実際にそう解釈されてきた。ただし、近世社会の構造と会沢の置かれていた状況を虚心に考えれば、ことはそう単純ではない。まず、会沢本人が決して高禄の門閥出身ではなく、彼を大津浜に派遣した藤田幽谷《ゆうこく》も水戸城下の古着屋の息子であった事実に象徴的なように、思想家会沢とその潮流は決して上流武士階級に属していたわけではなく、むしろ民衆に近い立場にいた。次に、当時の水戸徳川家は農本主義的な政策のもと地域の民政を司る郡奉行《こおりぶぎょう》に彼ら知識人を配置しており、その意味で会沢の感覚は机上の空論ではなく、実際に日々民衆に接するなかで培われたリアルな実感であった。また「民心」という言葉を使うものの、会沢の訴えの射程は被統治者階層だけに向けられたわけではなく、後述する「忠」「孝」観念の使用からもわかるように、武士階級をふくむ列島地域の全住人を改造の対象としていた。さらに、これまでの記述で確認してきたように、民衆に個人単位の独立したアイデンティティが存在しないのは決して事実誤認ではなく、むしろ近世社会の主たる特質の一つであった。

くり返し述べてきたように、近世社会は原理的に周囲や隣人との関係性を軸に展開・成熟してきたのであり、共同体内部や相接する他集団（階層）との強靭な調和――それは時に所属自体の重複性としても表れた――の要請が、理不尽な専制や一方的な収奪を抑止した（少なくともそうすべきではないという倫理観を、為政者を含む全住人に浸透させた）反面で、厳密な意味での個人単位の自我が育たない環境をも再生産してきたからである。このような世界では〈世間〉や〈俗〉といった感覚が重要になるが、それらはあくまで関係概念であり、範囲が定まった静態的な環境、すなわち〈自己完結の世界〉においてこそ安定性をもつ。逆にいえば、いったん世界の範囲や構成員が揺らぎ始めると、民衆が皮膚感覚で身に着けてきた心性もまた、現実（環境）の流動化に応じて変化し始めるのである（コスタリカに移住した日本人にとって、これまで培ってきた〈世間〉や〈俗〉に即した〈常識的感覚〉などは、その強度を大幅に減じてしまうだろう）。会沢は民衆と密に接した経験から、これまで数百年にわたって社会を円滑に動かしてきた調和の規範が、安定した箱庭的環境という前提条件を取り払った途端に流動的で心許ない脆弱性を露呈することを鋭く見抜いたがゆえに、社会全体の危機として早急な対策を訴えたのである。

では、会沢が提示した具体的対策とは何であったのか。それは、武士階級には「忠」「孝」の一致として示された。「忠」は主君への忠誠、「孝」は親への情を示すもので、本来は儒教におけるまったくの別概念である。しかし、会沢は前者を空間軸での人々の結合の、後者を時間軸での人々の結合の要として捉えた。つまり、大政委任論にもとづく徳川将軍の天皇への「忠」を頂点に、社会を構成するあらゆる集団・個人を隣接上位者への「忠」によって互いに結びつけることで、元来は限定された領域の内部で受動的にバランスを保ち共存していた人々を、自覚的な一己の共同体に読みかえた。そして各自が「孝」観念によって祖先に繋がることで、共同体の存在意義に、列島地域で連綿と続いてきたという歴史的重みを加えたのである。その際その象徴となったのが、万世一系の天皇という概念であった。

　武士的な「忠」「孝」になじまない（特に「忠」）民衆に対しては、祭祀の重視が訴えられた。すなわち、衣食住といった人間存在の基本が記紀神話以来の天皇の系譜による恩寵として代々の民に施されてきたと規定したうえで、たとえば食にまつわる大嘗祭《だいじょうさい》や新嘗祭《にいなめさい》の整備・復興とそれらへの民衆の動員によって、〈一君万民〉のもと過去から連綿と続く共同体意識を、「士」の属性をもたない人々にも植え付けようとした。このようにして、武士・民衆は個人レベルでも空間と時間を結合した悠久の共同体のなかに強固に繋ぎ留められ、外敵＝西洋列強に抗する主体へと作り変えられるのである。

　ただし、「主なき」「民心」を立て直すといっても、それはあくまで関係性の自覚・再強化を通してであったという点は注意しなければならない。個人は、クリスチャンやムスリムのように絶対的存在を体内に育むわけではない。「忠」「孝」と祭祀は彼らを周囲の住人や過去（および未来）に結びつける回路なのであって、個々の人間は自らの内に芽生える核ではなく、原理的には（周囲からであれ、過去からであれ）あくまで関係性の力学によって他律的に定義された。これは、〈自己完結の世界〉を守るために〈自己完結の世界〉に因らなければならないというトートロジーである（言い方を変えれば、このようなかたちで定められたアイデンティティは「日本に住む日本人」という前提なしには機能しない。たとえば漂流民のように、もしその人物が日本の外部で個人として生きていくようなケースが生じた場合には、まったく役に立たない)。地縁的な集団主義のなかでしか自我を定められないという構図は、無意識的なものから自覚的なものへ鋳直されることでむしろ強度を強めた。端的にいって、人々は国家への奉仕を絶対条件に、その一要素(モジュール)としてアイデンティティを得るのである。

会沢が試みたのは、かつて松平定信が素描した〈自己完結の世界〉の維持・強化という政策に厚みを加え、自我の脆弱な人々を「日本人」として鋳直し、体制維持に必要なエネルギーを不断に調達し続ける仕組みを示すことであった。在地や民間でも、それまでは漠然と感じる対象であった「日本」の枠組みと論理を、外部からの刺激に抗して再生産し得る運動に変えようと知恵を絞ったのである。

(2) 古賀侗庵の「新論」

会沢の学問が、人々に「日本」意識という想像力を植え付け、民衆を〈自己完結の世界〉を維持する運動のエネルギー源=動員対象へと再定置した点に画期性があったとすれば、古賀侗庵の学問は、徹底した主知主義によって〈自己完結の世界〉を乗りこえ変革していく方向性をもった点で、ある種の革命性を内在させていた。近世日本は戒厳令を日常化した〈兵営国家〉であり、いくら泰平が続こうとも、人々の意識の根底には超越的な「武威」の保持者であるという自尊意識が存在した。西洋列強の出現により改革を志した松平定信や会沢正志斎も、〈自己完結の世界〉の根幹をなす軍事的超越意識自体を精算したわけではなく、危機に瀕したその概念を立て直してみせることに心力を注いだのである。ところが、古賀侗庵の描いた秩序観の最大の特色は、上下や中心のない世界を描いてみせたことであった。

まず、侗庵は儒者でありながら中国の超越性を否定した。彼は清の呼称を、年を経るごとに「中華」

（～文化六年〈一八〇九〉）→「斉州」（文化七年〈一八一〇〉～）→「西土」（文政三年〈一八二〇〉～）→「支那」（天保二年〈一八三一〉～）と変えている。当初は尊称であったものが徐々にその性格を薄め、最後に「支那」に辿りつくのである。ただし、この「支那」は近代以降のような差別的な語感までは含んでいない。侗庵が否定したのはあくまで中国の絶対視であり、先天的に劣った存在だと主張したわけではない。「支那」の直接の語源はアルファベットの「china」や仏教用語に由来し、東アジアの方角概念〈「西土」〉をさらに押し広げて、より拡大した世界で用いられる音を当てはめたものであった（前田勉『近世日本の儒学と兵学』。眞壁仁『徳川後期の学問と政治』名古屋大学出版会、二〇〇七年）。

　次に、侗庵は西洋を劣った卑しい「夷狄」とはみない。彼は、西洋が「貪婪《どんらん》」で他国を侵略する傾向をもつことを理解はするが（むしろ他のあらゆる知識人よりも詳細な知識を持っている）、それはこの数百年の現象であるとして、現状を宿命的な民族性や国民性に読みかえ倫理的観点から彼らを劣位に置くことは避けている。具体的には、侗庵は「聖人」の存在を西洋世界にも認めており、例として「アレキサンデル《アレクサンダー大王》」「カアユサル《カエサル》」「ペテル《ピョートル大帝》」などが挙げられる。かつての中華と西洋は、「華夏も戎狄も鈞《ひと》しく是れ人なり、類なり」という観点から上下・優劣関係を排してフラットに並べられる。

　その上で、最後に侗庵は日本の超越視も否定する。近世中期以降に増加する知識人の中国批判はほとんど日本礼讃と対になっており、両者は不可分である場合が多い。しかし、侗庵はこうした独善性とも一線を隔し、中国批判を同時に自国への戒めとするのである。彼はこう述べる。現在の日本は、中国の「夜郎誇大之習」に変に影響され、いたずらに自国を誇って「神州」「楽土」とみなし、他国を蔑視している。これでは我々の批判する中国の独善主義と同じであり、「己《おのれ》有るを知りて他邦有るを知らざる」

「井蛙《せいあ》の見」と言わざるを得ない。彼は自国の現状を「自ら貴びて隣邦を卑しむの失、頗《すこぶ》る西土に近似し、以て此に至る」とみた（「侗庵新論」一二五）。国の呼び方も、侗庵は西洋諸国に「夷」の字を用いず、蘭学者同様に個別の国名で表記し、逆に日本には、「皇国」「神州」ではなく「本邦」を使った。要するに、侗庵は中華・西洋・自国の何れにも先天的優劣を設けず、国家対等観を提示したのである。

自国を含むどこにも中心や基軸をおかない世界観は、強固な自我（アイデンティティ）の力を必要とするが、侗庵の場合それは「知」の力で出世をとげた経歴と抜群の知識量に支えられていた。侗庵は、佐賀鍋島家の手明鑓《てあきやり》という下級身分からヘッドハンティングされた父古賀精里とともに、江戸に出た後に昌平黌の儒官になっており（ただし昌平黌は世襲制をとっておらず、侗庵の登用は実力によるものであった。ちなみに侗庵の子謹一郎も昌平黌の儒官になるが、親子三代続けての奉職は空前絶後である）、学問的実力によって立身を実現したことが強烈な自負となっていたことは間違いない。個人の資質で身を立てたエリートは、国家の共同体感覚に依らずとも自尊心を確立できるからである。

もっとも、侗庵はエリート臭を振りまいたわけではない。彼の態度を規定していたのは知識量に起因する矜持と謙遜である。侗庵の蔵書の多さは有名で、ある記録によれば公的機関や大名もふくめた江戸の蔵書家ランキングで六位に入っていた（一位は昌平黌）（岡村敬二『江戸の蔵書家たち』講談社、一九九六年）。自ら「万巻楼」と号するほど博覧強記で知られた彼は、西洋事情を始めありとあらゆる知識に通じ、その知識欲は怪異の次元にまで及んで妖怪研究の分野でも一家言をなすほどであった（木場貴俊「近世社会と学知―古賀侗庵と怪異から―」『ヒストリア』第二五三号、二〇一七年）。

そして、この主知主義（侗庵は「格物窮理」〈事物に即して理を窮めていくこと〉を自らの学問のモットーとした）は、自身の現状に対する謙虚さを彼に植え付けてもいた。時期は不明だが、侗庵は「論語」泰伯の表現を引いて「士たる者は弘毅（度量が広く意志が強い）でなければならない。その任務は重大で、道のりは遠い。士である自分は仁道をもって自己の任務としている。なんと重いことではないか。その任務は死んで後初めて終わる（死ぬまで終わらない）。なんと遠大なことではないか」という意味の漢文の三行書を認めている（筆者蔵）。ここに示されているのは、知を極めれば極めるほど、いっそうその果てしなさが見えてくる（一流の専門家ほど自らの未熟さを悟る）という構図で、M・ヴェーバーがいうところの「教養人」のジレンマである（同著、大塚久雄・生松敬三共訳『宗教社会学論選』みすず書房、一九七二年）。しかし、この段階では「教養人」のジレンマは社会問題にまではなっていない。その卓越した力が未曽有の大出世へと直結していた侗庵にとっては、「知」は自らの増長を戒める側面はあっても、彼のアイデンティティを脅かすものではなく、むしろ身分や先例（慣習）、さらには「武威」にさえ囚われない独自の強固なアイデンティティの土台になっていた。貪欲な知識欲にもとづき学ぶこと自体を倫理化した彼は、「忠」「孝」の側面を肥大化させた会沢正志斎とは対照的に、朱子学のもう一つの特質である合理主義を研ぎ澄ませたのである。不断に学ぶことを前提に、変わることに恐れず向きあえた侗庵は、その集積された知見を「変通の理」という哲学へと高めていく。

変わること自体を正当化した精神は、〈自己完結の世界〉とその骨子たる「武威」という、近世社会の骨格をなした二大要素をも相対化した。朝鮮通信使の対馬来聘やオランダ国王のいわゆる開国勧告などの外交事案にも儒者として関与した侗庵は、この二大要素自体を乗りこえていく志向性を、徐々にではあるが着実に示していく。彼は蛮社（渡辺崋山・高野長英らが集った進取的な蘭学者中心のグループ）にも関与しており、明らかに鎖国の「祖法」に違背した存在になりつつあったが（処罰はされなかった。その意味で従来喧伝されてきた鎖国「祖法」観の絶対性・拘束性の強さは見直される必要がある）、施政の基軸を「仁」に据えたように（前掲三行書）、「武威」概念への囚われがなかった。侗庵はこの時期のものと思われる別の書では、「神武にして殺さず」と認めており（書き下し、筆者蔵）、異国船打払令の理念を真っ向から否定する見解をも吐露している。

さらにいえば、侗庵は天皇権威にも囚われない。会沢正志斎は同僚から、「新論」と思われる彼の著作を読んだ侗庵が「水府（水戸）は天朝贔屓《びいき》だ」と批判的に述べたと聞かされている。松平定信の大政委任論以降、天皇は徳川の上位概念として近世秩序の頂点に位置づけられ、会沢も万世一系意識を立論の基軸に据えていたが、侗庵や彼に類する潮流に通底したのは、むしろ「天道」にもとづく治国平天下の意識であった。たとえば侗庵の父精里と同じ寛政三博士の一人で昌平黌の整備に寄与した柴野栗山は、松平定信に出した上書のなかで「日本国中の万民」は「天道」からの預かり物だと述べる。すなわち「如何なる軽き土民百姓も、人は人、替わり申さず、大名・高家《こうけ》も土民百姓も、天道よりご覧なされ候ては、御心は夫《そ》れ是《こ》れとの差別は御座ある間敷《まじく》（中略）下民は天道より将軍家へ御預け成され、又将軍家より御役人衆へ御預け」られたものなのである（「栗山上書」）。かかる統治観の下では、万世一系に体現される伝統や歴史性の強調とそれへの依存よりも、その時々の施政や政治判断が、治国平天下の理念に即して正しいと考えられるか否かの合理精神が優先されることが、容易に想像されるのである。

強調しておかなければならないのは、古賀侗庵は飛びぬけた人物ではあったが、決して異端ではなかったということである。地下出版を重ねて草莽志士のバイブルとなった会沢の「新論」に比べ、侗庵の著作は本人が他見を嫌ったこともあり、爆発的には普及していない（それでも蘭学や開国論と関わりの深い幕末知識人の多くが彼の代表作「海防臆測」などを筆写している）。しかしながら、侗庵の政治思想はむしろ幕臣の実力派吏僚に強い影響を及ぼした。侗庵は昌平黌に宿舎を提供されるなど特別な地位を築いており（同等の待遇をうけたのは他に佐藤一斎だけである）、弟子数でも古賀門は昌平黌一であった。代々祭主（校長）を務めた林大学頭を凌ぐ影響力を誇ったのである。そして、私塾の高弟や学問吟味という昌平黌の試験（五年〈後には三年〉に一度実施。明文化こそされなかったが、中国や朝鮮の科挙同様、幕末にかけ事実上実力派官吏の登用経路として機能した）を突破した秀才の多くには、特に対外観の面で侗庵の影響が如実に窺える。直接幕末政治に参与した能吏については後述するが、学者肌の人物に限っても、阪谷朗廬《ろうろ》・中村正直・田辺太一、そして息子の古賀謹一郎といった明治期にも活躍する知的エリートたちが、国家対等観、後述する契約観念、これらから導き出される積極開国論などの諸点で、侗庵の世界認識の骨格をほぼそのまま受け継いでいることが確認できるのである。

言うまでもなく、一九世紀前半に活躍した知識人は会沢と侗庵の他にも無数にいる。ただ、〈自己完結の世界〉の動揺を学問の力によってどう再編していくかという課題を考えた時、思想の構造と現実の政治的影響力の両面で二人の存在は特別であり、幕末にかけて登場する無数の政見のうち、この二潮流の一部応用や発展形と無縁な人物を見つけるのは難しい。近世後期から幕末の対外的な秩序構想を論じる際に、代表的に取り上げられる所以であろう（三谷博『ペリー来航』）。単純化を恐れずさらに付言すれば、ロシアを始めとする新たな他者＝西洋列強にどう接するかという課題に際して、特に官の面で影響力を誇ったのが侗庵で、民の面で影響力を誇ったのが会沢であったということも可能だろう。しかし、流動化する情勢のなか、官と民は綺麗に分かれたままではいられなかったし、やがて事態は、両者の境界や定義も不透明な混乱へと突入していくことになる。以下、天保改革の蹉跌をはさんだ水野忠邦《ただくに》政権と阿部正弘政権の特質を概観した上で、いよいよペリー来航以降の狭義の幕末政局をみていこう。

④ 天保改革の意義と挫折

(1) 早すぎた主権国家構想

近世の三大改革とされる享保・寛政・天保改革のうち、一番の失敗であったと評されるのが天保改革である。古典的研究では時代を読み誤った「封建反動」の無残な失敗と罵倒され、水野忠邦の罷免時に屋敷が投石・破壊されたように、江戸庶民にもいたく嫌われ、外様大名はおろか身内であるはずの譜代大名にすら離反されたごとき惨状が、徳川権威を失墜させ幕末状況を準備したとみなされてきた。

しかし、これまでみてきた〈自己完結の世界〉の構造とその一九世紀的動揺を踏まえれば、挫折したのは事実にせよ、反発の激しさの本質はこの改革が〈自己完結の世界〉を乗り越えようとした急進性にこそあったと言わなければならない。享保改革は、現状追認を前提に㋐泰平の現実と㋑戒厳令の日常化＝「武威」に即した兵営国家の平時化という、近世社会の骨格をなしたねじれ関係を定着させたものであった。寛政改革は、このような構図の〈自己完結の世界〉の動揺に際し、そこからの抜本的脱却ではなく、逆に自覚化（に伴う由緒の整理・創作）と再強化（による維持・継続）を至上命題に展開した。ところが、天保改革は確信犯的にかかる伝統を破壊しようとしたのである。破壊対象は、自己目的化した集団間の協調・バランス調整の自明視であり、原理的に列島地域の全構成員に分有された「公儀」の範囲であり、事実追認の積み重ねによって結晶化していた由緒意識や既得権益であった。

いくつかの主要政策からこの点をみていこう。三方領知替や上知令の際、諸大名がこれまで積み上げてきた由緒意識と調整の論理を盾に「筋なき所替」に抵抗したことは前述した。しかるに、これに対する水野忠邦の反論は、「御譜代の者ども、たとい賢相功臣の家筋に候とも、御代々の思し召しにて、松前蝦夷の端々へ所替仰せ付けられ候とも、聊《いささ》か違背《いはい》仕《つかまつ》るべき筋は御座なく候」（『庄内藩復領始末』）、「たとえ何様の御由緒を以て下され、または家祖ども武功などにて頂戴候領地に候共《そうらえども》、加削は御当代思召《おぼしめし》次第の処、右御由緒などを以て彼是《かれこれ》申し立て候は、事態を弁《わきま》えざるに相当たり、ことに銘々数代御鴻恩《ごこうおん》を蒙《こうむ》りおり、御勝手向きの儀は毫髪顧《ごうはつかえり》みず、収納多分これ有り候を一己の余潤とのみ心得候すじはこれ有るまじき事に候、元来家族・奴僕の扶助かなり出来、御軍役高並み相勤め候えば事足り候儀にて」（「水野越前守殿御渡候御口達」『日本財政経済史料』二）というものであった。前者は三方領知替、後者は上知令についてである。先祖の武功という由緒意識に根ざす大名の既得権益を明確に否定し、彼らを「御当代」の臣下として転封など差配の対象とみていることがはっきりとわかる。

この水野の極端な主張は、現在の私たちの一般感覚からすれば斜陽の近世権力の苦しい強弁に聞こえるかもしれないし、事実、従来の通念はおおむねその線で推移してきた。しかしここで強調しておきたいのは、この論理は確かに傲慢で一方的なものではあったかもしれないが、本書でこれまで確認してきた事実を踏まえれば、古臭い近世権力への撞着とかカビの生えた伝統への回帰などとはとても片付けられない、新たな思想でもあったということである。くり返し確認してきたように、近世権力の本質が非集中性や諸構成員（体）の密接不可分性および重層性にあったことは、諸分野にわたってすでになかば通説化した理解である。それはいわゆる幕初においても同様で、関ヶ原の戦いに勝利した徳川家康も当面は豊臣氏に西国を任せた二重公儀体制を志向しており、その下でのパワーバランスや大名配置が結局は江戸時代の基本前提となった（笠谷和比古『徳川家康』ミネルヴァ書房、二〇一七年）。

では、近世の真の伝統への回帰ではなく、その破壊を意味した水野の意図はいったいどこにあったのか。結論を先にいえば、それは〈世界〉の〈国家〉化と、その国家を動かし得る単一にして強力な主体の創出にあったといえる。つまり、それまで外部をもたず、内政におけるバランス調整（による統治）に全てのベクトルが向かっていた〈世界〉を、集権的な〈国家〉へと編み変えようとしたのであった。上知令は一言でいえば江戸・大坂周辺の大名領の直轄化を図った政策であったが、実際にはその内容はより複合的で包括的なものであり、全国に散らばる大名飛地領の整理（城付化）、同じく大名預所（幕領の一部支配を諸大名に委任していたもの）の返却、旗本知行の上知と蔵米取り化（在地領主的性格の清算と「給料制」への転換）、が同時に進められた。上知令本体と違いこれらの一部は成功・実現したが、新潟上知もそれにあたる。全体として、果てしなく細分化されて複雑なモザイク形状をなしていた各地の所領を、経済的補塡を条件に徳川の下に一元化したりそこまではせずともシンプルに整理することで、絡み合って風通しの悪い指揮系統を強化（実質的には確立）することが試みられた。

では、何のためのシンプル化・強化だったのか。その問いに回答を与えてくれるのが印旛沼《いんばぬま》工事である。印旛沼と検見《けみ》川の掘割を行うことで大型船の通行を可能にしようと試みたこの計画の真の狙いは、目付として工事を担当した戸田氏栄《うじひで》が「此度はその沼を品川へ掘り通し、銚子の湊《みなと》のわたりへ通わし、陸の奥の大船をただに入れさせて、便《たよ》りよからしむためなり」（『井関隆子日記』下巻、勉誠社、一九八一年）と証言したように、利根川を介して江戸湾と銚子沖を繋ぐルートを確立することであった。そしてその背景には、外敵によって江戸湾が封鎖された際の食糧輸送路確保の要請があった（井戸弘道「対問」東京大学史料編纂所蔵）。江戸は「生産力の発展の結果として成立した都市ではなく、政治的に設定された都市」であり、海上封鎖の際には「シーボルトは、一週間で飢餓に苦しむといい、佐藤信淵は、十日で餓死と予測」していたからである（藤田覚『天保の改革』）。

要するに、有事の際に直接の軍備と並んで不可欠な兵站の強化を図ったのであるが、その前提には、日本を外国と戦争する可能性をもつ一己の統一国家とみなした上で、その首都防衛という戦略がかつてないほど具体的に想定されている。直接の軍備増強も意図され、その旨が初めて諸大名にも具体的に達せられた。徳川政権自身は武蔵の徳丸原で大規模な西洋砲術の演習を行い、老中自ら西洋銃の購入を実施した。言葉の語感とは裏腹に、「無二年打払令がいわば軽防備と一体であるとすれば、薪水給与令は重防備・重負担と一体」をなしており、その実態は「軍備強化令とでも呼ぶべきもの」であった（横山伊徳〈日本近世の歴史5〉『開国前夜の世界』吉川弘文館、二〇一三年）。〈世界〉が自己完結しているうちは、たとえ知識はあってもその外側の事象は政策対象とならず、統治の眼目はもっぱら内輪の構成員（体）の利害調整やバランスの維持に置かれる（宇宙人が発見されないうちは、各国の利害を調整する国連はあっても、単一の指揮系統を有する世界政府は形成されない。SFアニメ「機動戦士ガンダム」で地球連邦政府が機能しているのは、ジオン公国という襲来者への具体的対処を迫られているからである）。その前提が崩れた時、〈世界〉を〈国家〉に変える必要が生じ、しかし同時に主体として機能する政府の創出は、バランス調整の原則を越えた恣意的抑圧として在野を襲うのである。

天保改革は複雑で複合的な性格をもっていたが、全体としては、内向きの調整論理とその結果たる社会の多元化・重層化構造にメスを入れるものであった。既得権益化したそれらを一部破壊してでも、それまでの〈世界〉を外向きで具体的に行動可能な〈国家〉へとドラスティックに再編するのが眼目であり、代表政府の座に徳川政権をなかば強引に移行させることが目指された。ここでは触れなかった株仲間解散も、統治に介在する媒介者や中間団体を経済面でも除く動きであったと理解できる。

しかしながら、目標がドラスティックで一足飛びのものであればあるだけ、二世紀以上にわたって積み上げられた現実は巨大な壁となって立ち塞がる。天保改革瓦解の直接の契機は、上知令の断行を最高責任者たる徳川家慶《いえよし》が決意できなかった点にあった。強力な中央政府には強力な指導者が必要となる。しかし、水野忠邦が前将軍の大御所徳川家斉が健在なうちは息を潜めてじっと機会を窺っていた乾坤一擲の賭けは、そのあいだも困難さを増していた。家斉が膨大な数の子供を有力大名家に送り込み、縁故の論理で彼らの官位を上昇させたり加増をくり返したことで、国持大名や有力譜代の将軍家との親族化が進み、自意識が肥大化したことで統制が一層難しくなったからである。インフレ化した自意識は、たとえば大広間詰《づめ》（国持大名中心）から大廊下詰（徳川の親族中心）への格上げなど、江戸城での儀礼秩序にも反映し、彼らは御三家・御三卿とつながることでより手強い批判勢力を形成した。徳川家斉の治世の中心たる化政期は文化の爛熟期であったとされるが、他方では一八世紀以来の分権意識と割拠意識も爛熟の域に達し、この点が三方領知替えや上知令への抵抗感を増幅させていたのである。

⑵ふたたび協調と袋小路へ

かかる状況を背に改革が頓挫した以上、後継政権が有力大名に対する伝統化したバランス調整の論理と集団主義に、今まで以上に傾斜した（せざるを得なかった）のは当然であった。水野忠邦のライバルとして反対派に奉戴された阿部正弘は、水戸の徳川斉昭や彼と近しい有力大名と協調関係を築き、機密情報を共有して政局にあたった。しかし、三方領知替えや上知令に反対した有力大名は徳川家康以来の伝統を強調したが、それは自らが獲得した既得権益を守るための理由付けでもあり、単なる保守回帰ではなかった。その点は、火災に見舞われた江戸城修復への資金供出が「神君の御遺訓にも顕然たる事」（「浮世の有様」『日本庶民生活史料集成』第一一巻）と謳われたにもかかわらず、大名たちがこれを拒否して、最初に水野忠邦の跡を継いだ土井利位《としつら》政権を短命に終わらせたことに象徴的だろう。彼らは自らの利益に反すれば、家康の名を押し立てた伝統政策も躊躇なく否定したのである。

劇薬であった天保改革の傷を癒す阿部正弘の政策は、政権外勢力との融和を回復させて一〇年にわたる長期政権を実現させることとなったが、他面からみれば、それは主体を確立する必要を先送りにしたものでもあり、諸大名との関係性はいっそう妥協的なものとなった。「弘化・嘉永期の阿部政権に、諸藩との協調という性格を見出すとすれば、それは幕府自体の対外関係における主体性発揮との二律背反として理解すべき」なのである（横山前掲書）。大名の激しい反発を恐れるあまり水野を切り捨てたかたちになった徳川家慶は、一〇年後にペリー艦隊が浦賀に来航した時には、今度は逆に「天下の副将軍」たる徳川斉昭の国政参与が公然と議題にのぼって実現を見るなか、「ソレデハヲレハナクテモヨイカ」と呟きながら失意の一生を終えることとなった（『水戸藩史料』上編乾）。

対外政策の面でも、「阿部正弘の海防強化令は、諸藩や民衆の海防負担感を、場合によって国威の強調で、あるいは個別の懐柔策によって沈静しようとするもので、天保改革期の海防策の確立とは、幕府の主体性という点では異なる方向を向いて」いた（横山前掲書）。阿部は弘化三年（一八四六）、嘉永元年（一八四八）、同二年（一八四九）の三度にわたり打払令の復活を試みるとともに、意見試問の範囲を拡大し、三奉行など関係部署、昌平黌や町儒者も含む広範な層に議論を呼びかけたが、局面を変える決定はなされなかった。若干の海防強化は図られたが、避戦のための強硬策という打払令の倒錯した構造自体に変わりはなく、その政策は現実の海防出費を抑えて、危機感の醸成という精神的な要素をもってこれに代える性格を有していたからである。しかしそれは、拳を振り上げることで相手が距離をとってくれた段階においてはともかく、すでに強大な清王朝との激突を経験したアヘン戦争後の西洋列強の方針を変える力はなかった。言い方を変えれば、このタイミングでの打払令の復活は、以前よりも実際の戦争勃発の可能性を高めることが現場役人の目には明らかだったし、前にみたように、立ち戻った「武威」の観点からも、その危険をおして政策を断行することは彼らには不可能であった。

上意下達やアジア的専制といった近世社会の古典的イメージをとり払い、〈自己完結の世界〉の実態を踏まえれば、阿部政権の施策にはその原則を踏襲し、さらに推し進めた側面があった。そしてこのことは対外的には、世紀転換期に創出された「鎖国祖法観」を自明の規範とみなし、無意識次元にまで内面化したことを意味していた。そしてそれは単なる新規交際の拒絶に止まらず、既存のピラミッド型秩序の一部として振る舞わない諸外国を最初から「仮想敵」とみることでもあった。近世初期の「南蛮」も軍事強国であったが、戦国大名は彼らを宿敵とは決めつけておらず、是々非々の関係を有していた。

しかし一九世紀の為政者は、長崎に回航して管理下に入らない他者を、（前述の避戦意識が強力に作用したために実際の武力衝突の可能性は低かったとはいえ）意識の上ではまず戦争対象に位置づけたのである。この時期の対外問題が、なによりも「海防」問題として想起され、昌平黌儒者の一部や蘭学者が違和感をもち反発した外国の「讐敵」視が世間に蔓延した根本的理由が、そこにはある。

そうしたなかで、阿部が継承した数少ない水野政権の方針が人材登用であった。昌平黌の学問吟味及第者として抜擢され印旛沼工事に関わった戸田氏栄と井戸弘道を、ペリー来航の前に浦賀奉行に配置したことに象徴されるように、阿部は政権の方向性では調和的な近世世界の伝統に回帰しながら、他方では天保改革で台頭した多くの能吏＝学問エリートを要職に据えることで、現場レベルでリスクマネジメントを図ろうとした。この政策は、幕末外交における水際の底力を形成すると同時に、現場と幕閣の齟齬や二重規範を構造化し、動乱の際の秩序の転倒状況をも時に現出させていくこととなる。

三

幕末政局と条約派

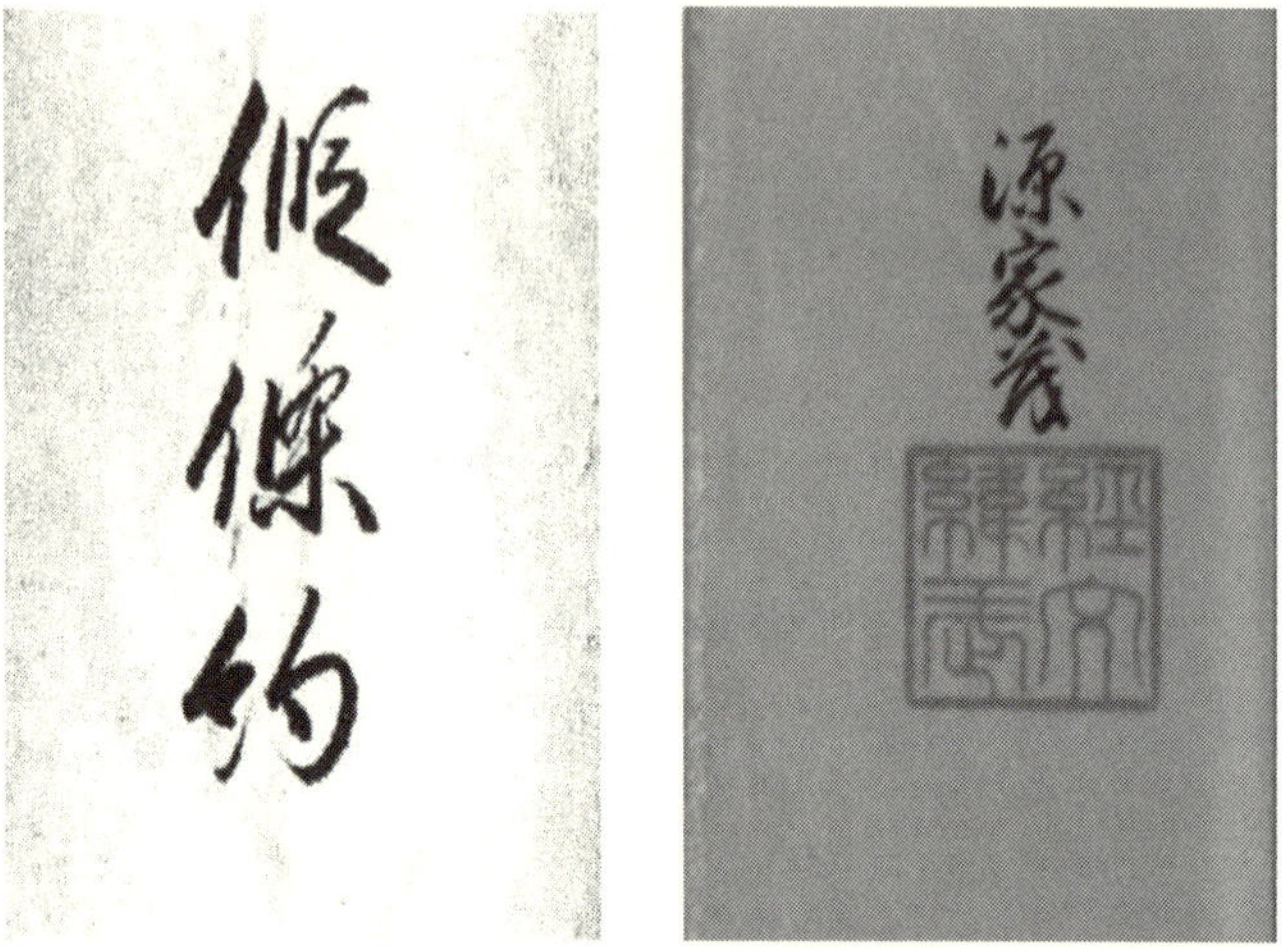

日米修好通商条約批准書原本にある源家茂の署名と「経文緯武」の印鑑（右）（アメリカ公文書館蔵）、**日英修好通商条約批准書原本にある「仮条約」の文言**（左）（イギリス国立公文書館蔵）

ペリー来航を機に日本は西洋諸国と条約を結ぶが、条約の解釈をめぐっては、日本と西洋のみならず、国内でもさまざまな齟齬が生まれた。たとえば当時の14代将軍であった徳川家茂の名が国家主権者として明記された反面、他方では仮条約の文言が付され、仮初めの弥縫策に過ぎないことが示唆された。国家間契約の正当性を認めてその責任者として振る舞うか、「武威」の毀損とみてその撤回を目論むか。徳川政権内でも認識は分裂し、社会全体をもまきこむかたちで、政局は混迷を深めていく。

❶ 幕末政局の意味

ずいぶんと前史が長くなった。ここからはいよいよペリー来航以降を扱っていこう。ところで、異国船対応や西洋諸国を世界観の前提とするような意識が、すでに一八世紀末のロシア問題の時期から始まっていたのなら、素朴な問いとして、改めてペリー来航の歴史的意義とはなんだったのか。言いかえれば、何がペリー艦隊とそれ以前に到来した異国船の違いだったのか。それは、彼が十分な実力と覚悟をもって、確信犯的に〈自己完結の世界〉を解体し、こじ開けにかかったという点にある。

世紀転換期のロシア問題以降、捕鯨漁の隆盛や東アジア市場の発展、太平洋航路の開設などが進み、列島沿岸への異国船の出没自体は珍しくなくなっていた。記録が残っているものだけで、その数はペリー来航までに一〇〇を越える。しかし、近世公儀は西洋諸国という新たな他者を前に既存の体制を変えようとはせず、彼らを長崎に回航させるか、接近自体を拒もうとした（ただし既述のように、この間も内部では異質の政治潮流も強固に伏流していた）。あくまで「四つの口」にもとづく秩序を固守したのであり、文政八年（一八二五）に発令され、その撤回後もくり返し復活が試みられた異国船打払令は、内容的には張子の虎であった（実際に戦争はできなかった）にもかかわらず、拒絶のメッセージとして有効であった。

ペリーはこうした半世紀にわたる推移を「学んだ」うえで、状況を変えるため確信犯的に日本の「祖法」の無視と暴力を背にした武断外交を選択したのである。その意味で、ペリー来航から全てが始まったかのように考え、いきなり理不尽な暴力が列島領域に突きつけられたかのように状況を捉えるのは、一九世紀以降の国際関係の推移を考えればあまりフェアな見方とはいえない。半世紀以上にわたり、一〇〇回近くも門前払いされ続けてきた西洋諸国が、それでも接触を諦めなかった結果くりだした新たな打開策として、アメリカの砲艦外交が当時の国際社会のなかで挙行されたのである。その意味では、ペリー来航はことの始まりというよりは、半世紀にわたる過渡的対応のむしろ帰結であった。

さて、いよいよ幕末政局の展開である。ところで、二〇〇〇年代前半から一〇年ほどのあいだ、「開国」をあつかった書物の出版や博物館での特別展企画などが多く執り行われた。西洋諸国との交際一五〇年という節目によるものであるが、注目すべきは、これまで他国で保存されてきたいくつかの条約書原本の紹介が進んだことで、そのなかには従来のステレオタイプなイメージに修正を迫ったものも少なくない。たとえば、ワシントンの公文書館に残る日米修好通商条約の批准書の原本には、「源家茂」の文字と「経文緯武」の印章を確認することができる（本章の中扉裏写真参照）。「経文緯武」の文字の意味は、文武両道で政治にあたるというもので、安政四年（一八五七）に晋書から採用して決定されたものであった。そして、老中書面に押す別の印章には、「日本政府の印」という文字が刻まれていた。これらは、老中堀田正睦《まさよし》の諮問のもと、評定所や林家の林復斎《ふくさい》・海防掛《がかり》などが協議して決めたもので、大きさは三寸四分とされた。朝鮮との交際に用いてきた印章と同サイズであり、その意味でアメリカとの交際は、少なくとも当初は東アジア国家との通信の延長上に始まった。

「源家茂」や「経文緯武」「日本政府の印」は、徳川政権の国家代表性を示す公印としてこの時期に定められたものであったが、他方で、イギリスやポルトガルと結ばれた通商条約書（批准書）の原本には、これらの表現とは別に「仮条約」と文言が付された。条約はあくまで暫定的なものという意思表明である（鵜飼政志「条約原本でみる明治維新期の日米関係」『二〇〇七年度、古文書学文献学研究　最終課題その3』二〇〇七年）。正当かつ新規の国家間契約なのか、それともあくまで仮初めの繋ぎにすぎないのか。西洋諸国との条約が孕んだ多義性は、今日でもなお我々に問題を投げかけている。そしてそれは、条約を結んだ徳川政権が幕末に果たした役割を、改めて考える必要を意味している。

従来、幕末政局と明治維新は、明治新政府につながる勢力（〈倒幕派〉）を中心に描かれてきた。しかし、二世紀半にわたって続いてきた一つの〈世界〉が終わる意味は、それが悲劇であれ喜劇であれ、やはりそこで中心的な役割を果たしてきた存在＝旧体制に光をあててこそ、正当に理解できるだろう。実は革命思想らしき革命思想がなかったとされる（三谷博『ペリー来航』）維新変革では、あらゆる政治変革は旧体制の改革と、その失敗や絶望というかたちをとって現れたからである。

しかるに、徳川政権の研究は、必ずしも充実していたとはいえない。戦前の旧幕臣による回顧談的言及を別にすれば、徳川慶喜《よしのぶ》政権を列強に阿《おもね》った「買弁的絶対主義」と批判した田中彰氏の研究（同『明治維新政治史研究』青木書店、一九六三年）などが代表的なところである。これは、徳川政権を「維新の変革主体」の対抗馬として本格的にとりあげた点に意義はあったが、「民族の独立」を妨げる反動勢力として、敗れるべくして敗れたとも評価された。議論の出発点で、対外的な権力主体という視座を欠いていたのである。一九八〇年代以降は具体的な事実関係の解明が進んだが、その多くは政治再編論の一環として部分的になされたもので、彼らの位置づけをいま一度正面から問い直すという意識は希薄であった。

しかしながら、徳川政権の幕末外交は、退場を宿命づけられた旧体制の悪あがきとして片づけられるものではない。それはむしろ、近代日本の対外関係の基礎を形作った出発点であり、土台であった。維新政権は現実にはその施策をほぼ丸ごと継承したのである。そもそも幕末外交とは、以前から続いてきた外交の幕末版といったものではない。近世社会＝〈自己完結の世界〉の対外関係が、「四つの口」での交流はありながらも、いま私たちがイメージする外交よりは先例や儀礼のくり返しに近かったことは、すでに指摘した通りである。むしろ、この時初めて近代的な意味での外交が生まれ、私たちが現在抱く通念の雛形も、幕末に初めて形成されたと考えるほうがよい。徳川政権による万国対峙とは、このような環境のなかで進められた。本章ではその推移と意義を、当事者の世界観の変遷に即して描き出していこう。特に、慶応元年一〇月までの政治過程をこの角度からみて、〈自己完結の世界〉の限界がいかに克服されようとしたのかを明らかにすることで、次章以降の「公議」問題につなげたい。

では、万国対峙とはいかなる状態をさすのだろうか。東アジアの一九世紀とは、華夷観念に根ざす既存の地域秩序が主権国家と国際社会をキーワードとする新たな理念に揺さぶられ、大幅に組み替えられた時期であった。いわゆる近代の開始であるが、井上勲氏はその事情を次のように説明する。

主権国家も国際社会も、近代の産物である。あるいは逆に、主権国家や国際社会が近代を形象したと言えるかも知れない。誕生の地は西ヨーロッパである。ここに誕生した国際社会は、包摂の範囲を東と西とに拡大していって、やがて東アジアで合流する。国際社会が地球を被う過程は、世界の形成のそれでもあった。

国際社会に直面した諸地域は、それへの編入を強要された。主権国家の構成員としてか、あるいは植民地として編入を強要されたのである。国際社会への編入の時が、それぞれの地域での近代の始まりの時であった（井上勲「開国と幕末の動乱」同編『日本の時代史20　開国と幕末の動乱』吉川弘文館、二〇〇四年）

要するに、西洋型の主権国家と同じように他地域も振る舞うことを要求される（さもなくば植民地にされる）状況が、地球規模で起こったのが近代であった。かかる状況のもとでは、日本の位置づけもおのずと変化を迫られる。近世にも「和蘭陀人」や「琉球人」は存在したが、彼らは単一のヒエラルキーを外側から支える一要素にすぎず、厳密な意味で他者（他国）と呼べるものではなかった（山下範久『世界システム論で読む日本』）。あくまでも、公儀権力を核とする秩序の一端として位置づけられていたのである。そして、人々に見せたほうがよい時には露骨な見世物にされたし（朝鮮使節や琉球使節・オランダ使節のように）、逆に目に触れないほうがよいと判断されれば、徹底的に隠された（ロシア使節レザノフが長崎の街を歩いた時に住民の外出と見物が禁じられたように）。

他者（他国）のいないところには、自己（自国）もない。一つの摂理にもとづき、全体と個が調和した〈自己完結の世界〉が存在するのみである。天保期に流行した地図皿にも、「甲斐」国や「近江」国、また「朝鮮」や「琉球」などはあっても、「日本」という名はどこにも明記されなかった。

近代とは、こうした状態の破綻であった。自らが一つの世界として「天下泰平」を享受してきた列島領域は、新たに拡大した世界のなかの一国家として、同じような他者（他国）との関係を構築し直さなければならなくなった。それが万国対峙である。より正確にいえば、一国家に本当に変われるか、変わる気があるかが万国対峙の内容を左右していった。「バンコクタイジ」という言葉を使っても、人によって意味合いが違ってくることも十分にあり得る。こう考えれば、この時期に徳川政権が直面した外交課題が、「民族の独立」をいかに維持するかといった問題以前の、より根本的な自他認識・コスモロジーの次元に立脚していたことがわかるだろう。守るべき「自己」とはなにか、それと対比される「他者」とはなにか、そして両者からなる新たな「世界」は、いったいどんな輪郭と構造をもつのか。これらのどれもがいまだ確定していない状況では、対外折衝の従事者は、物事の基本的な捉え方やルールにまで踏みこんだかたちで、その認識と意思を問われるからである。当該期の徳川政権は、論理的には無限の可能性を秘めながら、しかしそれゆえ、困難な外交の舵取りを迫られることとなった。

② 初期外交の構造と展開

(1) 現場役人の系譜

幕末の徳川外交は、かつてはほとんど評価されなかった。戦前の皇国史観にせよ、戦後のマルクス主義歴史学にせよ、〈王政復古の敵対者〉か〈封建主義旧体制〉の違いはあれ、徳川政権を抵抗勢力とみる大前提に変わりはなかったからである。こうした評価は結論ありきのテーゼとしての側面を強くもっていたため、特に二〇〇〇年代以降は現場役人の力量が本格的に見直されるようになって久しい。ただし、彼らは確定した方針を忠実に遂行する官僚であると同時に、他方では交渉の土台となる自他認識を自ら形作る思想家でもあった。現代の官僚は所与の国是や政策を現場で体現するテクノクラートだが、当時は彼ら自身がどう振る舞うかに前例がなく、その時々の行動がそのまま近代外交の前提や雛形となった。スポーツに例えていえば、予め定められたルールで試合するだけではなく、そもそもどの種目で競うのか、その際のルールは何かについても、否応なしに選択を迫られたのである。

現場では試行錯誤がくり返されたが、安政四年（一八五七）初頭に当時主席老中であった堀田正睦は、海防掛の有司たちに対して、「外国ご所置の大本旨趣、隣国に交わる道をもって致すべきや、夷狄を処する道をもって致すべきや」（『幕末外国関係文書』一五）と下問を行っている。ここで問題とされたのは、外国は「神州」とは非対称で卑しい「夷狄」なのか、それとも対等で対話可能な「隣国」なのか、という点である。ペリー来航から四年を経ても、現在相対している相手は果たして何者なのか（それとの対比で自分は何者なのか）といった自他認識の大前提は、いまだ確定してなかったのである。

理由の一端は前身の阿部政権にあった。嘉永～安政年間に現場で対応にあたった幕臣は、能吏が揃いながら、各々の交渉方針や思想背景は必ずしも一致していなかった。これは、約一〇年にわたって幕政を主導してきた老中阿部正弘が、派閥や門地に関係なく優秀な人材を雑多に配置していたためである。

こうした環境は現場に緊張を生むが、それは本来、開国への積極性や消極性に還元できるものではない。なぜなら、程度を示す概念は一定の共通理解を前提とするが、当時はまさにその土台となる前提自体が争われていたからである。また、開国に向けた歩みの遅速というだけでは、開国後の展開が射程に入らない。開国に至る争点は、開国後も政治混乱の原因となり続ける根本的なものであった。

むしろことの本質は、個々の政治判断を基礎づける世界観自体が統一されていなかった点にあった。当時の現場役人に表れた行動は雑多で、背景にはさらに多くの思惑が存在したが、その原理はあえて単純化すれば、状況主義と規範主義に大別できる。一つ目は林家や勘定奉行所・代官などが主体で、基本的には現状維持を理想とする立場から、そこからどの程度の譲歩で眼前の危機を凌ぐか、という発想を根底にもった。ロシア応接に重きをなした勘定奉行川路聖謨《かわじとしあきら》などは、その代表である。

もう一つの系統は、浦賀奉行・長崎奉行などの遠国奉行が主体となった。彼らはペリー来航を時代の転機と考え、むしろ主体的に諸外国との交際に踏み出そうとした。この層の特徴は、昌平黌の学問吟味試験の及第者が多いことである。彼らは大小目付層に広がっていくが、人物としてはペリーの初来航時の浦賀奉行戸田氏栄・井戸弘道、イギリス応接を主導した長崎奉行水野忠徳《ただのり》などがあげられる。

二つの系統は、厳格に統一はされず、混在しながら初期外交の現場を担っていく。「癸丑甲寅《きちゅうこういん》」以来といわれたように、嘉永六年と翌安政元年にはアメリカ・ロシア・イギリスの艦隊が立て続けに来航し、日米和親条約・日露和親条約・日英約定といった初期外交の重要条約が結ばれた。その過程では、両系統は共闘しつつも同床異夢の状態にあり、時に厳しい鞘当てを引き起こしていくことになる。

(2)「ぶらかし」の論理と心理

両系統の交渉方針を具体的にみると、前者が基軸としたのは「ぶらかし」であった。これは「はぐらかし」の語が転じたもので、西洋諸国の要求にはっきりと返答せずに、のらりくらりと回答を延期し、相手がしびれをきらして交渉自体を諦めるのを待つというものであった。勘定奉行川路聖謨や筒井政憲《つついまさのり》の発案とされる。川路の父は九州の天領であった日田の代官所役人であった。つまりは陪臣《ばいしん》だが、彼は陪臣の息子から自らの才覚一つで直参《じきさん》に取り立てられ、最終的に勘定奉行にまで上りつめた能吏であった。その能力は、交渉相手のロシア使節プチャーチンからも一目置かれている。また、川路の交流範囲は幕臣に止まらず、徳川斉昭をはじめとして有志大名のあいだにも広範なネットワークを有していた。

しかし、川路は現実のなかの矛盾構造を見つけ出してそれを論理的に解析・止揚するというよりは、より実際的な性格で、目の前の具体的な対立関係や軋轢をうまく折衷する能力に長けた人物であった。彼は若いころに昌平黌の学問吟味試験に落第しており、以後は算用方の試験合格を皮切りに勘定奉行所系の部局でキャリアを形成していくが、その長所はなによりも調整とバランス感覚にあった。学問での自己形成に挫折し、凄腕の執政官として才能を開花させた川路は、外交交渉の場にも自らの哲学と武器を持ち込んだのである。他には、江川英龍《ひでたつ》（坦庵《たんあん》・太郎左衛門）や羽倉用九《はくらようく》（簡堂《かんどう》）など、領地を運営する立場にあった代官系の能吏も、川路と似た調停者としての性格をもっていた。

ただし、バランス感覚に長けていたとはいえ、彼らにとっては西洋列強は、大前提としてはあくまで面倒な来客であり排除対象であった。つまり、原理的にはこれまでの数百年の安寧を脅かす危険で厄介な例外的存在であった。羽倉用九は安政三年（一八五六）ごろの作と思われる「往市策」のなかで、「小は人の疾病、大は国の荒歉《こうけん》、皆これ気の不和より生ずるを見れば、和は誠に尚《たっと》ぶべきなり」と述べ、西洋列強の通商要求を完全に拒絶することは避ける反面で、「邦禁」「掟」を楯にあくまで「来市」は拒否して、清国の上海・寧波《ニンポー》・福建等を舞台とした「往市」を提案している（「管見叢話」八、東京都立中央図書館蔵）。調和的な〈自己完結の世界〉は、無傷で守られるにこしたことはないのである。実際に結ばれた日米和親条約の体裁や朝廷への説明にも、新規の施策との印象を薄め、近世的な海禁体制の延長線上にあるとのニュアンスがこめられた（羽賀祥二「和親条約期の幕府外交について」『歴史学研究』第四八二号、一九八〇年）。

　したがって、川路の系統に属する吏僚層は、伝統的な「夷狄」処理の慣習を基準として、対外交渉の成否を、それをどれだけ変えずに済ませられるか、もしくはそこからどれだけ譲らねばならないかという、譲歩の程度の問題として考えた。この当時、川路本人はともかく、その周辺で外交現場や関連部局にすすんだ人物のなかには、露骨な「夷狄」蔑視を示した者が決して少なくない。浦賀奉行支配組頭や下田奉行組頭を歴任し、ペリー再来時の対応に重きをなした黒川嘉兵衛は、日米和親条約に「日本魂」の観点から「大息《たいそく》」（ためいきをつくの意）し、水戸徳川家の探索方を自宅に住ませて機密情報を在野の不満勢力に提供し続けた。川路に引き上げられた翻訳御用手附組頭小田又蔵は、蕃書調所《ばんしょしらべしょ》創設に関する草案のなかで「夷狄」への非難をくり返し、そのあまりの執着に、筒井政憲から数ヶ所の削除を求められたほどであった。

　原理的には、主権国家同士の交渉にはいずれか一方の完全勝利はありえない。その意味で「外圧」は決してなくせないし、程度に差はあれ交渉主体双方が共に蒙るものであった（鵜飼政志『幕末維新期の外交と貿易』校倉書房、二〇〇二年）。既存の海禁秩序を脱して新たな世界秩序に加わるなら、なおさら自らのあり方の変化は避けられない。ところが、従来の〈自己完結の世界〉の常識を前提に一切の譲歩をそこからの逸脱とみなせば、あらゆる外交交渉は最初から〈負け〉〈屈辱〉となってしまう。黒川や小田が直面したのはこの心性であり、その憤懣は在野の不満層の目にとまって、政権から色付きの情報が流出する回路を形成した。条約締結は恥であるという文脈は、水戸徳川家などを通して大名家臣や郷士、一部豪農商層に伝播し、その多くを排外主義（攘夷論）に駆りたてていくことになる。

(3) 書生的規範主義の生成

もう一つの系統は、これとは対照的な様相をみせることとなった。中心となったのは各地の遠国奉行や大小目付層である。たとえば浦賀奉行の戸田氏栄は、ペリーが来航した際に最初に応対にあたった部局の責任者であったが、戸田はこの時期数十通におよぶ書簡群を江戸にいた同僚の井戸に送っており、アメリカ使節を彼がどのように受けとめていたのかが詳しく読みとれる（『南浦書信』未来社、二〇〇二年）。

この書簡群で、戸田はアメリカ国書の受けとりと開国をくり返し主張している。大事なのは、そうした彼の態度を支えていた国際関係に関する理解である。彼は「この度は一向ご大量に通信お許し」と、アメリカとの通信開始を提案する。「大量」という語は現代の感覚では数の多さを思わせるが、（既存の常識や先例の壁を破って）彼は広い度量という意味で用いている。つまり、自覚的に「鎖国祖法観」を克服せよという訴えである。ただし、これは単に従来の通信国である朝鮮・琉球にアメリカ一国を加えよという次元の話でもなかった。交際対象の数やその扱いに関しても、戸田は非常に大胆な主張をくり広げていく。ペリーに一ヶ月遅れたロシア使節の長崎渡来後には、彼は「大小国の差別これなく、他国一同のお取り扱いに御座なく候ては、偏頗《へんぱ》の論に相成るべく」との観点をへて、「万国同一轍のお取り扱い」、つまり共通規範にもとづく「万国」との国交樹立を提言するに至るのである。

しかも、並列化されたのは外国だけではなかった。戸田は自国の対応にも口を挟み、アメリカ使節への返簡について、「なんじ蛮夷・われ中華の類にては災禍の端」と述べ、中国に倣って華夷観念を適用することに反対している。これは、自国と他国のあいだに先天的な差別を設けることへの拒絶・戒めであり、一一月二二日付の書簡では、「国王よりの書簡はやっぱり国王のご返簡これあり」「執政は執政のご返簡これあり然るべく」と、アメリカと同格で交渉すべき旨が訴えられる。ここに想定されているのは、交易や通信をどうするかという現実問題以前の根本的な大前提において、自分たちは同じ土俵に立つ隣人同士であるという、より緩やかな共通性にもとづいたもう一つの相互関係である。戸田はこの理解を土台としつつ、それに則ったかたちで個々の具体的な問題を論じているのである。

戸田がこのような政論を展開できたのは、彼の発想が閉じた〈自己完結の世界〉を抜け出して、日本を地球規模に拡大した新たな世界のなかの一国とみる境地に達していたためである。彼は一一月八日付の書簡のなかで、①「交易」にせよ「和構」にせよ、先方の要求を丸呑みする必要はないが、国家間の関係は対等で体系的な「格式」「規《のり》」にもとづくべきだ。②その前提として、一国内のことに「ギミガマ」せず、「地球を掌上にいたし候大量の人」が登場すべきだ、と述べている。在野の夢想家ではなく、実際にアメリカ使節に応対した実務官僚の口から、このような主張が出たのである。

要するに、戸田が脳裏に描いていたのは、自国を含む本質的に対等な国家群が地球上に対峙し、互いに関係をとり結ぶ世界であった。ただし、先天的な優劣が存在しない国家関係は、一方ではなんでもありの際限なき無秩序を招いてしまう。そこで要請されたのが、一定の理念にもとづいた国家間の取り決めであり、これは「信」と表現された。戸田が「格式」「規」の設定を訴え、交渉当事者の格を整えることにこだわったのは、国際規範の一定の拘束力を前提に、それに違背しないように留意し、相手国につけ込む隙を与えないためであった。そしてこれは、浦賀奉行の共通見解であった。アメリカとの交際について、戸田の同僚の井戸弘道は「一時の客気に任せ厳猛の取り扱いをもって、万一彼方より麁忽《そこつ》のお取り扱いなどと相咎《あいとが》め、かえって落ち度を此方へかかげ候様にては、以《もっ》ての外《ほか》」と述べている。

ペリー応接に関する従来の研究では、ペリーの軍事恫喝とそれをうけた社会の混乱に問題関心が集中し、また近年進んでいる幕臣の再評価にせよ、直接アメリカ人に接した香山栄左衛門や中島三郎助などの下級役人や、および翌年の再来航時に折衝した全権の林大学頭らの力量や交渉技術に注目が集まる傾向がある（井上勝生『開国と幕末変革』講談社、二〇〇二年など）。これも大事なのだが、ただ現場の息遣いやそこで示された社会の「成熟」のみに関心が集中してしまうと、事態のもった意味が現在の常識を無意識の前提とした〈力量〉の問題へと矮小化されかねない懸念がある。旧体制＝負け組が〈健闘〉した逸話をいくら重ねても、後の世に〈当たり前〉の感覚となったナショナリズムの構造にメスを入れなければ、前近代にまで遡ったお国自慢にこそなれ、あるいは近代を批判する代わりに失われた理想郷として近世日本を持ち上げる置き換えにはなっても、日本近代の参入の仕方の本源的な捉え返しにはならないだろう。本書では、そもそもペリーが初来航した時にこれを迎えた組織（浦賀奉行所）のトップが、独自の（後に不可視化されるような）強固な開国論を唱えていた事実を強調しておきたい。

彼らがこのような世界観をもつことができた背景には、昌平黌の古賀侗庵の存在があった。侗庵の薫陶をうけた昌平黌エリートは、人材登用に積極的な阿部正弘のおかげもあり、次々と対外関係部局に抜擢されていった。たとえばペリー来航時に浦賀奉行を務めていた戸田と井戸、井戸の前任者で直前まで奉職していた水野忠徳は、三人とも学問吟味及第者であった。またこれが実力主義の表れであったことは、彼らの家格をみてもわかる。浦賀奉行はもともと高禄の旗本がつく職で、過去の任官者はいずれも数千石クラスであったが、この三名に限っては四〇〇～五〇〇〇石と、その家格の低さは際立っている。学問吟味が日本版科挙として機能していたことを、象徴的に表す事例といえるだろう。

このように、正統派朱子学の素養と最新の海外情報（昌平黌は貴重な書物の集積所であり、侗庵・謹一郎父子は「洋癖」とされた）を土台としたエリート層が門地にかかわらず抜擢されたことで、ペリーを迎えた時点で遠国奉行所などの関係部局には、書生的規範主義ともいうべき革新的な対外姿勢が備わっていた。一八世紀末以来、公儀が「武威」の自覚的追及と相即する鎖国祖法観を根付かせてきた反面で、知的頂点をなした学術機関では異質な世界観が半世紀以上も熟成されていたのであり、そこで育った人材が対外問題の重要機関に配属されていた。形而上学的な想像力と最新の海外情報にもとづくリアリズムが融合することで、「武威」や鎖国祖法観に囚われることなく、柔軟性と規範性を保ちながら新たな対外秩序を模索・試行できる条件が、昌平黌エリートのもとに整っていたのである。

(4)現場における二つの潮流の対立――川路聖謨と古賀謹一郎――

以上のように、ペリー来航に接した徳川政権の現場役人には異なる潮流が混在した。両者は、どちらも大枠では西洋使節の交際要求を受け入れた点で共通したが、その理由や背景をなした世界観はかなり異なっていた。したがって、応接使がどちらかの潮流に統一されずに両者が混ざった場合には、現場で齟齬・軋轢が表面化することとなった。その象徴が、嘉永六年から翌年にかけて長崎と下田で行われたロシア使節への応接であり、対立の中心に位置したのは川路聖謨と古賀謹一郎であった。

古賀謹一郎は侗庵の息子で、昌平黌の儒者として外交に参与していた。ペリー来航直後の嘉永六年七月にロシア使節のプチャーチンが長崎に来航した際には、彼は使節への返翰を執筆したが、その中には「誠に古例を取りて今事を律すること能《あた》わず」という表現があった。鎖国を相対化するようなこの言葉は、水戸の徳川斉昭らの懸念を招いて議論をよぶことになる。つまり、交渉当初から旧来の「御国法」とは一線を画す姿勢をみせていたのであり、謹一郎は交渉地の長崎に出発する前にも、外国官吏を江戸に呼んで応接するよう上書していた。四年後にはアメリカ公使ハリスが江戸出府を要請して大問題になるのだが、彼はこの時点で同じ内容を主張していたことになる。阿部正弘がよく応接使に加えたものだと思うが、事実、この後交渉の現場では応接使同士の軋轢が表面化することとなった。

長崎における川路らの方針は、ロシアにも「ぶらかし」を適用するというものであった。つまり、最初から交渉をまとめる気がなかったのである。結局、プチャーチンは実りのないまま長崎を出帆し、日露の関係構築は翌年の下田交渉に持ち越されることになる。そうしたなか、謹一郎は条約そのものに積極的な意義を見出していた。彼はロシア側が貿易章程を含む覚書を提出してきた際、その性急さを批判しつつも、一方では条約と西洋列強諸国の関係を見据えて、「章程の法、別に肆恣《しし》の挙動はなし、蓋《けだ》し列国の通法なり」「彼すでにこれをもって我に要す、我またこれをもって彼を要するを得ん」と述べていた。謹一郎は条約を西側の一方的な武器とは考えず、条約が西洋諸国も律する側面を喝破していた。前々から「夷は悪《にく》むべきなり、然れども区処《くしょ》の方を得れば、渠《かれ》ついに無名の衅《きん》を啓《ひら》く能わず」とみていた彼は、条約の拘束力の双方向性を見抜いており、強要されるかたちではなく、むしろ自ら条約秩序へ参入することを望んだのである。父譲りの「変通の理」で旧習を斥けて新秩序を模索する謹一郎と、祖法を崩さないために現状維持に努める川路。両者のあいだに横たわる溝は深いといわざるを得ない。

いったん長崎を去ったプチャーチンは、翌年一〇月に下田に来航し、川路や謹一郎は再び応接使として派遣される。ところが、一二月には日米和親条約の批准書を携えたアメリカ船が、直後にはフランス船も来航する。下田はにわかに複数の西洋国家が入り乱れる場と化した。応接使は国際社会の縮図に直面したのであり、いきおいそこでの振る舞いは、各人の世界認識体系を浮き彫りにすることとなった。

現場では勘定系と目付・下田奉行系が衝突した。川路は各国との個別対応を図ったが、謹一郎は下田奉行伊澤政義とともに条約にもとづく規範主義をとった。たとえば、川路はロシアに対しては日米和親条約の存在を伏せる一方で、逆にアメリカ使節に対してはロシアを抱き込んで共同でこれに対抗しようと目論んだ。また、領事官滞在問題では、ロシアと結んだ取り決めをそのままアメリカに適用することを拒否し、そのためにロシアとの交渉やり直しにまで言及した。これらは、明らかに条約のもった公的性格や拘束力を無視したものである。謹一郎は、外交は「青天白日」のもとに行うべきだと抗議し、伊澤も「刀筆に区々として、挽耳抹鼻《ばんじまつび》と同じ、吾なんぞ耐えんや」と川路を罵倒した。

こうした傾向は批准書の格式にも及んだ。謹一郎は相手方と対等のかたちで国書を交わそうとしない同僚を痛烈に批判して、「親批《しんぴ》に辱国の理なし、両君主平行にして軽重の跡を存ぜず」と述べている。ここでは、アメリカ大統領の署名に対応するかたちで将軍の親書が要求されたのであり、前に戸田が国王同士、執政同士の書信様式を望んだのと同じ論理構造であることがわかる。謹一郎が川路を嫌っていたのは明らかだが、これは戸田も同じで、「川路も砲技は学ばず、存外海防もあどけなく」「川路は砲弾にびくびくいたし候人」などと述べており、党派対立の次元でも二人は共通していた。

状況対応論自体には効果がなかったわけではない。川路の才覚や機知に富んだ対応は、二人も含めて衆目の一致するところであった。ただ、世界認識体系と党派対立の両側面において、川路ら勘定系は古賀侗庵の系統の大きな障害となったのである。

③ 通商条約の調印と世界認識の転回

(1) 大小目付層への規範主義の浸透

初期外交の現場には異なる世界認識が混在していたが、和親条約が定着して西洋との交際が恒常的なものになると、そのバランスには変化が生じ始める。ペリー来航の際には強硬な打払い論を唱えていた大小目付層が、米国公使ハリスが来日する安政三年（一八五六）頃から性格を変えて、その後は積極開国論の牙城のごとき様相を呈するようになるのである。その背景には、人事異同や古賀謹一郎の建白などを通して、古賀侗庵系統の規範主義的世界観がこの層に流入、根付いたことがあった。

井戸弘道（嘉永元年）、堀利熙《としひろ》（同六年）、永井尚志《なおむね》（同年）、岩瀬忠震《ただなり》（安政元年）、木村喜毅《よしたけ》（同三年）など、目付にはペリー来航前後から昌平黌の学問吟味及第者が相次いで登用されている（ペリー来航時に戸田氏栄とタッグを組んだ井戸弘道は、その後大目付〈嘉永六年～〉も務めている）。嘉永七年五月には、古賀謹一郎にも目付就任の噂が流れた。唐名（中国風の呼称）で「監察」と呼ばれたように、元来は旗本や大名の監督を旨としていた大小目付層には、そもそも役職の性格として規範主義と親和性があった。別の言い方をすれば、常に原理原則で考え、理詰めでものごとを判断する性質を持っていた。昌平黌エリートに培われた、ロゴスにもとづいて物事を整理・差配し、新たな交際規範を築いていく能力が、対外問題にも深く関与したこの層にマッチしたのは驚くことではない。

大小目付は安政四年（一八五七）三月の建白書で、各国との和親条約を「祖法御変通」とみなし、しかしそれを否定するのではなくむしろ能動的に追求すべき新政策と位置づけた。一方で、勘定系の「ぶらかし」策は「条理相立たず」と厳しく批判した。「諸蕃一轍の取り扱い」を軸に、「信義」や「盟約」に根差した全方位外交が目指された。昌平黌を中心に熟成を重ねてきた世界認識体系は、状況主義との軋轢を経つつも、安政年間には確実に裾野を広げ、徳川政権内の有力な政治潮流へと成長したのである。

(2)〈ねじれ〉の発生㋐——井伊直弼の通商条約調印とその読み替え——

ところが、こうした新規範に根ざした万国対峙の実現は、井伊直弼の大老政治のもとで壁に突き当たり、列島地域の対外関係は複雑にねじれてしまうこととなる。ケチのつけ始めは、老中堀田正睦が通商条約締結に際して天皇の勅許を求めたことであった。

主体的な通商開始へと舵を切った幕閣は、一部の慎重論を払拭するため、広い意味では近世公儀を分有しつつもこれまで現実の対外政策には関与していなかった天皇に事前に政策を諮るという挙に出る。勅許獲得という案を誰が直接に言い出したのか、はっきりとした史料はない。ただ、勅許獲得というアイデア自体はこの時唐突にひねり出されたものではなかった点は押さえておく必要がある。

実は世紀転換期以降、徳川政権は事後報告も含めれば徐々に対外政策の状況を朝廷に知らせるようになっており、朝廷も祈禱《きとう》などを通して応じていた。ペリー来航時にもすでに筒井政憲が勅許獲得を訴えていたし、遡ればレザノフも文化二年（一八〇五）時点で、閣老が「新しくキリスト教の強国を受け入れるかどうか」の「根幹に関する法令に関しては、まず天皇の同意をもらわなくてはならないと言い出した」と長崎通詞から聞いていた（レザーノフ『日本滞在日記』岩波文庫、二〇〇〇年）。〈自己完結の世界〉の原則を揺るがす外交事案に関しては、幕閣の専決ではなく天皇の合意も必要との観念が、半世紀以上前から世間でも流通していたのである。なので、安政五年（一八五八）段階でも、不可欠とはいわないが、政策の強度をより完璧なものにするために、天皇のお墨付きが望ましいとの判断がなされたのだろう。大事なのは、調和とバランス調整の世界では、広範な合意形成はむしろ伝統感覚に則っていたということである。しかし、安政五年二月に上京した堀田正睦に対して、朝廷は孝明天皇の強い拒絶もあり、当初の予想に反してついに条約調印に賛同を示さなかった。勅許というお墨付きを楯に諸勢力の動揺を押さえ込もうとした幕閣の計画は、完全に裏目に出たのである。

堀田に同行した岩瀬忠震や川路聖謨は、天皇の勅許がなくとも最終的には徳川政権の責任で調印を断行する意思を持っていた。しかし、この堀田の挫折はもう一つの懸案となっていた将軍継嗣《けいし》問題を大きく転回させる。病弱の一三代将軍徳川家定《いえさだ》の後継につき、有志大名の主導した一橋慶喜擁立論に妥協的とみられた堀田正睦への対抗心から、徳川慶福《よしとみ》を推すいわゆる南紀派が、四月に彦根藩主井伊直弼を大老に担ぎ上げたのである。それに伴って堀田正睦の幕閣内における影響力は低下し、彼が庇護者の役目を果たしていた規範主義的積極開国論も、閣老クラスでの後ろ盾を失ってしまうことになる。

もっとも、条約自体はすでに前年末から実務交渉が始まっており、もはや後戻りできる状態ではなかった（石井孝『日本開国史』吉川弘文館、一九七二年）。六月には、岩瀬忠震（目付）と井上清直（下田奉行、川路聖謨の弟）が全権となって、勅許を得ないまま、現場主導でアメリカ総領事のハリスとのあいだに日米通修好通商条約が調印された。これは、列島領域が西洋主導の国際秩序に参入した歴史的瞬間であり、幕閣トップの交代はあったものの、閉じた〈自己完結の世界〉はコペルニクス的転回を果たし、規範主義者の悲願は達成されたかにみえた。ところが、事態は直後からねじれ始める。要因の第一は、大老井伊直弼の世界観にあった。調印時の最高責任者であった井伊は、後の将軍継嗣問題で政敵に過酷な弾圧を加えた（安政の大獄）こともあり、善悪は別にして剛毅果断の政治家とみられてきた。明治期には「開国の父」との評価が加わり、対外問題でも信念にもとづき無勅許調印を断行したとの理解が通説化してきたのである。しかし、実際には直弼自身は、熱心な尊王論者で排外主義者であった。当時の彼の世界観は腹心の国学者長野主膳《しゅぜん》の影響を受けており、孝明天皇と同じ「夷狄」観から条約調印を渋りつつ、むしろ廟堂内では勅許の必要性を訴える立場にあったのである。

だから、無勅許調印の実態にせよ、実際には剛毅果断とはほど遠いものであった。井伊は、調印にふみきった岩瀬や井上の判断に動揺して大老を辞任しようとし、慌てた側近の宇津木景福《うつぎかげとみ》らに辛くも止められた（佐々木克編『史料　公用方秘録』彦根城博物館、二〇〇七年。母利美和『井伊直弼』吉川弘文館、二〇〇六年）。彼が「違勅」に不満と後ろめたさを覚えていたことは、直後に調印論の急先鋒であった老中松平忠固《ただかた》と堀田正睦を、将軍に直訴して罷免させたことに象徴的である。*

＊当時の状況については、井伊が「違勅の憚《はばか》りには自ら責任をもつ」と啖呵をきったエピソードが知られる。世論に抗してでもなすべきことをなし、評価は後世に委ねる胆力をみせたとの理解である。しかし、それは明治時代に井伊家が自家の記録を提出する際に改ざん・加筆された表現であったという（『史料　公用方秘録』）。実際には、井伊は外交現場の独断に困惑していたのであり、家臣から叱咤激励されることで、ともすれば折れてしまいそうな心を辛うじて立て直したのである。

秋には老中間部詮勝《まなべあきかつ》が上京したが、これも朝廷に力ずくで開国を押しつけるというよりは、かけ違えてしまったボタンをつけ直すべく、必死に弁明を図ったという方が正しい。井伊自身は、この後年末にかけ関白九条尚忠《ひさただ》や京都所司代との取り次ぎを担った武家伝奏《ぶけてんそう》などに何度も書簡を送っているが、その内容は今回の件は「無念の次第」で「恐縮の至り」だとか、たとえこの後いったんは兵庫や大坂を開くことになっても「十三四年の後」には「条約改正」を成しとげるなどといった具合であった（著者の知るかぎり、これは明治以降前景化する「条約改正」論が史料上に表れた初見である）。「夷人」の居留を認めたとしても、最終的には彼らを「此方の策に入れ」ることが約束されたのである（『史料　公用方秘録』）。要するに、条約調印後も井伊直弼は「夷狄」観を捨てず、天皇の意向に沿い続けようとした。そしてその結果、執拗な弁明のすえに一二月には孝明天皇の「心中氷解」（心中の疑念がとけたということ）を獲得することに成功する（青山忠正『明治維新の言語と史料』清文堂出版、二〇〇六年）。井伊直弼と天皇というと完全に対立したイメージがあるかもしれないが、こと対外問題に関しては両者の認識はかなり共通していたのであり、通商条約の無勅許調印という不測の事態を合理化（ある意味では骨抜きに）すべく、必死に善後策を練っていたのである。

しかし、このような経緯は、和親条約はおろか、本格的な貿易開始を定めた通商条約までもが、恒久的な外交方針ではなく、一時的な弥縫策とされていたことを意味する。諸外国と規範的な外交秩序を築こうとしてきた有司層の努力は、事実はともかくその位置づけに関わる捉え方の次元では根底から覆された。しかも井伊は、これらの条約は全て将来的に十分武備が整うまでの暫定的な応急措置だとも述べて、未来の「夷狄」掃攘を朝廷に約束し、和宮降嫁《かずのみやこうか》の際の交換条件とする密約を交わした。しかし、現場役人はこうした事情を一切知らされていなかったし、知ったところで承服するつもりもなかった。

西洋列強の側も、せっかく結んだ条約を破棄する気はさらさらなかった。こうして徳川政権は、現実には新たな国際秩序に本格的に参入したにもかかわらず、実態とかけ離れた認識が横行するなか、その内部に深刻な火種を抱えこみ、将来にむけて重い十字架を背負うこととなったのである。

(3)〈ねじれ〉の発生(イ)——将軍継嗣問題と有志大名——

ねじれの第二点目は、有志大名の思惑が絡んだことで、列島地域内部の次元（内政問題）でも対外姿勢をめぐる対立構図が反転してしまったことである。当時、条約問題と将軍継嗣問題は並行して進んでおり、条約調印の直後には南紀派が推す徳川慶福の継嗣が発表されていた。一橋派諸侯はこれに反発したが、継嗣自体は批判できなかったために「違勅」の方を責めたて、これに対して井伊は陳謝をくり返した。しかし、対外問題では、一橋派は必ずしも開国否定論ではなかった。ペリー来航から五年、大名全体でみても開鎖意見の割合は大きく変化をとげ、安政五年（一八五八）時点でその多くは通商やむなしとの判断に傾いていた（井上勝生『幕末維新政治史の研究』塙書房、一九九四年）。政治判断の次元では、在野の武家階級もいったんは通商体制への参入を容認しかけていたのである。

したがって、井伊直弼の世界観と実際の行動が齟齬したのと同じく、一橋派諸侯も逆の意味で、意識と行動のあいだに矛盾を抱えこむこととなった。彼らは、本当は条約調印を許容していたにも拘わらず、南紀派攻撃のために「違勅」の罪を殊更に言いたてた。そして、排外主義者とシンクロする言動をとったことが、当初のつもりとは裏腹に、以後も彼らの思考と行動を制約していくことになるのである。

以上、二つの要因により、本来は秩序確定の画期のはずであった通商条約の調印は、逆に列島地域を新たな混乱に陥れた。井伊政権は、条約調印を主導しながら、独断の引け目と生来の「夷狄」観から、その意義を過小評価して朝廷に寄り添い、未来の攘夷を唱えて排外主義に根拠と持続性を与えた。一橋派大名は、本心では通商論に傾きながら、政敵攻撃のため「違勅」のタブー化を進め、以後の対外政策に自ら足枷《あしかせ》をはめてしまった。列島地域が世界市場に包摂され〈実務レベルでは、アメリカとの条約調印に続いてイギリス・フランス・ロシア・オランダとも通商条約が結ばれ、安政五ヶ国条約と呼ばれることとなる〉、翌年から横浜で貿易が開始されたにもかかわらず、徳川政権は自らの行動を根底部分で正当化できず、有志大名も仮初めの排外論を唱え続けるという構造が生まれたのである。

それまでの対外問題は、列島地域の最優先課題として、また曲がりなりにも政策論争として扱われてきた。しかしこの後は、対外問題はしばしば域内の政治問題に従属し、その事情に翻弄されていく。もちろん、近世社会の基軸にあった「武威」概念が、逆に避戦を導き出していたことを考えれば、文政八年（一八二五）の異国船打払令の発布や数度にわたるその再興の試みも、十分に倒錯したレトリックではあった。しかし、それまでのレトリックが〈自己完結の世界〉の維持のため日本内部の融和と結束を高める〈強化する〉狙いと効果をもっていたのに対して、今回のレトリックは問題を複雑にして列島内部の分裂をもたらした。そしてやがて、レトリックは暴走を始めて提唱者自身をも思わぬ地点に連れていく。初期外交をへても万国対峙のあり方は定まらず、諸勢力のあいだで認識や世界観を混在させながら、文久～慶応期の政治再編へと、問題は新たなステージに持ちこされることになった。

④ 性格規定の重層化と幕末政局

(1) 攘夷運動のうねり

井伊直弼の公武合体策は、当面は一定の効果をもたらした。万延元年（一八六〇）三月に桜田門外の変で井伊が暗殺された後も、老中安藤信正と久世広周《くぜひろちか》は彼の遺志を継いで和宮降嫁を進め、朝幕間には危うい融和が保たれていく。対外的には、英仏蘭米露の五ヶ国以外に新規条約を結ばない方針を立て、水野忠徳ら外国局の反対を抑えてスイスやベルギーなどの通商要求を拒むとともに、既結の条約についても、兵庫・大坂の開港・開市延期交渉に着手してヨーロッパに使節団を派遣した。ただし、これらの政策はあくまで条約文言に沿った「交渉」として行われ、一方的な主観には立脚しないという意味では、西洋国際秩序にも則った折衷的性格を帯びてもいた（福岡万里子「五ヵ国条約後における幕府条約外交の形成」『日本歴史』第七四一号、二〇一〇年）。

しかしながら、幕閣が正面から国際秩序参入の正当性を訴えることなく、朝廷に阿って目先の融和を選んだことは、より甘美な条件を提示する新興勢力が現れた場合、容易にそちらへ乗りかえられる結果を招くこととなった。文久元年（一八六一）ごろより、長州では直目付の長井雅楽《うた》が開国の現状を読みかえて「皇威ご拡張」に転じる航海遠略策を提唱し、関係勢力間に積極的に周旋を開始した。いっぽう薩摩は、文久二年（一八六二）夏に「国父」（当主忠義《ただよし》の実父で後見人）の島津久光が率兵上京を挙行し、明確に幕政改革の意志を打ちだす。さらに長州では、これに刺激されて久坂玄瑞《くさかげんずい》や桂小五郎らが七月に藩論を破約攘夷に転換させ、薩摩から主導権を取り戻すべく公家層に浸透を図った。

これらは、有力大名が朝廷への周旋（「京都手入れ」）を競った結果であったが、その一つの契機となったのは幕閣と朝廷との密約の露見であった。密約とは、井伊政権が和宮降嫁の代償として「八、九年ないし一〇年以内」の通商条約破棄を朝廷に内約していた前述の事実をさす。密約は、安政五年の政局を当面切り抜けるのには役に立ったが、その代償として外国には不信感を、反対勢力にはつけこむ隙を与えるものだったから、極秘扱いで公表されていなかった。横浜で居留地と貿易が発展するなか、言えるわけがなかったのである。しかし、周囲への配慮から未公表であった内容が、久世・安藤両老中の退役を機に漏洩したことで、対外政策は隘路に陥り、朝廷権威の上昇と排外主義の勃興には歯止めがかからなくなった。ねじれの放置は、条約調印の四年後に大きなツケとなって返ってきたのである。

朝廷と有力大名は露骨に幕政に介入し始めた。六月には公家の大原重徳《しげとみ》が勅使として、一〇月には三条実美《さねとみ》（正使）と姉小路公知《あねこうじきんとも》（副使）が別勅使として江戸に派遣され、人事改革と攘夷奉承を要求した。前者は薩摩の島津久光の力を背景にしたもので、旧一橋派復権の意味をもち、一橋慶喜が将軍後見職に、越前の松平慶永《よしなが》が新設の政事総裁職に就任した。しかし、政権の求心力は容易に回復しなかった。幕閣が別勅使のかかげた攘夷要求を拒めなかったからである。旧一橋派には、かつて南紀派攻撃のために「違勅」を強調した過去があったし、慶喜や慶永の奉職自体がそもそも朝廷権威を背景としたものであった。支持母体の意向に抗うことは容易ではない。さらにいえば、既存の幕閣にはこれまで攘夷を示唆して朝廷の歓心を買ってきた弱みがある。かくして幕閣と旧一橋派の連合は、条約締結を主導した実績と「聡明」な開国意見を有しながら、攘夷要求の荒波に押し流されることとなった。

征夷大将軍は「征夷御職掌《ごしょくしょう》」であり、徳川政権の職務は攘夷の実行であるという観念が勢いを得る。この観念は、近世以来構造化されていた「武威」観念及び征夷大将軍の「征夷」の対象を「海外夷狄」=西洋諸国と解釈する見方に根ざしており、具体的にはペリー来航の前後より徐々に高まりをみせていたが、ここにきて有力な政治潮流として前景化することとなった。徳川家茂は一二月、「征夷重任」と右近衛大将を兼任している以上は「ご守衛の義は職掌に候」と、攘夷を奉承する意思を示し（『玉里島津家史料』一）、ついで朝廷に対して自らの官位を一等下げるよう願い出た。これまでの政権運営が非政であったと公式に認め、へりくだる姿勢をみせることで天皇の海容を請うたのである。

井伊政権関係者が追罰を受け、彦根では直弼の死後も影響力を残していた長野主膳が処刑された。江戸の世田谷では、彦根藩屋敷近くに安政の大獄で殺された長州の軍学師範吉田松陰を祭る神社が建立された。政局の潮目が変わったことを示す、露骨な顕彰である（青山忠正氏のご教示による）。

幕臣の対応は分裂した。新たな事態は、自ら切り開いた条約体制とそのもとでの国家主権者という性格規定を根本から揺るがすからである。とりうる選択肢は、いくつもない。①別勅使の要求通り「征夷御職掌」の役目に徹する、②軋轢を覚悟で攘夷を拒否する、③面従腹背でとりあえず攘夷奉承のポーズをとり、事態打開の機運を探る、であった。②はさらに、政権返上論と排外主義の打倒論にわかれた（「小笠原長行手記」維新史料引継本、東京大学史料編纂所蔵）。このうち、政権にとって相対的に消極的な前者は、松平慶永を中心に後の大政奉還論の雛形となり、公議政体構想を生み出していく。そして過激で主体的な後者は、当時外国局の重鎮となっていた水野忠徳を精神的支柱として、この後オルタナティブな政治潮流を形作っていくこととなる。

現実には、政権は③を選択した。調整と全会一致をむねとする近世合議政治の伝統（笠谷和比古『近世武家社会の政治構造』）のもとでは、二律背反の難問に断を下すより、先送りが可能ならそれにこしたことはないからである。具体的協議を進めるために約二三〇年ぶりの将軍上洛が決まり、問題は翌春に持ちこされた。しかし、事態は期待に反して好転しなかった。それどころか、将軍が上洛した時点で長州系尊攘激派の朝廷席巻は最高潮に達しており、徳川家茂は彼らの人質同然の状態におかれた。京都で家茂を見物した長州の高杉晋作は、「よっ、征夷大将軍」とヤジを飛ばしたという。それまでの近世社会では考えられない、ご威光が吹き飛んでしまった状況といえる。また、この間、地政学的にも大きな変化が生じた。九月に断行された参勤交代制緩和の改革に加えて、将軍が一七世紀以来の上洛に踏み切ったことで、江戸と京都のもつ政治都市としての重みが逆転したのであり、この転換は以後政局のあり方を規定していくこととなる。

(2) 将軍上洛とアイデンティティ・クライシス

幕閣が期待していたのは、参内の場での事態打開であった。翌文久三年（一八六三）に入京した徳川家茂は、三月七日に天皇と対面、将軍後見職一橋慶喜もまじえて折衝がくり返された。しかし、数次にわたるやりとりで明らかになったのは、「都《すべ》て将軍へ御委任」を求める家茂らに対して、朝廷の側ではあくまで「征夷将軍の儀総て」に委任範囲を限り、庶政については直接大名に命じることもあるということであった（『孝明天皇紀』四、平安神宮、一九六八年）。島津久光以来の大名と朝廷の直接接触は、既成事実として定着した。朝意は必ずしも天皇の本心ではなかったが、朝幕トップの公式接触の場で出された解釈の意義は大きかった。

この過程で決定的な役割を果たしたのは、将軍後見職の一橋慶喜である。正確にいえば、彼が政権要路としての役割を果たさなかったことが意味をもった。すなわち、若年の家茂にかわって廷臣に応対した慶喜は、政事総裁職の松平慶永が事態に反発して辞職・帰国したのとは対照的に、朝廷の態度に明確な対抗措置をとらず、周囲の批判を招いた。将軍は「征夷御職掌」とされ、庶政委任は所与の前提ではなくなった。以後も幕閣は譲歩を重ね、攘夷の実行期限（五月一〇日）まで約束させられる事態となる。かつて井伊直弼が密約に埋めこんだ〈時限爆弾〉が、完全に炸裂して制御不能な状態がおとずれた。しかも、問題は五年の歳月をへて、大名や朝廷も巻きこんでより大規模になっていた。情勢に危惧を抱いた者も、攘夷という〈正論〉と、前年秋から京都で猛威をふるっていた天誅《てんちゅう》（反対派の暗殺）への恐怖から、批判は迫力と覚悟を欠いた。政局の基調は、攘夷の勅命を奉じることが前提となった。排外主義のうねりは近世徳川公儀のあり方を変え、列島地域を奉勅攘夷体制に染め上げたのである。

いっぽう、江戸に残った留守幕閣はもう一つの問題に直面していた。前年八月に、大原勅使に随行して帰る途上であった島津久光が神奈川近郊でイギリス商人リチャードソンらを死傷させた一件（生麦事件）の後処理がこじれて、犯人逮捕と賠償金を求めるイギリス艦隊が品川に押し寄せていたのである。攘夷実行と生麦問題にどう対処するかが留守幕閣の課題となったが、老中層は攘夷運動と艦隊の圧力のはざまで板ばさみとなり、将軍の不在も手伝って身動きが取れなくなった。品川や神奈川で一触即発の状況が続くなか（この時、居留地では日本の歴史上はじめて集団疎開が行われた）、四月から五月にかけて、江戸城では閣老がろくに登城しない「引き籠もり」が常態化することになる。問題の先送りと折夷案は思うような成果をあげず、老中政治は機能不全に陥った。*

＊当時の政治運営の困難さを物語るのが、初期外交や安政政局において活躍した川路聖謨と太田資始《すけもと》の動向である。事態打開のために外国奉行と老中に再任された二人は、しかし状況の悪化を前にほとんど有効な手をうてず、ともに二週間ほどで職を辞してしまう。ロシア使節らとわたりあってからわずか一〇年たらずのあいだに、川路たちの調整型政治は現実に対応できなくなっていたのである。

これは、幕臣にとってはアイデンティティの危機でもあった。自分が所属している組織はいったいなんなのだろう。近世以来の伝統的な徳川公儀なのか。それとも条約を結んだ国家主権者なのか。はたまた朝廷の下部組織たる「征夷御職掌」に過ぎないのか。初期外交以来、外交と内政に関する対応や意識が錯綜し、徳川政権の性格規定がはげしく動揺して重層化したことで、構成員（幕臣）にとってその運営は、徐々に手探りの自己規定と同義になりつつあった。こうしたなか、前年末に選ばれなかった未発の選択肢に対応するかたちで、政権内にはラディカルな二つの新潮流が浮上するようになる。担い手は、一橋慶喜に代表される水戸系勢力と、昌平黌エリートを核とする直参旗本層である。

(3)二つの新潮流――奉勅攘夷と条約遵守――

このうち、奉勅を貫くことで事態打開を目指したのが、水戸徳川家に関係をもつ勢力であった。彼らは京都からもどった一橋慶喜を中心に、朝廷の意向は政府の意向・条約の効力に優先するとして「和親・通商」の差し止めを要求した。慶喜はこの時期、少なくとも表面上は奉勅攘夷体制の一番の旗振り役を担っている。もちろん、すべてが本心だったわけではなく、そこには公武一和の修復の必要という事情が介在していた。しかしながら、仮に奉勅攘夷に親和的な姿勢がポーズであったにせよ、それが強固に貫かれるならば、波及効果においては本心とさして変わらなくなるであろう。大事なのは、彼がポーズを貫いたことが、結果として政治構造を新たな段階に移行させたという事実である。

象徴的な例として、征韓論の政策化があげられる。これは、直接には対馬藩の発案で、長州の攘夷論と深く連動していた。すなわち、この年初頭に「同盟」を結んだ両者は、奉勅攘夷の実現を推し進めるかたわら、徳川政権に対馬を朝鮮攻略の前線基地とするための軍事支援を要求し、四月には京都で対馬藩主宗義達《そうよしあきら》と将軍の謁見が実現したのである。廟議では議論が紛糾するが、結局、五月には兵糧米の支給や軍艦を貸与することが決定して正式に布告された。慶喜が受けいれた攘夷奉承の流れは、既存の海禁体制の改変にまで飛び火したのである。そして、この後の朝鮮政策は、奉勅攘夷の推移と密接に連動するかたちで、明治期以降に続いていくこととなる（木村直也「幕末期の朝鮮進出論とその政策化」『歴史学研究』第六七九号、一九九五年）。大事なのは、対外規範を基礎づける際に基準となる座標軸の次元で、アジアと西洋に主客の逆転が生じたことである。和親条約の段階では、既存の海禁体制の枠組みに新たな隣人（西洋）をどう位置づけるかという解釈がまだ可能であった。しかしながら、通商条約をへてこの時期になると、むしろアジア政策が西洋のそれに従属するかたちへと、構図が転換したのである。

いっぽうで、日本政府にこだわる立場も先鋭化した。水野忠徳を中心とした一部旗本層は、文久二年の段階から一貫して攘夷論を批判し、条約遵守を訴え続けていたが、その核は昌平黌の学問吟味及第者にあり、彼らは外国関係部局に影響力を築いていた。主だった人物としては、水野の他に山口直毅《なおき》（神奈川奉行)・小出秀実(箱館奉行)・服部常純《はっとりつねずみ》(長崎奉行)・向山一履《むこうやまかずふみ》(目付)・設楽寛《したらひろし》(同、岩瀬忠震の弟)・堀利孟《としたけ》(同、堀利熙の息子)・塚原昌義(大砲組頭)・田辺太一(外国奉行調役)などがあげられる。ここには古賀侗庵由来の世界観が根づき、井伊直弼以来の、国際社会と市場に参入しながら「夷狄」観も持続させるというねじれの発想とは一線を隔していた。彼らは尾張藩主徳川茂徳《もちなが》を動かすなど、奉勅攘夷体制そのものを覆すべく、この時期積極的に活動をくり広げている。

このような幕臣の開国論については、西洋列強への恐怖心に根ざした自己保身のための行動であり、徳川家の延命策に過ぎなかったという強固なイメージが存在するが、正しいものとはいえない。彼らはこの時期、「征夷」不履行のために朝廷が徳川家当主から将軍職を剥奪するならそれでも構わない、との姿勢をとっていたし、攘夷をするぐらいなら京都で人質状態の将軍が殺されたほうがましだ、とまで言い放っていた。自己保身にせよ開国論はむしろ逆効果で、彼らは一貫して排外主義者の暗殺対象であり続け、むしろ開国を唱え続けることでその身を危険に晒していた。また江戸や横浜では、外国貿易に携わる商人や関係者がたびたび浪士の襲撃をうけていた(『藤岡屋日記』一一)。当時の状況下では、条約維持を訴えるほうが、攘夷を標榜するよりもずっと危険で困難なことだったのである。

彼らの姿勢を支えていたのは、条約は国家間の約束であり「信義」なのだから、最優先して守らなければならないという信念である。尊攘激派の影響下にある天皇の意向をうけて生麦賠償金の支払い拒否を命じた一橋慶喜に対し、山口直毅の同僚であった神奈川奉行浅野氏祐《うじすけ》は「いったん条約を締結して、各国の承諾を経たるもの、今これを破約するは、理においてすでに公明ならず」と反論している(『徳川慶喜公伝　史料編』一)。志向されたのは、自己や将軍の生命の保持でも、無原則な徳川家の維持でもない。それは、外国と締結した条約を守り、徳川政権が新たな国際社会において国家主権者としての責務を果たしていくことであった。その意味で、研究史において長らく「親外派」や「親仏派」などと呼ばれてきた彼らは、実際には「条約派」ともいうべき政治集団だったのである。

(4)小笠原率兵上京と薩英戦争

二つの政治潮流は、当然ながら激しく衝突する。水野忠徳らは五月から六月にかけて、イギリスに生麦事件の賠償金を支払い、老中格小笠原長行のもと、間髪をおかず歩・騎・砲三兵の洋式軍隊千数百名とともに海路上京を図った。長州系攘夷激派が牛耳る京都情勢を、軍事力を背景に一気に覆そうという計画である（小笠原率兵上京）。これを知った一橋慶喜は、水戸藩士を使って京都側に情報をリークした。朝廷は在京幕閣に計画阻止を命じ、淀の藩校明新館では西上の一行と在京老中が押し問答をくり広げた。水野は「将軍の御職掌に不被為恥《はじさせられず》候様、民を安んじ国を保ち、天下は泰山の安きに置」べきと述べ、「浪人輩の切害などを恐れ、持論は乍在《ありながら》、反復表裏、残暴不仁の御処置を遵奉し、国を誤《あやまり》候に至候而《て》は、御同然世禄の臣として一日片時も天地間に存在すべき筋無之《すじこれなく》」「たとひ身は都の露とくだけ候とも、国の為め君の為めと見込候一塊の丹心は、迚《とて》もくだけも消も不仕《つかまつらず》」「日月のあらん限り、一身のあらん限りは必らず貫徹仕るべく」（文久三年六月六日付宛名欠水野忠徳書簡、東京大学史料編纂所蔵）と断固たる決意をみせたが、首班にかついだ小笠原長行が将軍の親書をうけ下坂したことで計画は頓挫し、首謀者は罷免・謹慎処分となった。

両者の対立は将軍の江戸帰着後も続いたが、七月下旬には東帰直後から引き籠もりを続けていた老中板倉勝静《いたくらかつきよ》の登城再会をきっかけに、慶喜らは急進開国派の排除に成功する。八月一〇日と一二日、徳川家茂は江戸の旗本と大名に対して横浜鎖港交渉に着手するむねを宣言した。武力行使も辞さない打ち払い（通商条約の破棄）から交渉による開港場の閉鎖へと、対象も横浜・箱館・長崎の三港から横浜一港へと内容は変化したが、締結条約に瑕疵《かし》はないとする開国論が斥けられたのは確かである。間違いやすいのだが、攘夷とは、なにも実際の武力行使だけをいうのではない。不本意に参入させられた条約体系から自らの主導権を取りもどすという意味では、これも立派な攘夷と位置づけられた。

薩英戦争を例に、この間の国家代表性の問題について触れておく。これまでよく知られた理解では、薩摩の台頭を嫌った幕閣がイギリスの出撃を焚きつけたとされてきた。しかし、「幕権強化派」ほどこうした思考に傾いたとみるのは早計である。それは端的にいって、イギリスの薩摩行きと徳川政権の国家代表性が矛盾したからである。外国使節がその国の代表政府の頭越しに一諸侯と会談をもち、あまつさえ兵火を交えて国土を蹂躙する。これでは、一時的に敵対諸侯に打撃を与えても、土地と人民に対する代表政府の信頼が吹き飛んでしまう。域内に対しては諸侯の犯罪を自らの責任でしっかりと裁き、域外に対しては唯一の正統政府として外国からの要求を捌いてみせる。日本政府の責務はこれであり、それが無理なら主権など無いに等しい。諸侯はみなバラバラに外国と交渉を始めるだろう。

初期外交からすでに一〇年、対外交渉の経験を重ねていた現場の有司層はこの点を十分に理解していた。生麦事件の現場責任者であった神奈川奉行阿部正外《まさとう》は、久光一行を足止めして犯人を直接逮捕しようとした。また、明治期のジャーナリストで当時は水野忠徳の食客であった福地源一郎の語によれば、当時外国局では塚原昌義を押し立ててイギリス艦隊の出航阻止を図ったという。一方、薩摩藩士によれば、艦隊の薩摩行きを尻押ししたのは老中井上正直や水野忠精で、一橋慶喜の反対を振りきって出航を認めていた。同じ政権内部でも、イギリス艦隊の薩摩攻撃への対応が割れていたのである。井上や水野忠精に主権者意識が乏しかったのは当然だが、彼らよりずっと奉勅攘夷に親和的であった慶喜や老中板倉勝静はというと、後に薩摩がイギリスに対して予想外の善戦をしたと知ってこれを「称誉」している（『玉里島津家史料』二）。しかし問題の本質は、勝ち負け以前に外国と一大名が交戦主体として相対した事実自体にある。この点、老中層を批判した慶喜らも、薩英の直接接触には存外に無頓着であった。

つまり、徳川政権の国家代表性をもっとも強く主張した勢力は、必然的に国政への介入を強める有志大名や朝廷と対立したが、その意識が単なる家の保持をこえた国家主権者としてのものであった以上、いくら大名への敵愾心が強くとも、自らの国家主権者としての資質を否定しかねない外国の介入を容認することはなかったのである（在野の攘夷派はこぞって彼らの臆病さや「夷狄」との蜜月ぶりを非難したが、それは攘夷派が前提とする「武威」イデオロギーを彼らが共有していなかった事実と、外国勢力への癒着や売国行為を混同して直結させたからである）。対して、近世権威の延命を図る勢力と排外主義に妥協的な勢力は、前者は外国の軍事支援の見地から、後者は「夷狄」撃滅の見地から事件をとらえた。表面に現れたスタンスこそ正反対であったが、薩英の直接接触が意味する危険性に相対的に無頓着であったという点では、両者は双方ともに徳川政権の国家代表性に傷をつけたといえる。

⑤ 信義と征夷のあいだ

(1) 横浜鎖港政策の展開と破綻

文久三年八月に成立した横浜鎖港路線は、攘夷の勅命に苦しむ徳川政権がひねり出したさしあたりの回答であった。政策の中核を担ったのは、一橋慶喜ら水戸系勢力と幕閣の一部だが、両者は当初から呉越同舟であった。老中層があくまで徳川譜代の臣として、基本的には既存の統治体制の維持に役立つ限りにおいて勅命を尊重したのに対し、慶喜らは朝廷との提携ないしは融合自体を目標としていたからである。したがって、出発点は同じでも、前者の方針は、徳川政権に対する周囲の攘夷圧力が少しでも弱まればたちどころにぐらつく脆弱性を抱えていた。一方で後者は、近世公儀の統治の根幹を揺るがすような事態が発生しても、尊王や攘夷を標榜する限りは許容してしまう傾向を生みだした。

それが現実となったのが、朝廷上層部と薩摩・会津による尊攘激派追放クーデター（八・一八政変）と、北関東一円で展開した筑波山挙兵である。京都から長州勢が退去して当面の攘夷圧力が緩和されると（自前で情勢を打開できなかった幕閣は、奉勅攘夷体制の実現だけでなく、その緩和においても外部勢力に主導権を握られた）、鎖港実現にむけた幕閣の動きは鈍った。他方で慶喜らはそのようなそぶりをみせず、むしろ、翌年三月に常州の筑波山で京都から逃れてきた勢力もくわえた水戸系の激派が挙兵すると、各地で強借や殺人をくり返す彼らを攘夷の先鋒に据えようとした。両者の関係は急速に冷え込み、元治元年（一八六四）六月には江戸で慶喜を支えていた政事総裁職松平直克《なおかつ》と他の幕閣が衝突、共倒れとなる（原口清『原口清著作集2　王政復古への道』岩田書院、二〇〇七年）。

ちなみにこの時慶喜と直克のブレーンとなったのが、初期外交の際に昌平黌エリートたちとは対照的に「武威」観念を押し出し、一貫して西洋諸国を「隣人」ではなく「夷狄」として取り扱おうとした経験をもつ、黒川嘉兵衛と小田又蔵であった。かつて奇策で海禁体制の延命を図った「ぶらかし」の系譜は、攘夷運動の昂揚下では、むしろその先兵となって現行条約を脅かしたのである。

元治元年四月には、横浜鎖港という条件付きながら、「幕府」への「大政再委任」が朝廷から徳川政権に表明され（ちなみに、公武間の公的な文書で「幕府」という表現が使われたのはこの時が初めてである）、一年前には最悪だった徳川政権をめぐる環境は、天皇の支持をとりつけて表面的には改善し正常化したかにみえた。しかしその裏では、薩摩などが主導してきた参預会議の試みが慶喜らによって頓挫させられており、有志大名の政治参加を拒んだこの措置は、公武政権の基礎体力を奪ってその主導権を不安定にしていた。そして表には見えにくかったがこれに劣らず深刻だったのは、徳川政権自体の分裂がこの頃から本格化したことである。京都では再上洛した慶喜が朝廷から禁裏守衛を命じられ、水戸浪士などを配下に独自勢力を築いたのに対して、江戸では朝廷や慶喜への譲歩はむしろ害にしかならないとして、両者から距離をとって「寛政度のご政事」へ回帰を図る潮流が生じた。攘夷の勅命にどう対処するのか。方針は統一されないまま、幕閣の東西分裂は長期化・固定化していく。

(2)水面下の条約遵守論

ちなみに、横浜鎖港期に条約遵守論の潮流はどうなっていたのか。小笠原率兵上京に参加したラディカルな有司層は、計画の失敗後は罷免の上謹慎状態におかれていた。彼らは横浜鎖港交渉や翌年の将軍再上洛にいっさい関わっていない。水野忠徳は、元治元年の初春に自らの心境を「常はまつ、鶯《うぐいす》なれどとど籠もる、軒の初音はもの憂かりけり」と詠んでいる（『江戸』二）。また、徳川茂徳は対馬宗家に依頼して朝鮮から「大威骨御守」を取りよせた。これは乙字形をした虎の特殊な部位の骨（威骨）を木箱に収めたもので、インドの俗言では「身に付ければ威を増す」と伝えられ、ベトナムでも「虎すべてにある骨ではなく、最も強い虎ばかりにあり」、弱った人も強く心確かになるといわれた一品であった（茨城県立歴史館編・発行『一橋徳川家記念室開設二十周年記念　御三卿　一橋徳川家』二〇〇八年）。茂徳が逆風下の情勢を嘆きながらも、健気に自らを鼓舞しようとしていたことがわかる。政権が奉勅攘夷体制に寄り添うなか、要路を外れた「条約派」は鬱々とした日々を送っていたのである。

いっぽう、横浜鎖港令の布告後も政権にとどまった学問吟味及第者もいた。水野たちほど考えが尖ってはなかったり、役職が低かったりしたため政争に連座するのを免れたのである。池田長発《ながおき》・田辺太一・岡崎藤左衛門・日高圭三郎などがそれにあたる。彼らのなかには横浜鎖港に理解を示した者もいたが、だからといって単純に排外主義者と同一視するのは適切ではない。彼らは必ずしも攘夷論に共鳴していたわけではなく、たとえば横浜鎖港の交渉使節を拝命した外国奉行池田長発は、出発前に一橋慶喜と一悶着おこしており、一時は交渉を拒否して引き籠もる事態となっていたからである。具体的に問題とされたのは、出張中の横浜港の扱いであった。慶喜は休港にして貿易を止めてしまえとの説。池田はそれでは自分が使節としていく意味がない、交渉中は現状維持が筋であると反論した。

こうした食い違いは、両者の世界観の齟齬に起因した。鎖港は攘夷の次善策として進められたが、これは条約締結国間の外交交渉の一種と位置づけることも可能であった。文久二年（一八六二）には遣欧使節団を派遣して、朝廷や攘夷派が反発していた大坂・兵庫の開港開市を五年間延期するロンドン覚書を結んだ先例もあった。横浜鎖港交渉をその第二段と考えることは、決して不可能ではない。

当時の徳川政権には、横浜鎖港を攘夷の一環とみるか、それとも通常の条約秩序の枠内に収まる国家間交渉とみるか、両様の解釈が存在した。つまり、一口に貿易港の閉鎖といっても、それは五年前の条約にもとづく国家間関係自体を否定する行為＝「攘夷」なのか、それともそこで発効した国際秩序のもと、厳しいながらもあくまで新たな国家間秩序に則った外交を行っているのか。その定義は過渡期ならではの多義性と曖昧さに彩られており、政権に残った規範主義者は、後者の立場から逆風下の国際秩序維持を図ったのである。結局、兄弟の鳥取藩主池田慶徳《よしのり》や岡山藩主池田茂政《もちまさ》、あるいは尾張藩主徳川慶《よし》勝《かつ》といった有力国持大名らの圧力を背景に、慶喜はそれを押しきって休港の既成事実を作りあげる。横浜貿易は打撃をうけ、そのためイギリス公使は徳川政権に排外主義を抑える意志なしと判断、フランス・オランダ・アメリカの各代表と協議のうえ、翌年に長州領下関に大規模攻撃を仕掛けた。いわゆる四ヶ国艦隊下関砲撃事件である（保谷徹『幕末日本と対外戦争の危機』吉川弘文館、二〇一〇年）。列島地域の軍事的危機は、実は対外強硬論者自身が招いていた側面もあったという、典型例である。

(3)徳川家執行部の畿内参入

横浜鎖港路線の破綻は、「条約派」の政権復帰を意味した。元治元年六月の政変で松平直克が政事総裁職を罷免された二日後、小笠原率兵上京に関与して要職を外れていた山口直毅と京極高朗《きょうごくたかあき》が目付に就任した。二人は将軍の全権委任をうけ、蝦夷地勤務の経験をもち外国にも通じた栗本鯤・向山一履らを同僚に引き入れた。前年から続いていた水野らの差し控えも七月には解除された。昌平黌エリートを核に、職を賭して開国策を訴えていた勢力が再び要職についたのである。そしてこうした動きの極点が、元神奈川奉行や外国奉行として生麦事件の処理にも活躍した旗本出身の阿部正外と、かつて箱館で家臣団にペリー使節を応対させた経験をもつ松前藩主松前崇広《たかひろ》の老中就任であった（外様の松前は当初は老中格）。当時の幕閣は慶喜の代理であった直克との死闘をくぐり抜けた生き残りで、京都への離心力を強めていたが、ここに積極開国論者が加わることで、江戸では新たな連合政権が生まれた。

両者の差は、禁門の変で朝敵となった長州追討のための、将軍進発への賛否に表れた。これは三度目の西上、ひいては徳川政権中枢の畿内参入の是非をめぐる問いでもあったが（久住真也『長州戦争と徳川将軍』岩田書院、二〇〇五年）、一度目はともかく、朝幕融和が謳われた二度目も一橋慶喜に振り回されて終わった感の強い幕閣は、進発に消極的であった。逆に「条約派」は西上を強く訴えたが、その理由は、西洋列強が天皇に条約勅許を求めた時に、舞台となる京坂地域でこれに対抗し、改めて徳川政権のイニシアティブと国家代表性を示すためであった。国内の排外主義を制御できず、時に同調しさえする幕閣に不信感を募らせた西洋列強は、下関での長州攻撃後も諸悪の根元を京都の天皇権威にあると考え、その喉元に飛びこんで問題に決着をつける機会を窺っていたからである。

背景には自己認識の差が存在した。幕閣のなかの「復古派」は、将軍を江戸から出さず大名家臣との面会も制限したため、周囲からは改革を否定して先祖回帰を図るものと批判された（前掲久住書）。確かに、様式化された儀礼に表れる権威主義と神秘主義の徹底は、長らく近世秩序を支えてきた事実がある（渡辺浩『東アジアの王権と思想』東京大学出版会、一九九七年）。新興勢力への妥協など止めて、もう一度その原点に戻ろうというのが彼らの考えであった。「復古派」の首領とされた老中諏訪忠誠《すわただまさ》も、必ずしも頑迷固陋な人物ではなく、若年寄時代から能力と胆力を関係者に高く評価されていた。しかし、本当に「戻る」ことで問題は解決するのか。すでにみたように、近世社会では徳川政権が絶対者として君臨していたわけではない。それは、数多の集団が「持分」を担うことで有機的なバランスを保ち、緩やかな全体性を構成した社会であった。そうである以上、そこには近代的な意味での主権者は存在しなかった。しかるに、徳川政権の日本政府化とは、このような世界の否定であった。周囲からは保守的な行為にみえても、それは破壊と創造による、新たな秩序の構築である。そのためには朝廷との関係性にケリをつける必要があるし、自らその懐（畿内）に飛びこんで覚悟をみせよというのが、「条約派」の考える西上理由であった。

いっぽうで、その畿内でも元治元年を期に新たな政治集団が誕生していた。禁裏御守衛総督一橋慶喜・会津藩主で京都守護職の松平容保《かたもり》（会津藩主）・桑名藩主で京都所司代の松平定敬《さだあき》（桑名藩主）からなる、いわゆる一会桑《いちかいそう》勢力である（宮地正人『天皇制の政治史的研究』校倉書房、一九八一年。家近良樹『幕末政治と倒幕運動』吉川弘文館、一九九五年）。慶喜の政治力と会津の軍事力を基礎におくこの集団は、天皇権威に寄りそって公武合体に邁進したいっぽうで、その動向は江戸の統制を離れ、半独立の性格を有していた。これは慶喜からみれば、盟友松平直克を失って政権全体の掌握に失敗した彼が、提携の相手を水戸系勢力から会桑勢力（容保と定敬は兄弟）に転じて立て直しを図ったものでもあった。理念（尊王）と現実（政治基盤）の両面で超越的な天皇像に依拠する一会桑は、諏訪忠誠らの「復古主義」を打破して将軍を京都に三たび引き出す目的に関しては「条約派」と共闘関係にあったが、他方で攘夷への賛否に表れる対外観、および徳川政権の国家代表性に関しては、彼らと厳しく対立することが予想された。

元治二年（一八六五）春に「復古派」を排して西上を決めた「条約派」は、折しもこの時期日光で行われた東照宮二五〇回忌にあわせて、元号を元治から慶応に改めた。元治は前年の甲子改元（十干十二支の六〇通りの組み合せの起点にあたり、必ず改元することになっていた）で決まった元号で、特別な位置づけから十数年は続くのが通例であったが、それだけにわずか一年での再改元は前代未聞である。慶応という年号は、（徳川政権創業の）「慶長に応ずる」と読めなくもない。近世社会の伝統と循環的世界観を、二五〇年の重みを背に徳川の意思によって乗り越える覚悟がそこにはあった。これは周囲には政権の決意表明と受けとめられ、反発した長州の奇兵隊などは、以後も墓石や文書に変更前の元治号を用い続けた。新生江戸幕閣は、創業の決意をもって天皇権威の膝元に乗りこんだのである。

徳川政権は、主権国家日本の代表政府なのか。それとも、「神州」の超越的権威である天皇から「征夷」の義務を託された実務的な下部組織にすぎないのか。日米修好通商条約から七年、奉勅攘夷体制のもとで問われ続けてきた難問に答えるべく、両者は再び畿内に相対することとなった。

(4) 条約勅許問題と「文脈」の決定

九月一六日、英仏蘭米の四ヶ国で構成された連合艦隊が兵庫沖に侵入した。前年来の懸念がついに現実のものとなり、完全武装の艦隊が摂海に入ったことで、畿内は「櫛の歯を引くがごとき」大混乱に陥った。公使たちの要求は三つ。①現行の通商条約の有効性を天皇が承認すること（条約勅許）、②ロンドン覚書で延期された兵庫港の開港をくり上げて実施すること（兵庫先期開港）、③関税率を改訂すること、であった。このうち争点となったのは①と②で、なかでも②をめぐっては、在京の一会桑やその同調者と、老中阿部正外・同松前崇広が率いる在坂幕閣が激しく対立した。しかし、問題の核心は議論の前提にあった。そもそも、個別の外交政策の土台とされている通商条約自体が現在有効なのか、そして、徳川政権は独断で兵庫開港の可否を決めてよいのか、が争われたのである。

一橋慶喜と阿部・松前両老中のあいだで激論が交わされたが、阿部らの意見は「開港を許して天朝に謝し奉るの外なし、若《も》し勅許あらずば、大将軍御辞職の外なし」というものであり、これに対する慶喜の反論は、「そは以ての外なり、斯《か》かる重事は将軍自ら御上洛ありて、是非に勅許を仰がれざるべからず」であった（『徳川慶喜公伝　史料編』二。『七年史』三）。埋まらない両者の溝は、朝廷による阿部・松前両名の官位剥奪と、征夷大将軍の辞表提出の応酬へと発展する。これらはどちらも近世史上に例のない異常事態であったが、このうち、前者で朝廷を動かしたのが慶喜、後者で将軍を動かしたのが阿部たちであった（石井孝『増訂　明治維新の国際的環境』吉川弘文館、一九六六年）。

結局、事態は最終的に、慶喜が阿部・松前の排斥に成功して、孝明天皇から現行条約を認める勅書を引き出すことで収束した。条約勅許の獲得であり、政権は七年越しの宿題を果たしたことになる。この出来事を機に、権威と化した天皇が政府の締結条約を認めないという、日米修好通商条約以来七年にわたり連綿と続いてきたねじれ現象は解消したが、しかし構造としての万国対峙は、むしろ大きく変質した。なぜなら、条約勅許はこの時起こった征夷大将軍辞職運動を否定することで実現したからであり、そのことによって、条約締結主体が天皇権威のもとに従属する構造が確定したからである。

　従来、この時行われた将軍の辞表提出は、二老中の官位剥奪を知った幕閣が憤激のあまりおこした「やけっぱち」にすぎず、計画性と展望を欠いた茶番劇であったとみられてきた。だが実際には、幕閣は二老中の処分を知る前に、自発的に辞表提出に動いていた。朝廷が阿部と松前を処分した情報が大坂城に届いたのは一〇月一日の午後だが、辞表を携えた使者は同日の午前中にはすでに出発していたのである（奈良勝司『明治維新と世界認識体系』）。彼らが目指したのは、朝廷権威に頼らない政権運営である。これまでの奉勅攘夷の狂乱を考えれば、征夷大将軍の辞職は、必ずしも大政返上のみを意味するわけではなくなっていた。むしろ、将軍を辞めれば「征夷」の義務から解放されるし、条約締結主体の上に別の権威が存在するという矛盾も解消できる。そして、徳川家茂は新たに「大統領」になると噂された（『続再夢紀事』四）。この計画のもつ意義は、次の通りである。

　まず、デメリットとしては、天皇という後ろ盾を失うことで、人心を納得させる正当性を尊王心に頼らず一から構築し直す必要が生じる。逆にメリットは、そうしたリスクを負う代わりに国際関係がよほどすっきりすることである。代表政府として「信義」を媒介に隣国と交誼を結べば、これは言葉のくさびが諸国家を律する世界秩序となる。天皇権威という、諸勢力の矛盾や対立を昇華し得るジョーカーを使えない分、域内の統合には課題が残るが、理念上の超越性と現実のズレのために西洋に過剰なコンプレックスを抱くことなく、またその鬱屈をアジア諸国に転嫁することもなく、万国と（原理的には）対等な外交を展開できるのである。しかし、こうした未発の可能性をもつ将軍辞職を全力で押さえこんだ政変の推移は、かかる政治路線の自己否定を意味した。域内の政争での有利な展開と引き替えに、幕閣は自身を国家間契約に最終責任をもたない朝廷の下部組織へと、置き直したのである。

もちろん、「条約派」が退場しても列島地域の国際化の歩みが止まったわけではない。むしろ、慶応年間には福沢諭吉の『西洋事情』が爆発的売り上げを記録するなど、社会は着実にその姿を変えつつあった。鎖港の撤回により横浜では筒袖（洋服）などの西洋文化が流行していたし、有志大名や家臣の記録にも、このころからアルファベットをカタカナ表記したものが目を引き始める。こうしたなか、慶応二年（一八六六）には近世を通して禁じられていた〈近世日本＝〈自己完結の世界〉の海禁政策の根幹であった〉日本人の海外渡航が許され、初のパスポートが発行される。パスポートには、「日本外国事務局」（「Foreign Office Japan」）の文言と公印が付された（江戸東京博物館編『特別展　ペリー＆ハリス』江戸東京博物館・名古屋ボストン美術館・読売新聞社、二〇〇八年）。

しかし、条約勅許はあくまでも天皇が現行条約を「許した」ものであった。強いられて否応なくとった施策をあくまで「許した」と言い張るのは、実際にはただの負け惜しみだが、アイデンティティの次元では大きな意味をもった。条約勅許はこれまでの攘夷論と条約遵守論の折衷的な位相を帯びており、開国の現実の追認であった反面で、他方では以下のような極めて重大な留保を内面化した。すなわち、天皇によって許された条約は、論理的には逆に天皇によって否定される可能性を孕み続ける。

これは、どれほど実態と乖離しようとも、理念上は天皇権威が条約秩序を上から包摂する体制に他ならなかった。会津藩士の外島機兵衛は、一〇月五日に御所で開かれた諸藩士列席の評議で、涙ながらに大演説を行って勅許獲得に大きく貢献したが、その主張は「海軍の備充実して、利害得失を糺して攘夷致候はば、万夷といへども恐るるにたらず」、そのためには「航海練習の為、我国の有余の品物を彼へ積み送り、互市の利を得るに至て富強の備整たれば、開港・鎖港共意の如くに相成」というものであった（「慶応元丑年　風聞　六」、内藤家文書、明治大学博物館蔵）。またそもそも勅許自体が、既存の条約は「品々不都合の廉《かど》」があるので「衆評」の上「新に取調《とりしらべ》」「至当の所置可致《しょちいたすべく》」と命じていた（『孝明天皇紀』五）。これでは、勅許と言っても事実上の条約改正要求である。攘夷を唱えてきた排外主義者が暴発も発狂もせずにすんだのは、かかるレトリックが辛うじて「皇国」の「外夷」への優越性を担保したためであった。とはいえ、これはあくまで現実の読み替えであり、矛盾は解消したのではなく、先送りされたに過ぎない。勝敗を度外視した破約攘夷の可能性が消滅したことで外国交際が安定軌道にのり、「日本政府」としての環境整備も進んだ一方で、理念と現実の越え難い溝は、以後も関係者のあいだに無意識の不全感をマグマのように伏流させた。天皇権威を信奉ないしは利用した広い意味での尊王家は、海外「夷狄」に対する捲土重来という債務を、宿命的に未来に背負いこんだのである。

⑥ 慶応元年一〇月の政変がもった意味

四ヶ国艦隊摂海侵入事件に際して、超越的な天皇権威に依拠する路線が、自らも変容しつつも、ともあれ征夷大将軍の辞職（「征夷」の義務の拒否とそこからの離脱）による政権の自立化論（これは松平定信以来の大政委任論的な主従関係からの脱却をも意味する）を押さえ込んだことは、それまでの暫定的な外交体系を大きく転回させた。天皇の意志が国家間契約に勝り、また徳川政権が朝廷の下部組織であると「確認」されたことで、今までの条約締結国が、世界的な認識構造の上では一段格下げされたからである。現実には「夷狄」の跋扈に歯噛みしながら、ありうべき枠組みの上では非対称な優越性に立つという矛盾。このような現実と理念のいびつな関係は、幕末の排外主義が最終的に打ち払いの不可能を総括しえなかった結果であったが、幕末政局において三つの決定的な意味をもった。

一つ目は、矛盾が露骨には表面化しなかったことで、域内の分裂が避けられ、体制変革が比較的スムーズに行われたことである。問題の核心部分は繰り越され、排外主義者の多くは葛藤を抱えながらも暴発しなかった。不安定ながら当面は朝廷や在京幕閣への支持も保たれ、慶喜政権から維新政権への移行も、比較史的には平穏に進んだ（旧体制の幹部もほとんど処刑されなかった）。政治勢力間で超越的な天皇権威を核とした国家構想の土台が共有されたことで、以後の政争に「玉」の奪い合いというルールが設けられ、その帰趨が決した時点で、戊辰戦争も泥沼の内戦には至らなかったのである。

もう一つは、その代償として他者性の欠如と対外膨張が構造化されたことである。約束というものが、基本的には自身と相手のあいだになんらかの共通基盤や普遍性を必要とする以上、異質で非対称なもののあいだには理念としての約束は成立しない。彼我に先天的な差を設けたことにより、人々は他者性という想像力を失い、契約の拘束力を根底部分で信用できない（世界観の次元で血肉化できない）宿痾に陥った。他者を内面化できないということは、自己の被制約性を原理的にいっさい許容できないということである。「皇国」は、自覚的な侵略意図の有無に拘わらず、「外圧」から逃れるため、自衛のための絶えざる膨張志向に掻きたてられることとなった。そして契約を信用できない以上、その手段は、究極的には暴力で周辺地域に緩衝地帯を広げていくしかない。条約勅許後も万国対峙は国家目標であり続けたが、それは実質的には、双方向の制約を本質とする国際秩序ではなく、何者にも容喙されないユニラテラリズム（一元主義）を新たな世界に求めることと同じ意味をもった。維新政権のもと、二世紀以上にわたった「鎖国」が嘘のように、日本は、急きたてられたように、海外進出に明け暮れていく。

三つ目は、慶応元年（一八六五）一〇月が、右の二点が確定した転換点になったということである。〈鎖国〉を反転させた遠大な「大攘夷」構想は以前から存在したし、逆に国家対等観と条約遵守論も消滅はせず、根強く政権内に残り続けた。しかし、「破約攘夷」を断念して「夷狄」が求める条約勅許を受け入れるには、やはり四ヶ国艦隊の摂海侵入という〈引き金〉が必要だったし、他方で条約遵守論にもとづく攘夷派批判は、以後も残ったにせよ相対的に弱まった。内心では「夷狄」感覚の根がまったく清算されていなかったにせよ、事実として当面の条約維持と居留地の一定の平穏がもたらされたことは、攘夷派打倒の切迫感を確実に低下させた。攘夷が現実の戦争に直結すればこれへの抵抗も死にもの狂いになるが、その前提が外れれば、理念はどうあれ当面は対外関係が落ち着くのだからよいではないかという感覚が少なからず出てくるからである。要するに、勅許による条約体制への参入は確かに欺瞞であったかもしれないが、欺瞞ゆえに定着してしまうという奇妙な強靭さも合わせ持っていた。その意味で、慶応元年は同三年（王政復古政変）や四年（戊辰戦争・五箇条誓文）に匹敵する転機となったのである。

7 「武威」の底上げと再編成への道

以上のように、慶応元年一〇月の時点で政局の大きな流れは決まった（ゲームのメタレベルでのルールが定まった）。その特質は、①〈自己完結の世界〉やその背骨であった「武威」にもとづくものの考え方を放棄はしない、②しかし強大な西洋列強を拒むこともすぐに戦争で勝つことも無理なので、〈自己完結の世界〉と「武威」をそのまま維持・継続はしない（できない）、③そこで、「世界」そのものの範囲を拡大し、自ら積極的に海外に乗り出すとともに、西洋の技術に学び富国強兵を成し遂げることで、将来的に彼らより強大な武力を獲得し、その時こそ先延ばししていた「征夷」を決行する。というものであった。近世以来の世界観を根本的に総括はせず、その骨格は基本的に維持しながら、しかしその精神の保守性ゆえに現実社会を革命的に破壊・再構築していく道筋が、こうして用意された。思想的な裏付けとしては、津和野国学の総帥であった大国隆正《おおくにたかまさ》の「大攘夷論」がこの①〜③を理論化していた。大国派は後に維新政権に入り、平田派とは対照的に政府内に影響力を保持していく。

では、このような壮大な目標を叶えるにはなにが必要とされるのか。特に③の実現はこの後の政治勢力の共通課題となり、その実現如何が焦点となる。一つ目は、積極的な西洋化とその技術の吸収であった。以前からも存在はしていたが、「夷狄」嫌いの攘夷家はこの後、直接攘夷に固執する一部勢力を除き、攘夷家ゆえに西洋に接近し、文明化も図るという倒錯した道を邁進することになる。

二つ目は、国力の絶対値の底上げであり、そのための近世社会の徹底した均質化であった。これも以前から流れ自体は存在したが、武士以外の身分に暴力を開放する政策がいっそう勢いを得、それは伝統的な君主権とも抵触していく。戊辰戦争の際には、新政府軍は各藩に要求する援軍の内容を銃隊と砲隊に限り、大名当主の指揮のための参戦は拒んだ。基本中の基本の軍役権が崩壊し、ピラミッド状の軍隊とは異なるナポレオン式の散兵戦法に対応可能な、非正規諸隊が各地の戦場で実績を積んでいく。邪魔になった大名領主権はやがて解体され、身分制も漸次解消に向かう。もっとも、版籍奉還や廃藩置県の流れに大名領主たちが激しく抵抗しなかったのは財政的な疲弊も影響していたが、これとて打ち続く海防負担や戊辰戦争遂行の軍事費が主な原因であった。収支バランスを考えるなら、海防や戊辰戦争参加を拒否すればよいのだが、武士である彼らにはそれは不可能で、より根本的な真因には「武威」のアイデンティティ化があった。彼らは「武威」を優先した（捨てられなかった）ために、大名や武士としての身分を捨てるという究極の選択を、結果的には強いられたのである。またこの観点からいえば、身分制の解体とは、武士がなくなったのではない。全員が武士にさせられたのである。

三つ目は、意志決定システムの整備であり、統一政権の樹立である。全住人を兵士にして国力の絶対値を挙げていくためには、司令部があちこちに散在していては効率が悪く、これをまとめあげる必要がある。しかし、ここで難問が登場した。それは、天保改革でも立証された、伝統化した強固な分権性をどう解消するかである。また、全員を兵士として動員するためには、彼らの意志も尊重しなければならない（権利なしには人は義務を果たさない）。国力の絶対値をあげるためには、〈底上げ〉と〈統合〉が必要だが、底上げは間口の拡大を通してしか実現できず、両者は短期的には矛盾してしまう。では、拡散した力はどう集約が図られたのか。次章以降では、この点を段階的にみていこう。

四

江戸幕閣と東国公議論

小笠原長行（左）

徳川慶喜

西洋諸国との交際の開始は、徳川政権に外向けの単一の国家意思の立ち上げを要求した。時間をかけた調和と合意を旨としてきた近世の政治文化は、スピードと効率に対応した形態への変容を迫られる。老中を務めた水野忠精や小笠原長行らは、政事総裁職の制度化、「引籠り」が常態化した老中制の弾力的運用、多数決制の導入など、漸進的な〈決断〉の制度化を試みる。しかし、これらは大名の「持分」意識に阻まれ、徳川慶喜は天皇権威との一体化に舵を切っていく。

❶ スピード・効率化・集約と矛盾する近世社会

前章では、ペリー来航から慶応元年一〇月の条約勅許にいたる政治過程を、徳川政権、特に「条約派」の挑戦と挫折を縦軸として概観した。「条約派」の特質は、対外的には攘夷論を明確に否定した点にあったが、国内統治体制の面では、日本政府としての主導権の確立を目指した点にあった。しかし、〈積極開国論〉が攘夷派との熾烈な対立を惹起したのと同様に、後者も困難に直面する。それは、一つは言うまでもなく有力大名らの厳しい国政介入要求として現れたが、他方で、バランス調整と時間をかけた全会一致を旨とする近世の意思決定システムそのものとの格闘でもあった。本章では政治文化の観点から、調整と一致の力学に貫かれた世界で主権を立ち上げる試みの位相と苦闘をみていこう。

いきなり話の要点に　入っていくのはとっても不作法
交渉は　日がな一日　ゆっくりあわてず
「すぐに」が一週間のことをさす、独特ののんびり、のんき気な日本流
時計の動きは　てんでばらばら
報時の響は　そろわない
お日さまでさえ戯れに　時計をまねて
好きな時刻に顔をだす

一九世紀末に日本を訪れたある欧米人紀行作家は、日本人の時間概念と自らのそれとのズレをこのように述べている（西本郁子『時間意識の近代—「時は金なり」の社会史—』法政大学出版局、二〇〇六年より転載）。このおかしみを込めた文章が鋭く指摘するのは、一九世紀に列島地域と本格的に邂逅した多くの欧米人が抱いた、ほとんど直感的な時間感覚のズレである。この史料は明治も半ば以降の、つまり日本が欧化政策を本格的に開始した後のものであるが、この時期でも（そしてもしかすると二一世紀の今でも？）かかる感想が西洋人の口から洩れたということは、それだけ前近代の日本社会の時間が「のんびり、のん気」に流れる性質のものであったことを示している。当然、逆もまた然りで、一九世紀に西洋近代と邂逅した日本人は、その〈せっかちさ〉に大いに悩まされた。幕末期に列島地域の為政者は、西洋諸国との恒常的な外交の開始に伴い、政治決定におけるスピード化・効率化にどう対応するかという課題に直面した。また外交の恒常化とは、列島地域内部の衆議を取りまとめ、日本政府の意志として不断に表明していかなければならないということでもある。つまり、雑多な意見を集約し、日本政府の公的なそれに昇華させるシステムを構築する必要が生じた。

ひるがえって、近世の列島地域の政治社会は、徳川政権を頂点とする単純な支配—被支配・上意下達ではなく、大名家など列島地域の他の構成員をも含んだ広範な公儀観念のもと、階層利害の調整義務をともなう強い分権性を有していた。各々の身分や職掌に根ざす「持分」に応じて、有機的な連関によって緩やかな全体性のもとに運営された社会は、原理的には多様な利害を調整する柔軟性をもつ反面で、他方ではそれがため、先例主義、ないしは時間を要する調整・合議が政治決定を規定する重要な要素となった。そして社会の成熟と構成員の底辺拡大によって、こうした傾向は強化された。商品経済や文化の浸透により、全体としては列島地域の一体性が増したいっぽうで、社会を構成する諸集団個々の自立性はむしろ強まり、潜在的に政治参加枠の拡大（言路洞開）を希求する勢力が広範に分布するという事態が生じた。こうした流れが政治的一元化の試みの際にその前に立ちはだかる遠心力になったことは、天保の改革のくだりでみた通りである。これはベクトルとしては拡散の方向性をもつ。

対外関係に目をむければ、こうした政治構造は海禁体制によって実現された、相対的に閉じた〈自己完結の世界〉と相即していたこともすでに確認してきた。しかし一八世紀末以降、断続的なウェスタン・インパクトの圧力のもと、列島地域は地球規模に拡大した新たな世界の一構成員へと、性格規定の転換を余儀なくされる。藤田覚氏の言葉を借りれば、「静態的」な「先例」「伝統」が「攪乱」「解体」され、組み替えられる事態が生じる（同「近代の胎動」同編『日本の時代史17　近代の胎動』吉川弘文館、二〇〇三年）。〈自己完結の世界〉の解体であり、主権国家日本の誕生にむけた階梯である。

幕末の政治動乱をこの文脈で考えれば、外に向け新たに国家主権者として責務を担うことになった為政者は、従来の「持分」政治を単一の国家意志を生み出せる体制に組み替える課題と向き合わざるを得ない。それは、構成員を拡大しつつ拡散の度合いを強めてきた政治意志の集約であり、強力かつ迅速な政治主導を実現し得る体制の創出である。しかも、西洋諸国がすでにスピードと効率性を旨とする政治文化を形成していた以上、日本側はその時限性にも配慮せねばならなかった。前述の西本郁子氏は、日本と西洋の時間感覚のズレについて、「日本を訪れた欧米のガリヴァーたちは、大小のかわりに時間の落差を体験した。時刻に精確さを求める国から「大ざっぱな時間の国」という、まったくの異国に足を踏み入れたのだった。それに遅速の落差もある。「速い」テンポの社会から日本にきたならば、ほぼ例外なく、日本ではものごとの進みぐあいは「遅い」とも述べている（西本前掲書）。

ただし、言路洞開に象徴される拡散のベクトルとこの集約のベクトルは、短期的には当然矛盾し、両者の統合は容易ではない（両者は本質的に相容れないわけではなく、主権国家化と国民国家化は西洋近代を規定した車の両輪であった。ただ、ヨーロッパでは一世紀半ほどのタイムスパンのあった両者が一度に生じた点に、本章で述べるベクトルの相互矛盾が発生し、列島地域に混乱をもたらすのである）。かくして、為政者は完全なる合意や調整を断念してでも、ある段階で一定の決定を断行せねばならなくなる。本書ではこれをシステムとしての〈決断〉とよぶ。当然、〈決断〉は諸意見を取捨選択する断絶性をふくむので、近世的「持分」世界の論理とは齟齬をきたし、軋轢を生むこととなる。

2 老中制の構造的問題

(1)井伊政権にリーダーシップはあったか？

幕末における権力の集約といえば、まずは大老井伊直弼の政権が思い浮かぶかもしれない。確かに、日米修好通商条約を無勅許調印し、内政でも敵に過酷な弾圧（安政の大獄）を加えたことは、長らく井伊政権に独裁イメージを付与してきた。しかし、対外問題で条約の無勅許調印が従来考えられていたような〈剛腕〉によるものではなかったことは、すでに指摘した通りである。そしてまた、内政面における政権構造としても、彼の専権には限界があったことが近年の研究では指摘されている。

では、直弼の大老就任を周囲はどう受けとめ、また他の幕閣との関係はいかなるものであったのか。

無勅許調印後の諸侯とのやり取りと、翌年にかけての幕閣内部の動向をみてみよう。まずは政権外の一橋派大名の動きである。安政五年（一八五八）六月二四日、前水戸藩主の徳川斉昭らは、予告なしに登城して直弼の行為を責めたが、その際斉昭は、「松平越前守義は格別の者に付、御大老に被仰付《おおせつけられ》候はば可然《しかるべく》」と述べ、直弼の他に越前藩主松平慶永を大老に据えることを提案している（佐々木克編『史料公用方秘録』）。また、六月晦日には宇和島藩主伊達宗城《むねなり》が老中久世広周に対して「外国取扱の義、国持大名御見立《おみたて》、海防掛り被仰付」と、外国事務のために一局を設置し、松平慶永か島津斉彬のいずれかを「総裁」に任命することを提議している（同前）。この他にも、薩摩藩士や旗本層のあいだで一橋慶喜らを「大臣」として処遇することも計画されていたらしい。直弼の大老就任後も、一橋派はその地位を絶対的なものとはみず、対抗馬擁立を画策していたのである。

では、彼は政権内では大老として隔絶した地位にいたのか。実は、同様のことは幕閣内部においてもいえる。一橋派の抵抗に遭いながらも、六月二五日には紀州藩主徳川慶福の将軍継嗣が決定し、七月一四日には井伊が外国事務の総括となるなど、いっけん内外の権能は井伊のもとに集約されたかのようにみえる。しかし、大老以外の老中に向けて粘り強い秘密周旋を続けていた水戸藩士鈴木大《はじめ》の日記からは、この後も幕閣内部で井伊の主導権が必ずしも自明のものとはならなかったことが窺える。

たとえば、安政六年二月朔日条には鯖江《さばえ》藩士大郷巻蔵《おおごうまきぞう》の話として「井伊侯は烈に過ぎ候得共、此は備州と主人と合し候て事をいたせば次第も有之間敷《これあるまじく》」とあり、鈴木たちが知己の儒者を介して老中太田資始と間部詮勝を味方に引き入れ（間部には大郷が、太田には同家の儒者海野悌之介《ていのすけ》が周旋の窓口に立った）、徳川政権内における井伊の力を押さえ込もうとしていたことがわかる（奈良勝司「「戊午の密勅」降下後の水戸徳川家と情報周旋」『茨城県史研究』第一〇〇号、二〇一六年)。そしてその試みがある程度効果を挙げていたことは、以後太田に関して「井伊と太田、中《(仲)》われ出来」「当時は権柄は太田の方に有之」などの、また間部に関しても「対面にて尽《ことごと》く論し候積《つもり》の処《ところ》、主人も大に呑込《のみこ》み（中略）其後《そのご》私共へ内々文通も有之、至極《しごく》主人存意も尤《もっと》もに候間、此分に候はばどふ歟《か》万事落着も先づ余《ま》り心配も無之《これなく》」(これは大郷が主君の間部に極秘面会した折の様子を鈴木に語ったもの)、あるいは上京していた間部が江戸帰還後に、安政の大獄で穏健論を唱えた寺社奉行板倉勝静が自分に相談なく左遷されたことを抗議したところ、他の老中は「閉口の体」であり、水戸の混乱も「此方の仕向《しむき》」が悪かったからだと批判したなどの記述があることからも、確かである(『鈴木大日記』安政六年二月一日条、二二日条、二八日条、三月二一日条)。要するに、幕閣内部にも水戸の穏健改革派とむすんだ老中が井伊直弼と水面下で暗闘をくり広げており、井伊の政権内における権力は決して盤石のものではなかったのである。最終的には、井伊は太田と間部を罷免して政権から放逐することに成功するが、それも大老の権限が絶対的に幅をきかせたからではなく、あくまで権力闘争とその勝利として実現したものであった。

一橋派の動向は、井伊の大老就任後も国政参与資格の拡大（拡散）を求めるものであり、また幕閣内部においても大老が隔絶した権力を握っていたわけではなかった。無勅許調印の「断行」という大きな〈決断〉にも拘わらず、大老への権威・権限の集約はすぐには実現せず、対抗勢力の活発な周旋が続いたことがわかる。大老政治のもとでも（井伊直弼の暗殺〈桜田門外の変〉によって断ち切られる前から）、政権内外の諸勢力に対する排他的・超越的な権力の集中は、容易に実現しなかったのである。

⑵文久二年以降の政治状況

文久二年（一八六二）になると、小康状態を保っていた政局は一気に流動化の様相を呈するようになる。夏に薩摩の「国父」島津久光（前当主斉彬《なりあきら》の弟、現当主忠義の父という立場で、大名としての公的資格をいっさい持たない無位無官の立場であった）が突如兵を率いて上京したことを機に、井伊直弼の政策を大筋で引き継いでいた久世・安藤政権が崩壊して井伊路線の破綻が明らかになると、安政の大獄に反対して左遷されていた板倉勝静や水野忠精が老中に、また朝廷の意向（大原別勅使）をうけて一橋慶喜が将軍後見職に、松平慶永が政事総裁職に就任する（これは一橋派の復権を意味した）。政事総裁職はこの時新設された職で、当初は松平慶永には安政五年と同じく大老が打診されたが、慶永がこれに対して、大老は譜代大名がなるもので、家門筆頭の自分がつくべきポストではないと難色を示した経緯があった。政事総裁職はこの慶永の拒絶をうけて急遽作られたもので、このことからも、大老より格上であると位置づけられていたことがわかる。ちなみに、慶永は七月九日に政事総裁職を奉職する前に、五月七日に幕政参与を命じられている。幕政参与は、かつて嘉永～安政年間に徳川斉昭が命じられたものであった。要するに、安政五年時点での徳川斉昭らの主張がより強化されたかたちで実現したのである。

ところが、奉職後の慶永は「幕私」（徳川政権の〈わがまま〉）の反省にこだわり、朝意遵奉の姿勢を貫いた。それは朝廷や薩摩藩などの圧力による実現という、彼の総裁職就任の経緯からいってある種当然だったのだが、ともあれこうした経緯により、政事総裁職という大老の上位権力が創出されながら、政治意志の集約は進まず、逆に雄藩や朝廷の廟儀への介入が恒常化することになった。つまり、むしろ拡散（政治参加枠の拡大・多様化）のベクトルが強まり、単一の政治決定を困難たらしめる状況が生じたのである。事実、慶永は翌年三月、天皇を通して発せられた強硬な攘夷意見と自らの対外意見とのあいだで進退窮まり、届け捨てというかたちで政事総裁職を辞職、無断で国許に帰って追罰をうけることとなる。

もっとも、このような事態は単に政治状況によるものではなく、彼の政治姿勢そのものにも起因していた。侍講（儒学の教師）として慶永のブレーン役を担っていた横井小楠《しょうなん》は、当時行われた文久幕政改革の精神的支柱であったが、彼の政見の凝縮ともいうべき『国是七条《こくぜしちじょう》』には、「諸侯の参勤を止めて述職（地方官の政務報告のようなあり方）と為《な》せ」「外藩・譜代に限らず、賢を選びて政官と為せ」「大いに言路を開き、天下と公共の政を為せ」といった主張が並んでいる。これらはそれぞれ、大名の江戸集住の廃止、要職の「外藩」への開放、言路洞開の推進を訴えたもので、実際に文久改革に反映されたが、いずれもベクトル的には拡散の方向性をもつ。全体としては、国持大名への抑圧を止め、蓄積した国力をもとに幅広い範囲で「会議」を開催せよという趣旨であった。ただし、問題はその先である。間口を広げた雑多な意見をどう集約するのか、あるいは分散した国力をどう再結集するのかについては、具体的な言及がないことに注意したい。

実際、横井の政治姿勢は出身地の肥後藩で実践していた「会議」論から連続するもので、そこでは一万五〇〇〇石の世襲家老の長岡監物《けんもつ》が一般の家臣である元田永孚《もとだながざね》らと対等な形で議論に参加するなど、参加者が階層にこだわらず自由に議論を戦わせていた。ただし、これは身分の壁を乗り越えるものではあったが、基本的には文化サロンの範疇にとどまっていた（議決への道筋は明示されなかった）。

慶永はこの横井の影響化にあったため、言路洞開を積極的に進める一方で、実際に意見の齟齬を目の当たりにすると、有効な解決を施せなくなったのではないか。元治元年（一八六四）春には、彼も加わり京都で有力大名が国政を議論する参預会議が作られるが、横浜鎖港問題をめぐり瞬く間に瓦解する。これなどは一つの象徴例といえるだろう。近代史家の坂野潤治氏は、「維新の変革主体」の政治構想がおしなべて議会論に関しては熱心なのに、内閣、つまり行政を誰がどう執行するかという点に関してはほとんど注意が払われていないという傾向を指摘している（同『未完の明治維新』ちくま新書、二〇〇七年）。この点は、後述する慶応～維新期の動向にも大きく関わってくるだろう。

こうした傾向について、文久改革で慶永とおおむね歩調を合わせた老中板倉勝静を対象に、もう少し具体的に見てみよう。老中の側で文久年間の中核を担い、政権外の諸勢力にも融和的であった板倉は、「誠心」もしくは「誠意」という言葉にこだわっていた。そしてその用法は、「何事も御誠意第一、御策略は宜《よろ》しからず候、成す事は成る、成さざる事は成らず」（『杉浦梅譚目付日記』元治元年二月一〇日条、杉浦梅譚日記刊行会、一九九一年）、「兎角《とかく》何事も、御誠意を以て御貫き第一に御座候、一歩も御策略に渉《わた》り候ては相成らず」（元治元年四月四日付水野忠精他二名宛板倉勝静他二名書簡、水野家文書A10-138、首都大学東京図書情報センター本館蔵）などと、「誠意」を貫徹できれば現実の齟齬は必ず乗り越えられるとの信念に立つものであった。

こうした政治信条は現実の政治局面にも反映され、たとえば板倉が文久改革に従事していた文久二年一〇月一二日に老中格小笠原長行と連名で将軍後見職一橋慶喜に提出した建白書では、七回も「誠心」が登場するが（『水戸藩史料』下・全、吉川弘文館、一九七〇年。後述する建白書の続編でも三回登場する）、彼の主張の眼目は、開鎖意見それぞれの長所と短所を指摘した上で、政策上の二項対立を超越する概念として「誠心」を位置づけた点にあった。その際、「御後見・総裁の場にて此御誠心立候得ば、其功必《かならず》可有之《これあるべく》、其以下同列計《ばかり》にては其功更《さら》に無之《これなし》」とあるように、役職の制度面ではなく、役職にある者が「誠心」を持つかどうかが重視されていることに注意したい。

具体的な対外政策に関する発想は横井小楠もまったく同じで、彼はこの時期幕臣の勝海舟とのあいだで、「開瑣（鎖）は往年和戦を論ぜしと同断にて、唯《た》だ文字の換《かわ》りしのみ」「攘異（夷）は興国の基を云うに似たり、しかるを世人徒《いたず》らに異人を殺戮し、内地に住ましめざるを以て攘異（夷）なりとおもふは甚だ不可なり、今や急務とすべき興国の業を以て先とするにあり、区々として開瑣（鎖）の文字に泥《なず》むべからず」と談じあっている（『勝海舟関係資料　海舟日記（1）』文久二年一一月一九日条、江戸東京博物館他、二〇〇二年）。板倉勝静の「誠心」「誠意」と同様に、ここでは「興国の業（基）」＝「攘異（夷）」が強調されており、その至上命題の前では具体政策としての開鎖論議は棚上げされていることがわかる。

しかし、目先の政策対立を超越した精神論の強調は、容易に無原則な現状追認にも転化してしまう。板倉と小笠原の建白は、当面の対外政策としては「開」と「鎖」のいずれでもよいと言っているに等しく、これは横井と勝も同じである。事実、一ヶ月後に板倉と小笠原が出した建白書の続きでは、二人は「其の後、尚又《なおまた》時勢一変、最早両端に渉《わた》り候場にこれ無く、攘夷の一方に帰し、則《すなわ》ち右戦闘の御覚悟成らるべく時節」と述べており、勢いを増した破約攘夷論を事後追認のかたちで受け入れ、なし崩し的に現状肯定を重ねる結果となっている（文久二年一一月二五日付宛名不明〈松平慶永カ〉板倉勝静・小笠原長行呈書、『水戸藩史料』下・全）。困難な選択を断行する〈決断〉とは正反対の対応であり、これでは実際の現場責任者は身動きの取りようがないと言わざるを得ない。

八・一八政変後に京都の意志を再確認する必要が生じると、板倉は使者として派遣される老中酒井忠績に、「誠意」にもとづく臨機応変の措置を求めた。しかし、これは事実上酒井一人に責任を負わせるもので、酒井から「右に而は聢《しか》は致さず御迷惑に付き、いよいよの処《ところ》御治定に相成候迄御出帆成られず」と、曖昧さと無責任を批判される（「桑名藩　森弥一左衛門見聞雑記」桑名市博物館編・発行『京都所司代　松平定敬』二〇〇八年）。当時は、過激な破約攘夷の勢力がクーデターで京都から追放された直後で、新たな情勢のもとでも（破約攘夷論の穏健策としての）横浜鎖港論を堅持するのか、それとも全く別の対外政策を模索するかは、徳川政権の運命を左右する死活問題であった。そのような時に「具体的な方針は決めていないけど、とにかく誠意を尽くし頑張ってくれ」と言われたら、板倉の衷心に偽りはなかったとはいえ、酒井が困り果てて立腹してしまったのも無理はないだろう。

機能不全になったのは板倉本人も同様であった。彼は酒井への失言のため「引籠」り、少しでも江戸を離れれば「留守中に（役職から）投出《なげだ》」されそうな状況に陥る（同前）。そして幕議が横浜鎖港をめぐり紛糾するなか、「御城へ出候得ば何を以て戦候哉《たたかいそうろうや》と責められ、宅へ引けば諸方より議論これ有り、何日方応接取懸り候哉と責められ、一昨日抔は様子も宜からず、六々口《ろくろく》もきき申さず」という状態になる（文久三年八月二九日付鈴木大聞込書「辛酉新聞」、高橋清賀子家文書271、茨城県立歴史館寄託）。「誠心」を支えに開鎖のどちらにも対応できるように政局を渡ってきた板倉は、登城すれば「何をもって戦うのだ（できるわけない）」と開国派に責められ、帰宅すれば家臣や在野の攘夷派から「いつ鎖港応接に取り掛かるのだ（早くやれ）」と責められ、進退窮まってしまった。

それでも板倉の「誠心」信仰は強く、この後も維持されたが、元治元年六月に政変で罷免されるに及び、「昨年は、今日還御と覚え候、壱ヶ年の御困難、一事も御宜敷事《おんよろしきこと》これ無く」「覚えず落涙のみ」と絶望をもらすに至る（元治元年六月一六日付杉浦正一郎宛板倉勝静書簡『杉浦梅潭目付日記』）。板倉が政権を追われた六月一八日は、将軍徳川家茂の最初の上洛への供奉から江戸に帰ってきたちょうど一年後であった。偶然にも最悪のかたちで江戸帰還一周年を迎えた板倉は、この間の自分の尽力を思い出し、「困難ばかりで何一つ良いことはなかった」と悔しさにむせび泣いたのである。しかしこれまで見てきたように、事態は「誠心」という倫理に根差しながら、同時に八方美人的でもあった彼の態度が自ら招いたものであった。だからこそ罷免直後の時点で、失意の板倉に対し江戸庶民は「昔は名代の非のないこたつ　今は火だらけ無理だらけ　板倉周防守」という辛辣な都々逸《どどいつ》で応えたのである（「御役御免見立都々逸」『藤岡屋日記』一一、三一書房、一九九二年）。

以上をまとめると、松平慶永や横井小楠・板倉勝静らに共通する特徴として、言路洞開の推進やその構造化には尽力したり理解を示す一方で、母数を増やした意見や可能性を集約・止揚する問題意識は相対的に希薄であったことがわかる。多くの意見や立場に配慮することと、そこから適切な政策を導き出すことは別次元の問題である。しかし、彼らは「誠意」に象徴されるある種の精神論で、理想と現実の隙間を埋めることで、集約を制度化することなしに政権の運営を図っていたのである。

③〈決断〉制度化の試み

いっぽう、日本自体を一つの単位とした外国との国際関係もこの間必要を増していた。開国に伴い、徳川政権は様々な外交課題（ヒュースケン暗殺・東禅寺事件・外国公使館焼討事件など）に対処する必要が生じていたが、特に文久二年（一八六二）八月の生麦事件は、犯人逮捕や賠償金の支払いをめぐり、江戸幕閣に急速な「日本政府」としての意志表明（決断）を強いた。ところが、この時期政権は約二三〇年振りの将軍上洛・攘夷運動の昂揚などに直面し、国家主権者としての対応は極めて困難であった。

また、イギリス人を無礼討ちした事件の犯人が薩摩家中にいたことは、交渉の場に「持分の壁」を生み出した。老中板倉勝静と水野忠精は、犯人引き渡しを求めるイギリス代理公使ニールに対し、「此方にては、其罪を正し刑罰に処する事は政府の所置にありといへども、藩士の法を犯せし時、召捕方は其主人え達し、其ものを主人より差出し候事、我国旧来の法律にして、今般の事の如きも、又其例にしたがひ」と述べている（文久二年閏八月二八日付イギリス代理公使ニール宛老中板倉勝静・水野忠精書翰『続通信全覧』三四、雄松堂出版）。これは、裁判権はともかく、犯人逮捕権は大名家にあるという論理で、近世「持分」政治に根ざす分権制の一つの桎梏であった。大名等の知行単位の法体系と、列島全域を覆う公儀のそれが重なり合い、後者の効力が全域に貫徹しないことは近世社会の本質でもあった。薩摩が犯人差し出しを拒んだことで交渉は滞り、怒ったニールは艦隊に戦闘準備を指示し、四月から五月にかけて横浜居留地は大混乱に陥った。結局一部幕臣の「独断」というかたちで事態は打開され、武装上洛計画（小笠原率兵上京）へとつながる。非常手段や実力行使に訴えなければならないほど、近世的な政治文化と主権国家としての意思表明のあいだの軋轢は、深刻化していたのである。

(1)合議制の変容と矛盾

こうしたなか、時間をかけた丹念な評議と全会一致を原則としてきた近世の意思決定システムは、大きく動揺し始める。表1は、天明期と嘉永期、および文久〜慶応期の三時期（それぞれ六年間）における老中の任免状況である。

一見してわかるのは、天明・嘉永期に比して、文久〜慶応期になると任免のサイクルが非常に早くなり、その分、奉職するのべ人数も大幅に増加していることである。

たとえば、嘉永元〜六年の六年間では、八名が老中を務め（同時期での在職者数は三〜六名）、期間内の退任が二回（辞職一、死亡一）であるのに対して（天明期もほぼ同じ水準）、文久二〜慶応三年〈一八六七〉の六年間では、二三名（のべ三一名）が老中（含大老・老中格）を務め（同時期での在職者数は四〜九名）、期間内の退任はなんと二六回（罷免一五、辞職一〇、死亡一）に及んでいる。退任理由も死亡や辞任以上に罷免が多くを占め、閣内で生じた対立が任免状況に如実に反映されていることがわかる。

なかでも、幾度か短期間で大量の人事異動が生じている時期があり、政変というべき事態が発生していることがわかる（塗り潰しのA〜Eの部分）。このうち、B（文久三年六〜九月）、C（元治元年〈一八六四〉五〜六月）の時期における幕閣の江戸城への登城状況をデータ化したのが表2である。これを見ると、少なからぬ閣老が江戸城に登城しない「引き籠もり」をくり返している。引き籠もりは、体調不良に加えて、政策や同僚との関係に不満がある場合にもしばしば行われた近世の政治文化だが、その発生要因も、周囲に圧力をかけるために自ら進んで選択する場合や、逆に周囲の圧力により押し込められて登城できなくなる場合など、背景は様々であった。具体的にBとCでは、軋轢を解消できずに職を辞す場合（松平）と、しぶしぶながらも最終的には評議に復帰する例（水野・有馬・諏訪・稲葉）の、両方があったようである。その一方で、引き籠もりが自己の政策を実現する効果を上げた例もある（板倉）。板倉のケースでは、長期の引き籠もりが政治圧力となって廟議転換に結実しており、彼が横浜鎖港路線（Bを画期に、政権内では鎖港路線が確立し、逆に「条約派」は一時的に要路を外れる）の主導者であったことがわかる。前述のように、八・一八政変が起こって、決定したばかりの鎖港政策の雲行きが怪しくなり始めると、板倉が推進派・反対派の双方から詰め寄られて困難に陥ったのもこのためであった。

では、いったいいつ頃から人事や引き籠もりが政治対立を露骨に反映し、その表象として機能する（利用される）ようになったのか。一つの画期は、安政二年（一八五五）八月の老中松平忠優《ただます》と松平乗全《のりやす》の同時罷免であった。当時、幕政参与であった水戸の徳川斉昭は、国政に直接関与できない外様や家門大名を代表して、西洋列強の交際要求を拒絶しない老中や旗本層を非難していた。松平忠優と松平乗全は、その象徴として排除されたのである。ただし井上勲氏が鋭く指摘するように、元来近世社会では複数の老中が同時に罷免されることはなかった（同「開国と幕末の動乱」）。合議と全会一致を旨とする政治文化のもとでは、対立があっても調整と一致が重んじられ、スキャンダル等の明確な落ち度もないまま、政治対立を理由に一度に何人もがクビにはならなかったのである。老中首座の阿部正弘は協調政治を理念としていたが、有力大名との調和に配慮して斉昭の要求を受け入れた結果、逆に政権内の伝統的な意思決定システムが調和を失い、政治対立の影響を直接受けるようになったといえる。この、開か

ける老中の任免状況

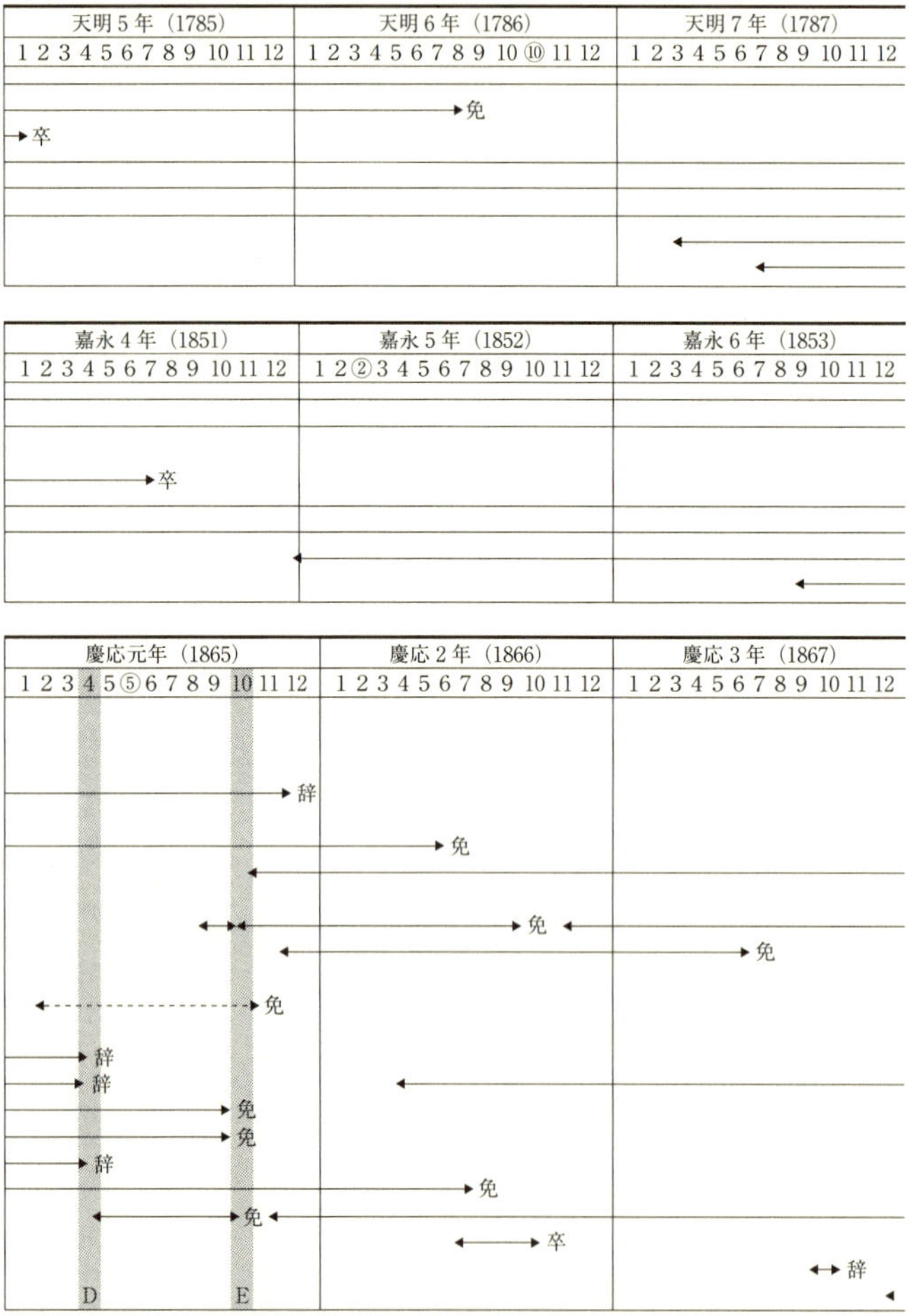

原率兵上京をへて横浜鎖港令布告に至る混乱の時期　C：「六月政変」（横浜鎖港と水戸筑
の時期　E：四ヶ国（英仏蘭米）艦隊摂海侵入事件～征夷大将軍辞表提出事件～条約勅許

一九八〇年復刻）より作成．数字は各月を，丸数字は閏月を表す．点線矢印（　）は老中
等の出身であることを表す．

表1　天明期と嘉永期，および文久～慶応期の三時期（それぞれ六年間）にお

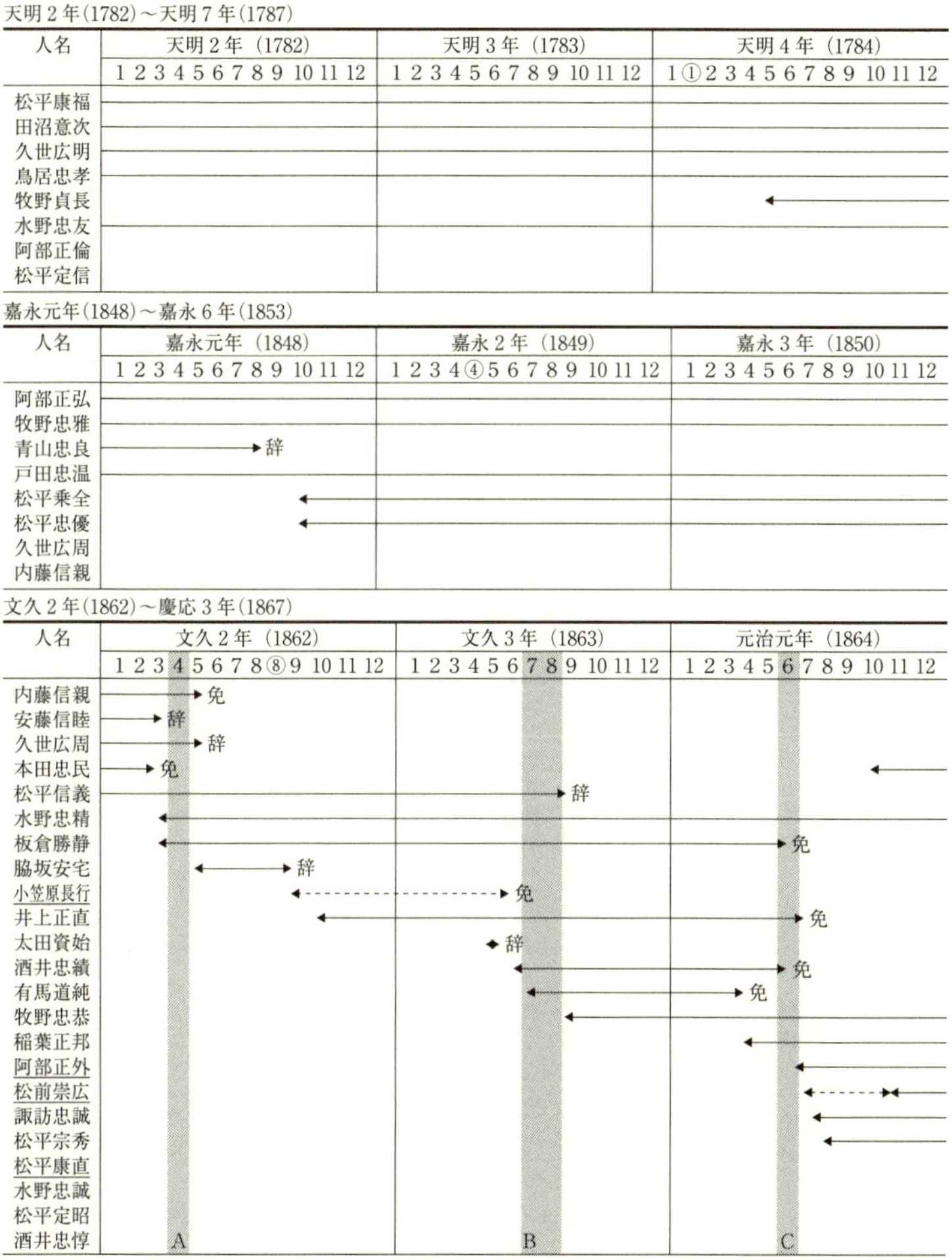

A：久世・安藤政権の崩壊から島津久光率兵上京を契機とする幕政刷新の時期　B：小笠
波山挙兵への対応をめぐる内訌）の時期　D：将軍進発（長州再征）の是非をめぐる軋轢
による混乱の時期

※『柳営補任』（東京大学出版会，一九九七年復刻），『幕末明治重職補任』（東京大学出版会，
　格や大老などの老中に類する役職を表す．人名下の下線は世子や直参旗本，外様大名

おける，幕閣の江戸城への登城状況

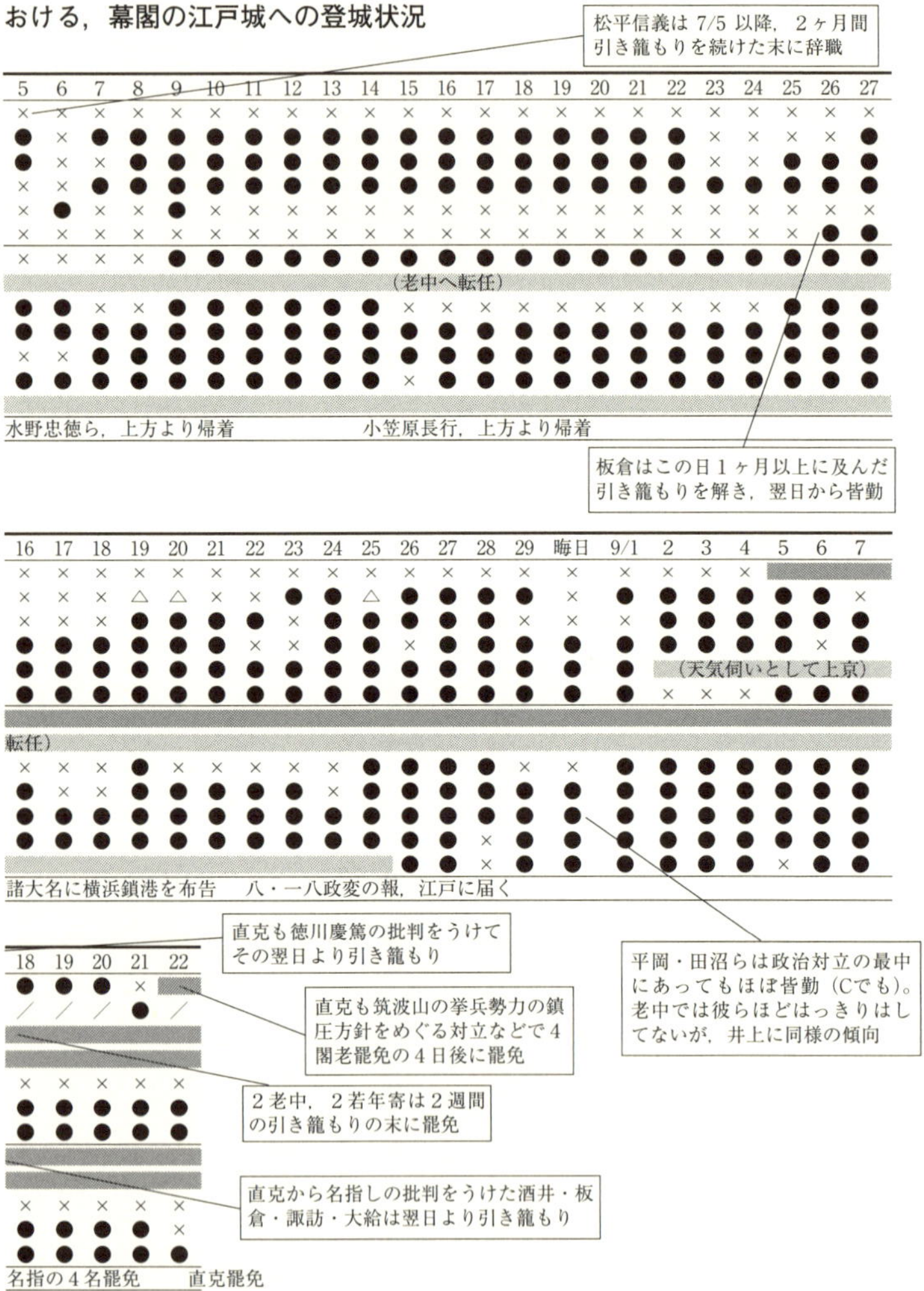

料稿本」，東京大学史料編纂所蔵），『杉浦梅譚目付日記』，『木村摂津守喜毅日記』（塙書房，

どにより江戸城での政務についていない状態，濃い塗り潰しは辞職ないしは罷免を，／

表2　文久3年6～9月（表1のB），および元治元年5～6月（表1のC）に

B：文久3年6～9月

役職	人名	6/16	17	18	19	20	21	22	23	24	25	26	27	28	29	7/1	2	3	4
老中	松平忠義	●	●	●	●	●	●	●	●	●	●	●	●	●	●	●	●	●	●
〃	水野忠精	●	●	×	●	●	●	●	●	●	●	×	×	●	●	●	●	●	●
〃	有馬道純	（若年寄在職）																	
〃	井上正直	●	●	●	●	●	●	●	●	●	●	●	●	×	×	●	×	●	×
〃	酒井忠績			●	×	×	×	×	×	●	●	●	●	●	●	●	●	●	●
〃	板倉勝静	●	×	×	×	×	×	×	×	×	×	×	×	×	×	×	×	×	×
若年寄	酒井忠毗	（上方へ出張）																	×
〃	有馬道純	●	●	●	●	●	×	●	●	●	●	●	●	●	●	●	●	●	●
〃	諏訪忠誠	●	●	●	●	●	●	●	●	●	●	●	●	●	●	●	×	×	×
〃	稲葉正巳	●	●	●	●	●	●	●	●	●	●	●	●	×	●	●	●	●	●
〃	平岡道弘	●	●	●	●	●	●	●	●	●	●	●	●	●	●	●	●	●	●
〃	田沼意尊	（上方へ出張）																●	●
〃	大給乗謨																		
備考（日時は既述左端）		将軍一行，上方より帰着														小笠原率兵上京参加の			

板倉は帰府翌日より辞職願を出して引き籠もり

松平・水野・有馬，諏訪・稲葉らは，7月末の人事異動から横浜鎖港令の布告までの間ほとんど登城せず

続き

役職	人名	28	29	晦日	8/1	2	3	4	5	6	7	8	9	10	11	12	13	14	15
老中	松平忠義	×	×	×	×	×	×	×	×	×	×	×	×	×	×	×	×	×	×
〃	水野忠精	×	×	×	×	×	×	×	×	×	×	×	×	×	×	×	△	△	×
〃	有馬道純	●	×	×	×	×	×	×	×	×	×	×	×	×	×	×	●	●	●
〃	井上正直	●	●	●	●	×	×	●	●	×	×	●	×	×	●	●	●	●	×
〃	酒井忠績	×	×	×	●	●	●	●	●	●	×	×	×	×	●	●	●	●	●
〃	板倉勝静	●	●	●	●	●	●	●	●	●	●	●	●	●	●	●	●	●	●
若年寄	酒井忠毗																		
〃	有馬道純																		（老中へ
〃	諏訪忠誠	●	×	×	×	×	×	×	×	×	×	×	×	×	×	×	×	×	×
〃	稲葉正巳	●	×	●	×	×	×	×	×	×	×	×	×	×	×	×	△	●	●
〃	平岡道弘	●	●	●	●	●	●	●	●	●	●	●	●	●	●	●	●	●	●
〃	田沼意尊	●	●	●	●	●	●	●	●	●	●	●	●	●	●	●	●	●	●
〃	大給乗謨																		
備考（日時は既述左端）		この日より8/2ごろまで大規模な人事異動														徳川家茂，在府			

C：元治元年5～6月（※徳川慶篤は「元治国是」〈元1/4〉の際，松平直克と一緒に横浜鎖港の責任者に任命）

役職・地位	人名	5/30	6/1	2	3	4	5	6	7	8	9	10	11	12	13	14	15	16	17
政事総裁職	松平直克	●	●	●	●	●	×	×	×	×	×	×	×	×	×	×	×	×	×
水戸藩主	徳川慶篤	／	●	／	×	●	●	●	／	●	／	●	／	／	／	●	／	／	／
老中	酒井忠績	●	●	●	●	×	×	×	×	×	×	×	×	×	×	×	×	×	×
〃	板倉勝静	●	●	●	●	×	×	×	×	×	×	×	×	×	●	×	×	×	×
〃	水野忠精	（上方へ出張）												×	●	●	×	●	●
〃	牧野忠恭	×	×	×	×	×	×	×	×	●	●	●	●	●	●	●	×	●	●
〃	井上正直	●	●	●	●	●	●	×	△	●	●	●	△	●	●	●	●	●	●
若年寄	諏訪忠誠	●	●	●	●	×	×	×	×	×	×	×	×	×	●	×	×	×	×
〃	大給乗謨	●	●	●	×	×	×	×	×	×	×	×	×	×	×	×	×	×	×
〃	立花種恭	●	●	●	●	●	●	●	●	●	×	×	×	×	×	×	●	●	●
〃	平岡道弘	●	●	●	●	●	●	●	●	●	●	●	●	●	●	●	●	●	●
〃	田沼意尊	●	●	●	●	●	●	●	●	●	●	●	●	●	●	●	●	●	●
備考（日時は既述左端）		松平直克，酒井・板倉・諏訪・大給らの罷免を要求																	

※『水野忠精幕末老中日記』（ゆまに書房，一九九九年），「幕府沙汰書」（「大日本維新史
一九七七年），『藤岡屋日記』などより作成．

※●は登城，×は登城せず（引き籠もり），△は途中より登城，塗り潰しは不在・非職な
は不明を示す．

※江戸近辺で別途業務に従事している場合は登城扱いにした．

れたパンドラの箱が新たな過渡期の政治文化を作り出した結果、A～Eのような事態を生むに至ったのである。

ただし、恣意的な人事や引き籠もりが常に実行者の利益につながったわけではないことは注意しておきたい。二老中の罷免は開国派（と目された勢力）の追放であったが、阿部に西洋列強と戦争する覚悟はなく、対外方針は漂流の度合いを強め、逆に打ち払い策や攘夷の「大号令」に即した方針の行き詰まりが露呈した。事前にどれだけ目算を立てても、人事の断行や引き籠もりは究極的にはやってみなければ成功するかわからない賭けであり、一種の〈跳躍〉であった。折々の状況により、仕掛けた側が政治目的を実現するかそれとも逆に権力と権威を失うか、どちらにも転ぶ可能性があったのである。

このような政治対立の先鋭化の第二の画期として象徴的なのが、表1Aの時期の若年寄稲葉正巳の発言である。「如此《かくのごとく》、事の決着せぬも、我輩の如き不肖者のみ集り居る故也《ゆえなり》、吾人各分を知り、賢路を避て職すべし」と述べたのを機に、嘉永六年（一八五三）から九年近くにわたって老中を務めてきた内藤信親が引き籠もり、失職するに至っている（「小笠原長行手記」、維新史料引継本Ⅱほ427-14、文久二年五月条）。Aの時期にあたる文久二年夏は、薩摩の島津久光が前年の当主の参勤義務を果たさぬままに独断で率兵上京するという大事件の直後のタイミングにあたり、勢いにのり勅使をたてて幕政への介入を進める久光に対し、江戸ではどう対応するかで議論が続いていた。ちょうど文久改革の前夜にあたる局面で、この年正月に坂下門外の変で負傷して失脚した安藤信正が進めてきた井伊直弼以来の路線が、新たな情勢のもと曲がり角を迎えたタイミングでもあった。内藤は安政二年の二老中の罷免時には、内心はどうあれ閣内でこの決定を承認した一人であったが、このような状況下で稲葉から「決着」しない政治の弊害を聞かされ、職を退いたのである。表1に明らかなように、この後になるといよいよ大規模な人事異動が一定の周期でくり返されるようになり、近世の合議制は政治情勢の露骨な影響下で明らかに変質し始める。

Bの時期になると、閣内対立はより激しさを増し、当時の桑名藩士の記録には、横浜鎖港の実現に向けて朝廷から「御一和御協力」を期待されながら、現実には「引込」の応酬によって「其都度《つど》〱《つど》右御舘《おやかた》え閣老方被為入《はいらせられ》御談論」という有様であった政権の現状が赤裸々に記されている（「桑名藩　森弥一左衛門見聞雑記」）。興味深いのは、Dの時期に老中が連名で作成した将軍の近況報告で、当時政治対立から引き籠もっていた諏訪《すわ》忠誠《ただまさ》と牧野忠恭《ただゆき》が連署していない理由を「備前守・因幡守事、病気付不能連名《につきれんめいあたわず》」としていることである（慶応元年四月一五日付松平康直・松前崇広・阿部正外・本荘宗秀・本多忠民連名書簡「公方様御機嫌能被成御座候段相達候一札」国立公文書館蔵、22477）。これは、東照宮二五〇回忌で日光に出張中の老中水野忠精に送られたもので、結局諏訪と牧野は四日後に老中を辞職している。あまり知られてないのだが、老中というのは通称で正式には「加判の列」または「奉書連判」といった。行政文書に全員で連判するのが職務の本質だったのであり、その原則ゆえ、対立状況下でも加判の回避はあくまで病気名目とされなければならなかったのである。この病気名目での連判からの除外も、引き籠もり状況下で頻繁に見られた当該期特有の現象である。

このように、閣内の路線対立が先鋭化してのっぴきならない状態に陥った時、対立両派が引き籠もりをくり返し、敗者が排斥されることで、幕閣は「全会一致」の建前を辛くも維持しながら、度重なる〈決断〉の要請に対応していた。失職・方針転換・意見の実現など、帰結は様々ながら、当時の引き籠もりは、政治対立を可視化してその決着を図る、過渡的な政治文化として機能していたのである。

しかし、こうした引き籠もりの応酬は、国政における行政担当者の不在を意味し、統治自体の機能不全を招来しかねない。しかも表1からもわかるように、政変は収まるどころか、むしろその周期を短くしつつあった。Cの時期になると、対立の位相はますます先鋭化し、わずか三週間ほどのあいだに幕閣五名が相次いで引き籠もり、最終的に全員が罷免されるという事態が生じている（表2C）。

Dの時期に至っては、引き籠もりは明らかに政治的な示威行動として一日単位でくり返されるようになっており、また勝敗の決着後も幕閣は再融和せず、敗れた側が政権から露骨に放逐される有り様となっている（慶応元年四月二七日付薩摩藩士柴山良助探索書『玉里島津家史料』四。これは、Bの時期ではまだ半数以上が政変後も政権内に留任しているのとは対照的である）。これはもはや合議政治が正常に機能している状態ではない。Bの時期に江戸市中に表れた張り紙では、幕臣が引き籠もりと黜陟《ちゅっちょく》をくり返すさまが「近来の御振合は、芙蓉之間《ふようのま》御役人始め、百日に充《みた》ず転役」「当時六人の閣老衆、一日として御打揃《おうちそろい》、御出勤被成候《なられそうろう》事無之《ことこれなく》、全《まったく》御忠誠の仁無之故《じんこれなきゆえ》と奉存候《ぞんじたてまつり》、仮令《たとい》御実病にもせよ、可成丈《なるべくだけ》、押《おし》候ても御精勤無之《これなく》ては不相成《あいならず》」と批判されていた（『藤岡屋日記』一一）。すでに市井でも、度をこした任免のくり返しや引き籠りの応酬は異常事態と見られていたことがわかる。

以上、A～Eの流れをみると、時間の推移につれて政変のスパンは短く、程度は激しさを増している。引き籠もりの応酬が過渡的な政治文化となり、全会一致原則と決断を伴う政治決定を辛うじて両立させていたとはいえ、以後も政変がくり返され、老中在職者が一向に安定しなかったように、この時期近世の老中制度は事実上の破綻状態にあったといえるだろう。老中制の弾力的運用は限界に達していたのであり、〈決断〉の創出は、抜本的に別の回路からアプローチされる必要が生じたのである。

(2) 集約の試みと挫折――政事総裁職の設置とその推移――

(a) 外様(国持)大名の起用案　近世合議政治の弾力的運用が限界をみせるなか、集約実現のために幕閣が試みたのが頂点権力の創出である。老中の上位権力を新たに作る動きは、安政期から存在した。将軍継嗣問題の最中の越前松平家臣橋本左内の書簡には、「我公・水老公・薩公位《くらい》を国内事務宰相の専権にして、肥前公を外国事務宰相の専権にし(中略)尾張・因州を京師の守護に、其差し添えに彦根・戸田位、蝦夷へは伊達遠州・土州侯位相遣《あいつか》わし」などと、大諸侯を内政・外交の選任部局に割り当てる構想がみられる(安政四年一一月二八日付村田氏寿宛書簡『橋本景岳全集』二)。また、文久二年の勅問では「環海の武備」の整備を掲げて、豊臣政権の故事に倣った五大老(薩摩島津・長州毛利・土佐山内・仙台伊達・加賀前田)の設置が模索された(「長谷家記」『孝明天皇紀』三、平安神宮、一九六七年)。この時期の唐津藩世子小笠原長行の記録には、「薩藩計策は、京師え迫り、当将軍家は其《そ》の侭《まま》にて外《ほか》に四将軍を立て、五方に分かち候様願い立て、自ら九州の将軍と成る積《つも》りの由《よし》」と記されている(「小笠原長行手記」)。

これらは、諸外国に対峙するための、既存の秩序を打ち破る政治参加・人材登用の制度化案といえる。ただ注意すべきは、かかる動きが西南雄藩偏重の傾向をもっていたことである。顕著なのが橋本左内の挙げている諸侯で(越前・水戸・薩摩・肥前・尾張・鳥取・彦根・大垣・宇和島・土佐)、「日本国中を一家と見候」と言っているにも拘わらず、水戸を除けば東国大名が全く含まれていない。

(b)政事総裁職に対する新たな意義付け、活用構想　では、幕閣は左内らの発想をどう受けとめたのか。政権側の史料をみると、彼らが有力大名の動向に気を配りながらも、西南雄藩に強い警戒心を抱いていたことがわかる。そこでかかる状況下の行動として注目したいのが、大老・政事総裁職の設置である。特に政事総裁職は、文久二年に新設されたもので、当初は将軍継嗣問題における旧一橋派と朝廷の強い影響下に生み出された職であった。

一般にはそもそも知られていないか、松平慶永を入閣させるための役職だったというイメージが強い政事総裁職だが、実は江戸幕閣はその定着を図っていた。興味深いことに、彼らは慶永の後にもこのポストを他の大名に複数回にわたり打診しており、常設職として維持するつもりであった（表3）。まず何より注目されるのは、外様国持大名に声をかけていることである。江戸幕閣は、特に元治元年以降は在京勢力への離心力を強め、時代錯誤で内向きの反動政策に没頭したとみなされることがこれまでは多かった。しかし、これは老中の上位権力に譜代大名外から人材を供給しようとする発想であり、その意味では単なる保守・反動政策とはいえない可能性をもつものであったと評価できる。

むしろ注目すべきは、上杉斉憲《なりのり》（米沢）、前田斉泰《なりやす》（あるいは慶寧《よしやす》、加賀）、伊達慶邦《よしくに》（仙台）など、東国の名門ないしは大大名が選ばれている点である。たとえば、加賀藩主への打診が行われた文久三年六月は、将軍が京都から帰府した直後であったが、この時同時に、東北・北陸の十数家もの大名に江戸参府が命じられている。西国の破約攘夷論に翻弄され、散々な結果に終わった上洛経験に鑑み、東日本の大名の支持を集めて巻き返しを図ったのである。また、この時譜代名門の姫路藩主酒井忠績にも老中上座が打診され、酒井はこれを受諾した（「御用方手留附録　五六」、金沢市立玉川図書館蔵）。

表3　大老・政事総裁職の就任（打診）状況

役職	人物	期間	備考
大老	井伊直弼（彦根，譜代）	安政5/4～万延1/3	
〃	松平慶永（越前，家門）	―（安政5/6）	打診者は徳川斉昭
政事総裁職	松平慶永（越前，家門）	文久2/7～文久3/3	
〃	前田斉康（加賀，外様）	―（文久3/6）	打診者は松平信義・水野忠精
〃	松平直克（川越，家門）	文久3/10～元治1/6	
〃	上杉斉憲（米沢，外様）	―（元治1/7）	打診者は徳川慶篤・水野忠精
〃	伊達慶邦（仙台，外様）	―（元治1/7）	打診者は徳川慶篤（・水野忠精）
〃	松平直克（川越，家門）	―（元治1/7カ）	
大老	酒井忠績（姫路，譜代）	元治2/2～慶応1/11	あわせて一族の重用が進行

※『幕末明治重職補任』，『史料　公用方秘録』，「御用方手留附録　五六」（金沢市立玉川図書館 1640－4－90），『上杉家御年譜　一七　斉憲公　3』，『大日本古文書　家分け三　伊達家九』などによる．
※網掛けは未遂（未就任）を意味する。期間の表記は，たとえば安政5年4月は安政5/4のように記した．期間欄の（　）は打診された時期を示す．

こうしてみると、長らく西南雄藩の国政介入要求に晒されてきた江戸幕閣が、譜代勢力と東国大名の提携を構想していたことがわかる。その点で、これらの試みは西南雄藩への対抗策という側面を持ちながらも、譜代・外様といった差異にこだわらない、「国力」の結集が図られたものであった。

任命・打診は全て江戸で行われたが、発令元では老中水野忠精の名前が目立つ。松平直克の総裁職就任時には、「今度の総裁職は泉州(水野忠精)の秘策にて、板(板倉勝静)は不知事《しらざること》の由、後見を止《とめ》る地を為《な》せし也とぞ、全夫迄《まったくそれまで》の総裁也」と噂されており（「小笠原長行日記」）、この人事が独立傾向をみせる一橋慶喜への対抗措置として、水野忠精主導で実現したことを示唆する。後に直克はむしろ慶喜と連携して他の幕閣と対立するのだが、少なくとも任命時点では、政事総裁職は当初の一橋派・朝廷といった色を取り払い、新たな意図にもとづく役職として再定義されつつあったのである。当時市井で「こしらいてどふする　総裁職　所々番小屋」といわれた（「時勢悪評」『官武通紀』二）ことは、二代目以降の総裁職が初代松平慶永の、文久改革の一環としてのそれとは質的に異なるものであったことを、象徴的に表しているといえよう。

しかし、未遂という事実からもわかるように、結果として外様の名門もしくは大大名の政事総裁職就任は実現しなかった。では、打診を受けた側では、いかなる事情と論理によってこれらの申し出を断ったのか。米沢・仙台・加賀を例に内実をみてみよう。

まず、元治元年（一八六四）七月に総裁職の打診をうけた米沢藩・上杉斉憲の動向を時系列に確認してみると、表1網掛け部分Cの「六月政変」の際に、多くの閣老が引き籠もるなか、登城したところ「御相談」をうけ、上州・野州の治安維持のための滞府を命ぜられた。そして、江戸警衛で報奨され、城周りの警衛を託された後、「去十九日御登城被遊《あそばされ》候節は、専《もっぱ》ら総裁職御請《おう》けの儀御談判在らせられ」と、七月一九日以降、二度にわたって水野忠精らから総裁職を打診されている（元治元年七月二二日付国許家老宛米沢藩在府家老色部長門書簡『上杉家御年譜　一七　斉憲公　3』米沢温故会、一九八三年）。幕閣としては、事前に斉憲の江戸滞在・登城を推奨し、その対応を注視した上での打診であったことがわかる。水野らは上杉家の家格・将軍家茂の意向、米沢側から出されるであろう負担忌避の訴えに対する予防線など、言辞を尽くして要請をくり返しているが、米沢側は「外様の家柄」「過分の大命」であることなどを楯に、要請を固辞している。

また、この時同時に仙台藩にも打診がなされている。幕閣サイドでは、この時水野忠精らと協力関係にあった水戸の徳川慶篤《よしあつ》が「上杉にて御請けも致不申《いたしもうさず》候はば、貴君え直《じか》に被仰出《おおせいだされ》候様、公辺《こうへん》（徳川政権）え拙子より相願い申し度含《たきふくみ》」と伊達慶邦に語っているように、上杉に断られた場合のある種の保険として仙台藩・伊達慶邦を位置づけていた（元治元年七月一九日付伊達慶邦宛徳川慶篤書簡『大日本古文書　家わけ三　伊達家文書九』東京帝国大学、一九一四年。ここで慶篤が出てくるのは、当時伊達慶邦が慶篤の妹を娶《めと》って、両者が縁戚関係にあったためと考えられる）。彼らがこの時期、在京勢力から寄せられる松平直克の総裁職復帰要請を頑として突っぱねていた（「六月政変」で直克が過激な鎖港論を展開して他の幕閣と対立したため）ことも考え合わせると、水野らは、それなりに体系的で一貫した計画のもとに総裁職の後任を選んでいたといえる。

ところが、結果として、打診をうけた大名家の側は国政参加に消極的で、江戸幕閣の東国大名糾合は実現しなかった。では、受け手側はなぜ総裁職就任を拒否したのか。まず指摘できるのが、朝廷の権威上昇と公武の離間が進むなかでの、攘夷奉承の勅命との間での板挟みであり、自らが東西対立を背負わされることへの警戒感である。この点はこれまでにも「日和見」などとして、東国大名の傾向を論じる際に指摘されてきた。

しかし、史料をより深く読み込んでいくと、拒否の理由がそれだけではないことがわかる。伊達慶邦は慶篤に対する返答で次のように述べている。すなわち、「領国は数十里の海岸」「蝦夷地の御守衛も被仰付置《おおせつけおかれ》」ているので、「右にて十分の任」であり、「不肖の身」には「身に余り居《おり》候」なのだと（元治元年七月二九日付徳川慶篤宛伊達慶邦書簡『大日本古文書　家わけ三　伊達家文書九』）。ここで言われているのは、一九世紀以降、領国経営（海岸防備）や軍役などの負担が増大するなかで、それと重複するかたちでの先例のない外様身分での国政参与は、立場の上からも不適切だという訴えである。加賀藩のケースでも、「自国の政事方も不行届《ゆきとどかず》」「元来生質不肖」「部屋済《へやずみ》に罷在《まかりあり》」（これは世子であった前田慶寧に関して）などを理由に、外様大名としての自らの立場が要求された「役義」「国事」「天下の執政」に相応しくないとの意識がみてとれる（文久三年六月二六日頃、老中宛前田斉康書簡草稿「御用方手留記録　五六」）。

これらは、決して「日和見」的心性にもとづいた、あるいは徳川家を嫌ってそれへの協力を拒むためにした、単なる言い訳でしかなかったとは片付けられない。なぜなら、米沢藩の事例からもわかるように、彼らは必ずしも軍役そのものを拒否していたわけではないからである。東国大名全体でみても、長州戦争の時の西国大名とは異なり、北関東で発生した天狗党の乱における出兵率は決して低くはなかった。また加賀藩は、王政復古政変の後には徳川家支援のために出兵しており、仙台藩と米沢藩は戊辰戦争で奥羽越列藩同盟の核となるなど、彼らは政治路線として反徳川を標榜していたわけでもない。

その点で注目すべきは、大名家の側が「海岸御守衛」や「京都御警衛」などの軍役に類する業務と、徳川政権の「役義」への従事を明確に分けて捉えていることである。たとえば文久三年六月に江戸で藩主招集の意図を探っていた加賀藩士（聞番《ききばん》）は、「御用柄の御模様、尤《もっと》も京都御警衛、或いは海岸御守衛抔《など》の御用筋には無之、何れ御政事向《むき》に付ての御用筋の様に被申《もうされ》」と報じている（二三日付藩庁宛報告書「御用方手留記録　五六」）。こうした軍役の受諾と「役義」への拒否感は、自身の「持分」に合致するか否かの判断から生まれたものだろう。近世社会のバランス調整原理と全会一致原則は、対外問題のような国家を左右する命題が発生した際に、その舵取りが一部の譜代大名に独占されることへの広範な反発を生みだし、幕末政局の根本的な原動力となった。しかし他方で、彼らの権利意識の内容は均一ではなく、「持分」という形で分有状態をとっていたがゆえに、唐突な国政への参与要請に対しては、戸惑いと拒否感をも惹起したのである。東国大名以外では、他の西南雄藩とは一線を画していた佐賀藩でも、中央政局に高い関心を持ち続ける一方で、独断での京都手入れや徳川政権の頭越しの行動を回避する傾向が確認できる（伊藤昭弘「文久三年の佐賀藩」『研究紀要』一一、二〇〇八年）。

以上をまとめると、国持大名の力が求められながらも西南雄藩が独自の動きを強めるなか、江戸幕閣は水野忠精を中心として、東国の有力大名に対して、江戸滞在や国政参加を断続的に要請した。その際焦点となったのが政事総裁職で、幕閣はこの文久改革の「遺産」を掘り起こし、自らの目的に合わせてリニューアルすることで、東国大名の糾合と頂点権力の創出を実現しようとしたのである。

しかし、東国大名は結果的にこれを固辞した。その背景には、「持分」に含まれる軍役動員には応じるが、全くの未知の領域となる「役義」は範疇外、つまり責任を伴う国政の重要ポストへの奉職には応じかねるという、近世の「持分」政治がもたらした意識の溝が存在した。政局判断もあったにせよ、本質的にはこうした構造的理由から、江戸幕閣の目論見は実現の手前で大きな壁に突き当たったのである。

(3) 六局制の施行と慶喜政権

慶応元年（一八六五）一〇月の条約勅許までの過程で、江戸幕閣は近世以来の強固な合議（談合）システムを国家意思の効率的な決定が可能な形態へ移行させようと、試行錯誤と苦闘をくり広げた。それは引き籠もりの日常化というかたちで既存の合議制を換骨奪胎した自然発生的なものと、政事総裁職の新設とそのポストを軸とした東国大名の糾合という自覚的な頂点権力創出の試みとを、いわば車の両輪に展開したが、何れも壁に突き当たり限界を露呈した。注意すべきは、これらがうまくいかなった要因にはもちろん西南雄藩との対立の影響もあったにせよ、それと同じぐらい、そもそも列島地域における近世の意思決定システム自体が、西洋型近代国家としての迅速な統一意思策定とは根本的に相性が悪かったということである。これまで触れていない点でいえば、老中の勤務形態もこの点を象徴的に表していた。老中は引き籠もりのように江戸城に登城しない日もあるが、政治課題が山積した時には逆に何日も徹夜して城中に詰めきりの状態にもなった。西洋近代のように一週間の概念も日曜日の概念もないなかで、不得手な〈決断〉に辿りつくまで過労状態で休みなしに勤務し続けるケースが、ままあったのである。

調整型政治家として力を発揮した阿部正弘は、安政四年（一八五七）に三九歳の若さで病死したが、これは事実上の過労死であったとも言われる。また生麦事件の処理過程では、徹夜続きで疲労困憊した幕臣が朦朧とした状態で江戸城の堀端を歩いていたという話もある。台慮（将軍の意志）という人格〈個性〉的要素以外に〈決断〉の回路をもたず、全会一致に至るまで熟談を続ける合議文化が、期限を区切った国家意思の集約を不断に迫られたことで、矛盾のしわ寄せが現場に集中し、関係者の疲弊を慢性化させたのである。前章で軌跡を追った「条約派」の行動には旗本の独断などかなり強引な手法もみられたが、それは一面では、迅速な〈決断〉を求められながらも、時間をかけた一致原則と分有化された強固な「持分」意識を核とした近世型の意思決定システムが抱えた、構造的困難を乗り越えるためでもあったのである。

それでは、かかる状況下で、集約にむけた徳川政権の試みはどのように推移していったのか。以下では慶応二年（一八六六）以降の状況をみることで、慶喜政権から維新後に至る展望を示してみよう。慶応二年以降この問題に影響をおよぼしたのは、フランス公使ロッシュを通して政権内に情報が流入・集積された、西洋型の政治制度であった。慶応三年初頭のロッシュと徳川慶喜の会談では、「六局の会議」に関する提案（六局制構想）が話し合われた（「平山敬忠日記」三、慶応三年二月六日条、東京大学史料編纂所蔵）。これは、現職の老中が一人ずつ「陸軍」「海軍」「外国事務」「会計」「全国部内」「曲直裁断」を担当し、その他に「裁判役」「首長」を担う「総裁」を設けることで、合計七名で国政を執り行うというものである。第一のポイントは、老中を実権の伴う責任主体たる閣僚へと脱皮させようとした点で、「其局全権」とあるように、責任を明確にした上で、各々が各専門部局の長として位置づけられている。第二のポイントは、「六人なれば三人ずつ分かれ、論決せず、総裁これを判断すれば四人となる、その方に決し申し候」といわれたように、閣老の定員を意図的に奇数にすることで、いまだ原初的・抽象的なものではあったにせよ、多数決の契機が導入された点である。改革に際して、老中同士の意見対立が引き籠もりの応酬と幕政のマヒを何度も招いた、慶応元年までの苦い経験が念頭にあったのは間違いない。

これまでこの時の慶喜とロッシュの懇談は、フランスの対日支援（幕政介入）とその影響下での「買弁的」な「徳川絶対主義」立ち上げの試みの一環としてとらえられることが多かった。しかし、ここまで見てきたことを踏まえれば、これは実際には、権力の集約、〈決断〉の制度化という、幕末政局を通して立ち上がってきたより根源的な政治課題に対応した議論でもあった。前節で確認した通り、この時点で政事総裁職という頂点権力設置の試みはすでに頓挫している。表3にあるように、幕閣はやむを得ず譜代名門で老中経験者の酒井忠績を大老に据えて、その権力を強化することで対処していたが（「小笠原長行手記」元治元年八月一〇日条など。嫡子を始め一族を積極的に登用し、席次等の面で優遇する政策が進められた）、その酒井も条約勅許をめぐる政変（表1E）の余波で罷免されていた。ロッシュ提案は、頂点権力不在のなか、西洋の官僚制的発想を参考に課題の解決を図ったものといえる。

ただし、政事総裁職という回路は閉ざされたとはいえ、非譜代系勢力の糾合は依然喫緊の課題であった。その点で注目されるのが、江戸を中心にした大名諮問の制度化である。慶応二年中の大小目付向けの布告によれば、参勤交代で江戸にいる大名に対して、「政務筋の理非得失」を述べさせ、国持大名の課題である「国郡政治」「海陸備禦」についても共通の場で問題化し、「互に談合」すべきことが命じられていた（「平山敬忠日記」二）。

面白いのは、従来は大大名の力を削ぎ〈自己完結の世界〉で力のバランス調整を図るために機能してきた歴史をもち、それゆえに文久改革で事実上廃止された参勤交代制を、政治意志の集約装置として再利用しようとしていることである。つまりこれは、参勤交代制の「遺制」を用いた江戸を中心とする「公議」実現の試みといえるものであった。翌年の慶喜とロッシュの会談でも、この点はより端的に示されており、「諸侯を組合《くみあわせ》参府、政事を議せしむる様被遊《ようあそばされ》」とある。そして、その具体的な構成や展開については、「諸侯の内、三分の一ずつ、政事評議のため始終交代在府」とされた（同前）。

この時期には、加藤弘之や津田真道・赤松小三郎・福沢諭吉・大鳥圭介など、主に蕃書調所等の研究教育機関を経由した若い世代の幕臣層、また閣老層でも老中の稲葉正邦や大給乗謨《おぎゅうのりかた》などを核として、江戸を中心に議会制・立憲政体に対する理解は急速に広まりつつあった（奥田晴樹『立憲政体成立史の研究』岩田書院、二〇〇四年）。雄藩や志士とは異なり、主権国家化の要請をより強くうけた徳川政権では、文久～慶応期にかけて旧来の調整・合議重視の政治システムが機能不全に陥るなかで、効率的な決定を担うことができる代表権力の創出とその正当化を志向して、政事総裁職設置の試みの挫折後も、西洋の官僚制の発想を積極的に取り入れるかたちで試行錯誤をくり返していたのである。

　これは、近世の公儀権力の主権者化（日本政府化）の試みであり、集約へのこだわりといえる。注目すべきは、彼らの議論の多くには天皇の位置づけがあまり見られない点である。この点に関しては、恐らくは神聖ローマ皇帝権威を介することなしに急成長を遂げていた、当該期のプロイセンなどの例が参照されたようである。慶応期に外国総奉行などを歴任した平山敬忠《よしただ》は、外部に向けて国家のかたちを人一倍意識する立場にあったが、彼の日記の慶応三年一二月条からは、「孛漏生《プロイセン》近頃強盛、陸軍は欧州にても屈指の由、何等の法を以て進歩せしや」などと、この時期幕臣がしきりにプロイセンの政体に興味をもち、しきりに外国公使らに訊ねている様子がみてとれる（「平山敬忠日記」三）。

　岩倉使節団の際のビスマルク演説や、欽定憲法の制定過程など、国政史の文脈では近代日本とドイツの類似が説かれることが多い。しかし、近世から連続して国家意思決定の仕組みの検討を重ねてきた筆者の観点からいえば、意外かもしれないが、徳川政権の改革派による国家構想の方がプロイセンのそれと似ており、「維新の変革主体」（＝「倒幕派」）の意識に通底していたものの考え方は、むしろ当該期のオーストリア帝国の国家観に近いように感じる。それはいわゆる大ドイツ主義と小ドイツ主義の違いである。ドイツがその国家統一（実現は一八七一年で、日本と三年しか変わらない）の過程において、旧神聖ローマ帝国の範囲をすべてふくむ（したがって多民族的でもある）オーストリア主導の大ドイツ主義と、その旧領域の分裂・削減（オーストリアの排除を意味する）も厭わないプロイセン主導の小ドイツ主義の両方を生みだし、普墺戦争という武力衝突をへて後者の発想に沿って国家統一が果たされたことはよく知られている。別の言い方をすれば、プロイセンは伝統的に想像されてきた帝国の枠組みを解体するかたちで、普遍的権威（神聖ローマ皇帝権威）も解体して自ら新たに国家領域を確定し、その主人になった。しかも、フランスを始め、陸続きの強国に四方を囲まれた状態においてである。

オーストリアは弱くプロイセンは強大で、しかも日本は当時厳しい「半植民地化の危機」にあったというのは、容易に想像できる反論である。しかし、かかる言説はすでに歴史の結果を知る者が後付けの理屈と近代以降に皮膚感覚にまで内面化された後天的〈常識〉を機械的に当てはめた側面が強く、後者に関してはそもそも事実自体が今では相当に怪しいとされていることは、すでに本書の序章でかなり丁寧に述べた。重要なのは、客観的な国際環境において当時の日本よりも安全であったなどとはとてもいえないドイツで、旧領域の分裂と強大とはいえ一地方国家による専断をタブー視しない（むしろ両者に則った）統一が、プロイセンによって現実になされたという事実であり、その動きを幕臣は少なくとも情報としては十分に知っていただろうということである。天皇権威を露骨に否定した「条約派」に限らず、徳川政権がこれへの依拠抜きに新たな近代国家像をえがく〈未発の可能性〉は確かにあった。政権を統合して〈決断〉を下す、当主にその世界観への理解と継続的な意志があれば。

しかし、結果的に、これらの構想も十分に実を結ぶことはなかった。慶応二年末に将軍に就いた徳川慶喜が、親政といってよいほどの強力な指導力を発揮する反面で、皇族との婚姻や摂政・関白、内大臣の兼任を試みるなど、自らと朝廷との融合を推し進め、「畿内政権」への志向を露わにしたからである（宮地正人「明治維新の論じ方」『駒沢大学史学論集』第三〇号、二〇〇〇年）。これは一面では君主権強化と分権状況の是正の試みであったが、これまでの経緯にみたように、慶喜はむしろ在京勢力として江戸幕閣とは離心力をもって接してきた間柄であった。また、慶喜は肝心の天皇との関係では、ほとんどこれに寄生した政治家であった。彼の政治行動はしばしば強引であったが、その強引さはついに最後まで天皇権威の根幹には切り込まず、むしろ自身の所属組織（徳川政権）の合議回路に対する軽視が目立った。彼は在職中、一度も畿内を離れず、政治力を縦横無尽に駆使する反面で、その独断専行は政権外のみならず政権内にもおよび（大政奉還は江戸の閣老には届け捨てのかたちで決行された）、周囲の広範な反発を招いた。さらにいえば、慶喜政権で重きをなして前述のロッシュ構想における「総裁」を託されたのは、「誠心」理念のせいで〈決断〉をもっとも不得手にしていたあの板倉勝静であった。これではいくら制度の外郭が整えられても、担い手の面で現実に〈決断〉の定着は覚束ない。慶喜政権の発足により、江戸を核とした衆議再編・集約化の試みは、事実上未完に終わったのである。

(4) 小笠原長行の個性と多数決理念

困難ばかり強調してきたが、慶応期徳川政権の「公議」制度化の試みに歴史的意義が全くなかったわけではない。前節でみたように、慶応三年には西洋由来のものとはいえ、幕閣構成に多数決のエッセンスが注入されようとしたが、この時期板倉とならんで慶喜政権の両輪を担っていた小笠原長行は、以前よりこの問題に積極的に取り組んできた人物であった。本項では彼の歩みから、衆議と〈決断〉の問題が徳川政権内でいかに検討され、多数決概念に関わったのか概観してみよう（以下、奈良勝司「小笠原長行と「公議」」『立命館大学人文科学研究所紀要』第一〇五号、二〇一五年による）。

長行は唐津《からつ》小笠原家当主の長男に生まれるも、家の事情で一度廃嫡された後、安政四年に三六歳で当時の当主の世子に返り咲いていた。近世社会の常識では考えられない特異なキャリアであり、彼の存在自体が幕末政局というものの過渡的性格を表していた。そのため、小笠原は領主よりも書生に近い性格を持ち、江戸での部屋住み時代には多くの儒者と交わり、幕閣に推薦されたのも学問の名声によった。

ただし、「術の精粗巧拙は様々あるべけれども、誠実を以て根本とする事」「何事にも誠実を本として」(「小笠原長行手記」安政六年正月・五月条)などと、儒教倫理は彼に板倉同様の「誠心」へのこだわりも植え付けていた。前述した文久二年一〇〜一一月の板倉との連名建白書に「誠心」が頻出したのもそのためである。しかし、板倉の例からもわかるように、主情的な倫理主義に根差した統治論は現実の政治課題の前では容易に限界を露呈する。小笠原が最初に壁に突き当たったのは、世子復帰後の唐津統治期である。安政五年から万延元年まで三年間、長行は江戸にいた養父の名代として唐津で領国経営にあたり、積極的な言路洞開政策を進めた。問題はその内実で、当初は「上下」「一致」の理想のもと、「此方より誠を尽して下を感化すべき事」「人木石にあらず、此方の誠実至り尽さば、などか感化せざらんや」「君と臣民は盛る時は倶《とも》に盛に、衰る時は倶に衰へ、片々よき道理は限りてなし」(郡代諭書、「小笠原長行手記」安政五年八月条)などと訴えられていた。これは全会一致の実現を自分主導で図ったものであり、前の海保青陵の世界観にも通じる全体性がうかがえる。

ところが、「一致」優先の改革は一部家臣の反対にあう。長行は当初彼らの慰撫に努めるが、万延元年には反対派の罷免に踏み切り、さらに言路洞開を徹底した。言路を開く過程で当初は前提であった「一致」が足枷となり、一部断念されたのである。文久四年正月二二日付の叔父宛書簡では、長行は

「言路を開くと申事、劣姪(長行)も既に先年致施行《しこういたし》候義にて、ぞうさも無之事の様存居候処《ぞんじおりそうろうところ》、近来熟考仕候に、此義甚だ六ヶ敷《むつかしき》事に奉存候《ぞんじたてまつり》、容易に開候ては却《かえっ》て害を生可申《しょうじもうすべく》と述べている（「小笠原長行手記」）。彼は「凡庸の徒猥《みだ》りに開きては、却て差支《さしつか》え出来候」として、「十分に開きても差支えの出来ぬ様、能《よ》く人心を涵養《かんよう》」する必要性を訴えた。この間、文久三年の率兵上京で排外主義の強さを痛感した（前章参照）ことも考えれば、前半生を知識人として生きた上で統治者に転身した長行は、言路洞開や「一致」がもつ現実の矛盾や困難に突き当たり、具体的な対策を考え始めたといえる。

　そしてその実践の機会が訪れたのが、慶応元年一〇月の条約勅許である。この事件は前章でみたように、対外関係の土台が確定した幕末政局の画期であったが、実は「公議」問題においても大きな意味をもった。それは朝幕トップが集う会議の場で、複数の大名家臣が意見を求められたためである（青山忠正『明治維新』吉川弘文館、二〇一二年など）。天皇自体を度外視する「条約派」を退け将軍の辞表も撤回させた慶喜らは、しかし現行条約自体を否定できない以上、自ら勅許を勝ち取る必要に迫られた。問題は朝廷や一部大名がいまだ根強い「夷狄」嫌悪を示すなかで、どうそれを正当化するかであった。そこで発案されたのが、在京大名家臣の招集と簾前《れんぜん》（天皇の前）での意見陳述である。結局、会津や土佐・薩摩・鳥取・岡山・熊本・越前・広島など一五家、三十数名の留守居役などが集められた。彼らは御所の虎之間と呼ばれる部屋に一人ずつ呼び出され、天皇の御前に出て御簾《みす》越しに対外意見を開陳することになったが、老中として現場を仕切ったのが再任されたばかりの小笠原であった。

　各自の意見は様々であったが、全体としては、条約を認めて「皇国」の対外膨張に役立てるよう涙ながらに訴えた会津の外嶋機兵衛や、「条約派」にも通じる理性的な交際論を唱えた土佐の津田斧太郎らが議論の流れを牽引し、勅許に難色を示して幕閣を苦境に追い込もうとした薩摩は孤立した。小笠原ら幕閣は、天皇の面前で意見の大勢がどこにあるかを示してみせることで、薩摩らによる不「一致」の問題を克服したのである。結局、慶喜の奮闘もあり一〇月五日に歴史的な勅許が下りた。

そして翌年になると、小笠原の議論には多数決の萌芽が登場する。慶応二年二月、小笠原はもう一つの大問題であった長州処分の全権として広島に出張するが、三月二〇日には在坂老中宛書簡のなかで「展覧会使節、幷《ならびに》ミニストル人撰」について「役々え入札《いれふだ》」を申付けたと述べている。これは翌慶応三年のパリ万博へ派遣予定の使節とヨーロッパ各国の駐在公使の選定について、現地役人の意見を集めていたもので、長行は五月一一日付の同僚宛書簡で自分の意見と共に取りまとめた衆議を報じている。参考意見ではあるが、衆議それ自体がもつ数量的な力への傾斜が窺えるだろう。

慶応四年の鳥羽・伏見の戦い後には、江戸で「公議所」（いわゆる開成所会議）が開かれるが、これも「閣老小笠原の命に出るなれば、少子の輩《やから》私《わたくし》に会議を止め難し」といわれた（「黙斎随筆」『旧幕府』四、マツノ書店、二〇〇三年復刻。これは開成所教授の神田孝平らが抗議に訪れた幕臣の関口隆吉に対して答えたもの）。また、この時期には「閣老・参政」も旗本のなかから「撰挙」で選ばれ、「諸局では人心震ひ立ち、是迄の江戸とは最早違い、誠に可喜義《よろこぶべきぎ》」と報じられた（慶応四年二月四日付延岡藩江戸探索方〈カ〉報告書「風聞書」内藤家文書）。

注意すべきは、この段階になると、基幹政策の決定や自身の地位までをも衆議の結果に委ねる傾向が見られることである。入札による人選は、村落共同体での庄屋選出など、前例がなかったわけではない。しかし、開成所会議では、たとえば紀州の竹内経介は関口に対して「戦ふ可く、守る可き、得失利害に至るまで各自十分なる意見を発議し、衆議の決する所を以て」その筋に決定すべきだと述べていた。また神田孝平らも「進んで戦ふ可きか退て守る可きかは、既に議する所あり、衆議の決着如何の点に帰するやは、今より計り知るべからず」と語っている（「黙斎随筆」）。取るべき政策も、衆議で決めようというのである（小笠原は、この後加わった箱館の榎本武揚軍でも幹部を入札で決め、その結果下級幕臣であった榎本や大鳥圭介の下につくかたちで現地の統治機構を担った）。

しかしこうした動きに対して、同じ幕臣でも関口とその同志は強く反発した。その論理は「是れ実に国家の大事なり、会議を以て議定す可きにあらず、宜《よろ》しく内府公の旨に従ふべし」というもので、直ちに会議を止め、恭順を表明している徳川慶喜の上意に従うべきと訴えられた（同前）。関口らが「会議」「議定」による政策決定を拒否し、勤王と恭順を自明視したのに対し、会議の主催者や参加者は、少なくとも形式上は取るべき政策を決めつけず、衆議を十分に聴取して互いに議論を戦わせることで方針を帰納的に導き出そうとしたことがわかる。最終的に会議は停止されるが、関口はこの点を「正月巳来、政事堂の議論区々にして統一する所なく、徒《いたず》らに日支を費やせしが、内府公には断固として衆議を破りて、尊王の素志を達せらる可き御思召《おぼしめし》にて、先《ま》づ板倉・小笠原等の老職を罷められ」と回顧している（同前）。戊辰戦争における慶喜の「尊王」（＝恭順）が、幕臣の「衆議」への対立概念として位置づけられている。この後戦争の拡大を防いだ四月の江戸無血開城への道は、ある意味、徳川政権がその末期に成熟させた「衆議」を踏みにじるかたちで開かれたのである。

❹ 多数決制の萌芽と「持分」の壁

近世史家の笠谷和比古氏は、近世の「統合」について次のように述べる。
日本近世に遂行された統合の様式は、西洋型のような「主権」による封建的諸特権の解体・吸収としてではなく、分散的諸権力のいわば凝縮のごとき、直接的な統合としてあったと言うことができる。そこでは、純化され、外化された公共権力としての「主権」が成立せず、この公共権力自体が「持分」的構成をもって成員全体によって担われ、その権力の発動が成員全体の意志の統合によって可能となるような政治秩序が存在していた（同『近世武家社会の政治構造』）

笠谷氏が鋭く指摘する近世社会独特の政治構造は、幕末政局の過程で拡散と集約の軋轢を生みだした。そしてこの矛盾は、衆議の勃興に直面しながら、諸外国との外交折衝にも従事して、近世には構造的問題とはあまりならなかった時間的制約のなかで不断に日本政府としての公式見解を出し続けていかなくてはならなかった江戸の幕閣に、もっとも象徴的なかたちで表れた。井伊政権が非譜代系勢力（特に西南雄藩）の反発に悩まされ、文久改革も具体的な政治意志の集約に課題を残すなか、政治動乱の激化は老中層に激しい意見対立をもたらし、引き籠もりの応酬と目まぐるしい任免黜陟（人事異動）というかたちで、老中制に代表される近世合議制の有り様を根本から変えていくこととなった。

全会一致を装った過渡的対応が限界をみせるなか、江戸幕閣は東国の有力大名を政権に招き入れ、老中の上部権力に据えることで、衆議に配慮しつつこれを組みこんだ政権運営をめざしていく。それが文久～元治年間の有力国持大名への政事総裁職打診であり、その挫折後は、慶応年間の参勤交代の「遺制」を活用した諸侯諮問の組織化や、閣老の部局専任化と多数決原理の導入が試みられる。

もちろん、背景に西南雄藩への対抗という狙いがあったのは事実であり、これらが政治策略としての側面を含んでいたことは否定できない。しかし、その一方でまたここに確かに見てとれるのは、しばしば元治年間以降の彼らに冠されてきた譜代独裁への時代錯誤的な回帰といったステレオタイプなイメージとは異なる、東国公議論ともいうべき実態である。むしろここから見いだせる対立構図があるとすれば、それは譜代・家門・外様といった区分によらない、地政学的な東西対立である。この点は、戊辰戦争の際の奥羽越列藩同盟の問題を考える上でも、我々に重要な示唆を与えてくれる。

そして、このような試みの中心を担ったのは、老中水野忠精であった。天保改革の主導者水野忠邦を父にもつ彼は、しかし、その強烈な個性ゆえに一方では目まぐるしい浮き沈みも経験した父の姿を、反面教師としていたようである（ブレーンの塩谷宕陰《とういん》は父の代からの任官）。水野は、老中在任中はあまり自ら政治的に前面に出たり、リーダーシップを発揮することはなかった。むしろ彼は、閣内対立や政変の際には裏方・「行司」として振る舞い、批判をかわすいっぽうで普段から制度の構築に邁進しており、その徹底ぶりは、時に黒子的政治家の責任逃れと、周囲の批判を浴びるほどであった。そしてその活動を支えていたのは、多層的に張り巡らされた情報網の活用であった（佐藤隆一『幕末の老中と情報』思文閣出版、二〇一四年）。こうした姿勢ゆえ、四年という当時としては際立って長期間にわたって老中を勤め続けた（表1参照）水野は、その任期の大半を、東国を中心とする衆議の糾合と権力の集約による〈決断〉の制度化に努めたのである。

自らは〈決断〉せず、むしろ裏方の立場からその制度化に尽力した水野の行為は、幕末動乱のなかでは地味な部類に入るだろう。ただ、近世の政治力学を念頭に漸進的に進められたかかる衆議糾合の試みは、江戸を中心に幕藩体制を中央集権国家に組み替える挑戦というべきもので、京都政局の展開とは別のかたちで、近代日本の政治システム構築にむけた橋渡しの役目を担ったともいえる。

しかし、東国の名門ないしは大大名は、相対的には親徳川の姿勢を保って新たな状況下での軍役要請にも対応した一方で、「持分」の壁から、閣僚としての国政参加には拒否感を示し続けた。この強力な反作用によって、彼らを糾合する試みは、江戸警衛という名目での諸侯引き留めという次元に留まらざるを得なくなった。一方で老中の方にしても、新たな秩序の構築を目指した反面で、最後まで家格制の発想に捕われて、そこから抜け出せなかったのも事実である。近世の政治制度を前提に据えた漸進的な改革は、結果としてその「持分」意識ゆえに頓挫した。これは、幕藩体制の延長線上における国政運営の発展の到達点であると同時に、他面ではその限界を示すものでもあった。

徳川慶喜による朝臣化と畿内政権化は、こうした江戸中心の「公議」再編の否定の上に進められた。特に、政権内で徐々に成長をみせていた多数決制の論理は、戦争状況下での「恭順」という文脈ではあれ、慶喜とその支持者に潰された。そして、彼との「玉」の奪い合いに勝利した維新政権。これらはいかなるかたちで、衆議の集約という江戸幕閣の課題を引き継いでいくのか。しかも彼らの場合は、近世的な政治構造自体がもった矛盾に加え、国力の絶対値の底上げという課題と、そのための分裂の回避にも意を注がねばならず、江戸幕閣以上に徹底した国政参加枠の拡大と管理が必要となった。いわば、大ドイツ的なオーストリア式の国家統合の可能性が試されたわけだが、それは拡散と集約のあいだに生じた軋轢の持ち越しと、それゆえに大胆な論理の跳躍を関係者に強いることとなった。次章ではこの点に関し、幕末政局から維新期へと続く、「維新の変革主体」の軌跡をみていこう。

五

「倒幕派」にとっての公議

木戸孝允

大久保利通

外に向け国家意思を定め表明する必要があった政府（徳川政権）とは異なり、有志大名や在野の活動家は意見集約を求められず、彼らの主張はもっぱら政治参加枠の拡大（衆議の尊重）に据えられた。一方で、それは攘夷実現のための環境整備としての意味合いをもち、「武威」の挽回という至当性との「一致」を課せられたものでもあった。攘夷は次第に段階化、長期化（大攘夷化）し、個人の自由意思＝「私」に優先する国是となっていく。

❶ 反幕勢力の公議問題

幕末の徳川政権が直面した政治システム上の課題とは、強い分権性と調整の力学に規定されていた近世公儀を、スピード観念を伴う西洋型の〈決断〉に対応可能な形態へ、いかに変えていくかという問題であった。そこでは古い革袋＝老中制に過渡的な機能を持たせ、東国大名を巻き込んで頂点権力＝政事総裁職を作る努力が重ねられたが、近世社会の合議（による全会一致）力学と「持ち分」意識に阻まれた。また慶応期には、フランス公使ロッシュの協力や書生派老中小笠原長行の尽力もあって、萌芽的ながら多数決の制度化が試みられる。そして戊辰戦争の局面では、開成所会議の開催などとして一部実現する。これらは、最新の西洋知識を備えた若手幕臣の関与があったとはいえ、また徳川慶喜の「勤王」（恭順）が最終的にその芽を摘む結果になったとはいえ、近世の政治文化、社会文化の延長線上に、それらとの格闘のなかから内在的に多数決の〈決断〉システムが立ち上がりつつあったことを意味していた。つまり全会一致への諦念を意識した上で、当面の決着の付け方を一部制度化したのである。

では、曲がりなりにも与党的立場から事態に向き合った徳川政権（公儀）に対して、幕末政局の大半に「持たざる者」＝挑戦者の立場から、主として権利の分配要求を通して関与した者の声（公議）は、どのような特質と問題構造を持っていたのだろうか。以下では西国の有力大名や朝廷、草莽の「志士」を中心に、その展開をみていこう。

(1)アイデンティティとしての「武威」——攘夷と自己実現の共依存——

嘉永六年のペリー来航が大きな意味をもったのは、ペリー艦隊が砲艦外交を展開した衝撃に加えて、内政面でも、老中首座の阿部正弘がアメリカ大統領国書を広く公開して大規模な意見聴取を行い、近世社会の身分統制と情報統制が為政者自身の手によって一挙に流動化したためであった。では、阿部にそのような行動をとらせた要因はどこにあったのか。そしてそれに政治社会が大きく反応したのはなぜか。この点を構造的に捉えることから、幕末の「公議」問題は考えていく必要がある。

阿部の狙いは、先例の踏襲だけでは対処できない未曾有の事態に際して、巷間から広く知恵を募る点にあった。ただ、この能力の結集（吸い上げ）という手は、知恵以上に、〈自己完結の世界〉を支えた「武威」を担保する暴力においてこそ、より切実に求められるものであった。それは、既存の統治体制では「夷狄」を統御できない事態が一九世紀以降常態化していたからである。産業革命を経て強大な国力を身につけた西洋列強は、比類なき武力で天下を差配し得ることを正当性の核としていた日本にとって、ある意味実態以上に理念面で危険な存在であった。しかも「泰平」の持続下で、暴力の総量は相対的低下を続けていた。安政四年に朝廷に呈された「水戸内奏書」では、「我国古来の風気勇猛果悍《かかん》なる、万国畏《おそ》れ候事外国の書にも相見《あいみえ》、当時 衰《おとろえ》候とは申候へ共、畢竟《ひっきょう》以前に泰平を致さんが為にわざ〱人心を和げ弱め候事故《ゆえ》、強勇の人心も不得已《やむをえず》屈し候事」との認識が示されていた（『水戸藩史料』上・坤）。島津久光も文久二年閏八月の朝廷宛上書で、「東照宮以来、天下の大政只《ただ》皇国中迄静謐《せいひつ》の為《た》め、尾《び》大《だい》不《ふ》掉《とう》の 患《わずらい》無之《これなき》様《よう》の御処置にて、外寇《がいこう》防禦の儀は難相成《あいなりがたし》」であったと訴えていた（『島津久光公実紀』二）。第一章および第二章でみたように、「泰平」のなかで実態と精神の両面で「武」を貶めた弊害というわけだ。

こうしたなかで、最初に提唱されたのは綱紀粛正と士気の高揚である。軟弱化した武士を鍛え直すため、戦争の危機を煽る（なかば人為的に作り出す）ことで自分たちを死地に追い込むという精神主義は、しかし打払令の復活が三度も試みられながら成功しなかったように、究極的には戦争ができないという足枷をもっていた。実現できないことをアピールだけして敵の委縮を狙うという政治手法は、文政の打払令の段階では効果をあげたが、西洋列強の覚悟と情報量が強化されて以降は効き目を失いつつあった。しかも、弛緩した精神の締めつけという対処療法で本当に問題が解決できるかは、なんの保証もなかった。全人口の一割に満たない武士がフルに稼働したところで、「夷狄」を抑え込めなかったら。これは半世紀にわたり為政者の脳裏を離れない、恐ろしい可能性であった。

そこで、どうしても制度に手をつける必要がでてくる。先回りしていえば、その一つが身分制の枠を、もう一つが領主制の枠を取り払うことであった。これは武士以外への暴力の解放と国家体制の拡大強化を意味し、前者の象徴は農兵の募集として、後者の象徴は譜代大名による廟議独占批判とその見直しとして表れた。ペリー来航の際の阿部の行動も、広くいえばこの二つの点への関心が根底にあり、こうした必要性が為政者の側でも認識されていたために、「上」からの施策で実現したのである。

非武士身分の武装化は、すでに韮山代官所の江川太郎左衛門がペリー来航前の段階で農兵を組織し、水戸の徳川斉昭も、海岸の要害に「屯戍《とんじゅ》」を設けて「土地の漁師等を組分《くみわけ》いたし」「郷士等身分を持《もち》候者《そうろうもの》を隊長とし」、事態に対処させようとしていた（「海防愚存」『幕末外国関係文書』一）。丹波国桑田郡の旗本杉浦氏領でも、ペリー来航の際に郷士集団の「人見・中川両苗」が江戸警衛のため出府している。西洋列強の卓越した軍事力に武士階級だけでは対抗不可能とわかってしまった時、起こったのが、既存の身分・領域をタブー視しない軍事力の解放・集約と底上げであった。これは、他大名や民衆の「資源」としての動員であったといえる。

注意すべきは、「資源」としての動員には、見返りが必要であったということである。なぜなら、一方的義務の押しつけだけでは、協力に不可欠な肝心の「志」が維持できないからである。すでにロシア問題の時点で遠大な対外膨張論を唱えていた本多利明は、為政者が「問ふことを好み、誹謗の言迄《げんまで》を挙《あ》げ容《い》れ、短なる所あれども是を扶《たす》け、長ずる所もあらば扶るに小善をも大善の様に取りなし、悉皆衆《しっかい》の意に協《かな》ふ様にし給《たま》ふ」ことを訴えていた（同「経世秘策」後編『日本思想体系44　本多利明・海保青陵』）。徳川斉昭は前の「海防愚存」のなかで、「士兵」の処遇について「或いは格式を与へ、或いは双刀を許し、或いは扶持《ふち》を与へ、或いは夫役を免じ候類、其の国風・土俗に拠り、一概に論じ難しといへ共、詰る所は実用を主とし、永続の手当あらまほしく」と述べていた。暴力を「資源」として提供させるためには、彼らの待遇に関しても何らかの対価が必要とされたのである。

またその一方では、「志」を原動力に自らが主体となり、従来の身分や領域の枠をこえて活動をくり広げる人物も現れる。いわゆる「志士」の登場である。これらは上からの軍事組織化の要請との対照でいえば、下からの自発的な国士化の動きといえる。その最も早い事例の一つである長州の真宗僧月性《げっしょう》のケースでは、非武士身分でしかも僧籍にあるという二重の政治からの疎外が、「国民皆兵」によって乗り越えられようとした。強烈な国難意識が身分制をこえた「国民」の創出とその総動員という発想につながり、またその過程にこそ、自らが為政者や門閥武士と対等に活動し、一己の主体として社会に認知される回路が展望されたのである。月性の思想は、真宗の説法を通して防長二州の庶民を熱狂させ、吉田松陰を「倒幕論」に目覚めさせて、間接的に「維新の変革主体」の中核を形成していく（上田純子「儒学と真宗説法」塩出浩之編『公論と交際の東アジア近代』東京大学出版会、二〇一六年）。

ただし、この動きを階級闘争として必要以上に評価するべきではない。なぜなら、①すでに述べたように、「志士」に対峙した為政者の側でも、自己の事情から民衆の活性化と政治参与を望み、ある意味促進すらしたため、下からの国民化の動きは深刻な階級対立の洗礼を受けないか、それは比較的小さなものに留まったからである。また、②彼らは個人を核に自己を発見し、その集積として国家構築に向かったのではなく、逆に国家の発見によって初めて自己の主体化を果たし得たからである。本多利明は「経世秘策」巻上の冒頭で、「日本に生を稟《うけ》たる者、誰か国家の為《ため》を思ひ計らざらん、国家の為に悪きを悦び、善きを憎んや、然《しか》れば善事は倶《とも》に扶《たす》け悦び、悪事は倶に避け憎むべきは、固《もと》より日本に生を稟たる身の持前也《もちまえなり》」と述べていた。個人の活動は、近世社会の「持分」を精算しないまま外に向けて組み換え、日本の「臣」へと転じることで初めて可能になるのである。つまり、新たに目覚めた自我はそもそも国家主義に起因し、日本という回路を経ない維持・活性化は困難であった（深谷克己「東アジアにおける近代移行期の君主・神観念」同編『東アジアの政治文化と近代』有志舎、二〇〇九年）。

ともあれ、「武威」の危機による「国家」意識の再編・高揚は、上下の両方向から人々の主体化と活性化をうながし、近世社会における調整の論理と均質化の浸透がこうした動きを比較的円滑に進展させた。大事なのは、これまではある種の均質性をもち統治の際には為政者側から一定の配慮を得ながらも、必ずしも自我や確固とした意思は要請されていなかった人々が、この段階に至って初めて、自発的に行動する意欲をもった主体的な「国民」になることを求められたということである（もっとも、外から要請されてなる主体が本当に主体といえるのかについては、これはまた別個の大問題だが）。

一面では、軍事力や経済力の末端を支える構成要素として、他面では、もはや先例の踏襲では乗り切れなくなった国家の舵取りを幕臣に専有されることへの拒否感が、新たな階層を政治意思決定の舞台に大量に参入させた。こうした「衆議」の爆発的な活性化は、絶対的な国力上昇の要請と相即した構造的なものであり、また見てきたようにそもそも近世の統治力学が調整を旨としていたため、幕閣は理念的にもこれを受けいれざるを得なかった。ペリー来航に際して、老中首座の阿部正弘がアメリカ国書を市井に開陳して広く意見を求めるという「前代未聞」の行動に打って出て、しかも政治生命を失うことも無かったという事実は、構造的には以上のような文脈に沿って理解しなければならない。

(2)暴力の底上げと同調圧力

「公議」概念が幕末に爆発的に普及したのは、以上のような事情によった。研究史では長らく西洋型議会制度の日本での普及という視座から分析が行われてきたが、以上のような点を押さえることで、従来は見逃されてきた次の要点が指摘できる。

一つ目は、この時期進んだ身分制の動揺と政治参加枠の拡大が、階級闘争というよりは、暴力の絶対値を底上げしたい為政者の要請と、「志」や武力を提供できる人々のアイデンティティ獲得願望が、ある種〈共振〉したことによって実現したという点である。前者は、「武士」を溶解させるという倒錯を犯してでも「武威」を守る必要があったし、後者はその要請に応じることで、共同体とバランス調整が全てに貫徹した社会で、初めて個人として、底上げされる暴力の一翼を担う自負に目覚めた。

二つ目は、こうした構造をもったため、どれだけ政治参加枠の拡大と個人の参入が進んでも、そこには常に強烈な一致圧力が働き続けたことである。幕末には、「幕私」のように「私」という言葉が非常にネガティブな語感で多用される（「利」も同様。これら二つの概念を正面から正当化する言説はほとんどない）。個人はあくまで「武威」の一端を担うモジュールとして、その公的目標に寄与する限りで価値を見出されたし、当事者自身も、国家との結びつきのなかに自らの役割を見出した。慶応四年（一八六八）三月に「広く会議を興し」で有名な五箇条の誓文と共に出された「億兆安撫の宸翰《しんかん》」が、「汝《なんじ》億兆、能々《よくよく》朕《ちん》が志を体認し、相率て私見を去り、公義を採《と》り」と命じ、その副書でも「国家の為に精々其の分を尽すべき」と念を押していることは、「公議」が事実上「私」の対義語として、あくまで国家的動員の前提のもとで推奨されていたことを示す（『明治天皇紀』一、吉川弘文館、一九六八年。「公議」と「公義」で字は違うが、当時の意味合いとしては同じである）。吉田松陰にせよ坂本竜馬にせよ、この大前提と無縁に活動した「志士」は、当時まずいない。そしてそのようにして想像された共通の国家目標こそが、「攘夷」であった。「公議」が究極的にはこのような前提のなかで立ち上がってきたことは、幾重にも押さえておく必要がある。

破約攘夷論が隆盛を極めていた文久二年（一八六二）一〇月一一日、次のような孝明天皇の沙汰書が出された。これまでみてきた幕末政治の重要概念がほとんど全部出揃っており、しかもそれら相互の関係性が簡潔・明確にわかる非常に重要な史料なので、以下全文を引用する。

攘夷㋐の儀、先年来の叡慮、方今に到り更に御変動在らせられず候、柳営㋑に於いても追々変革、新政を施行し、叡慮遵奉に相成り候条、叡感斜めならず在らせられ候、然《しか》る処《ところ》、㋒天下人民、攘夷に一定これ無く候わでは、㋓人心一致にも到り難く、且つ国乱の程も如何《いかが》と叡慮を悩まされ候間、柳営に於いて、いよいよ攘夷に決定これ有り、速やかに諸大名へ布告これ有り候様思召《おぼしめ》され候、尤《もっと》も、策略の次第は武将の職掌に候間、早速㋔衆議を尽され候て、㋕至当の公論に決定これ有り、醜夷拒絶の期限をも議せられ、奏聞の様御沙汰候事

この沙汰書は、攘夷別勅使として江戸への下向が決まっていた、正使の三条実美と副使の姉小路公知に授けられたものである。当時両者は、過激攘夷派「志士」にかつがれたその頭目のような存在で、二人がこの孝明天皇の意向を江戸の幕閣に伝えた（突きつけた）ことで、政局は奉勅攘夷に向けた極度の緊張状態に突入していく。要するに、この沙汰書は政局に多大な影響を与え、また政治社会における公家や有力大名の声を的確に反映したものであった（攘夷の手法や時期に関しては異論もあったが、慎重派にしても、後述するように考え方の土台は共通していた）。ゆえに、ここまで見事に表現が出揃っていなくても、この時期には同様の言説・主張が記された類似の史料は他にも多く存在する。

キーワードは、㋐攘夷、㋑柳営（「幕府」の唐名。徳川政権のこと）、㋒天下人民、㋓人心一致、㋔衆議、㋕至当の公論、である。まず㋐と㋑の関係であるが、注目すべきは、前者については「変動在らせられず」とする一方で、後者については「追々変革、新政を施行」と述べていることである。ここでは、変わらないもの（幹の部分、主）と変えるべきもの（枝葉部分、従）の関係性が明確に示されている。すなわち、「攘夷」という不動の至上命題を実現するために、徳川政権は「柳営」＝「幕府」＝軍事司令官（≠統治主体）として、必要に応じその形態を変えていくことが推奨（強要）されている。

次に㋐㋒㋓の関係では、天下人民（㋒）を人心一致（㋓）の状態にもっていく（「国乱」を起こさない）ために攘夷（㋐）が必要とされる。ただし注意しておかなければならないのは、これまでにも幾度か確認してきたように、㋐は㋒→㋓を実現するための手段であると同時に、他方ではその目的でもあったということである。攘夷（㋐）の実態が近代以降に解釈が定着していくような無謀な軍事冒険主義という単純なものではなく、「武威」で正当化された〈自己完結の世界〉を守るためのあらゆる手段を含んでいたことを踏まえれば、その手法には、即時にして直接的な武力行使から、軍事力（を支える国力）の底上げを通した「武威」の強化と未来の挽回まで、内容にも実施時期にもかなりの幅があった。短期スパンでは攘夷（㋐）は天下人民（㋒）→人心一致（㋓）のための手段だが、長期スパンでは㋒→㋓が㋐の手段なのである。ここでは㋒が必要視され尊重されながらも、あくまで㋓とセットの状態で価値づけられていることを確認しておきたい。長期スパンの㋐に必要な㋓に至らない㋒は、無意味なのである。これが個人の人権や少数派・弱者の尊重などの概念に繋がらないのは、言うまでもない。

最後に、㋐㋑㋔㋕の関係である。ここでは柳営（㋑）が衆議（㋔）を尽すことが求められているが、それは㋑の本質＝「武将の職掌」に即した「策略」としてなのであり、あくまで「策略」の次元で㋔が存分に実施された結果、至当の公論（㋕）に至ることが期待されている。注意すべきは、このような位置づけゆえ、㋕は決して無限の可能性をもつ概念ではないということである。直後に「醜夷拒絶」とあるように、事実上㋕はほとんど攘夷（㋐）と同義であり、もう少し正確にいえば、実現の方法に幅のある㋐を、当時の情勢下で本質は失わずにいかに実施可能な形態にもっていくか、その妙策を提示するのが㋕なのである（そしてそれは、具体的には人心一致（㋓）をどう実現するかにあったと思われる）。

こうしてみると、基本中の基本かつ大前提（国是）としての㋐の、実現の技術として㋕は位置づけられており、㋔はそれを導くための回路としてさらに劣位の立場に置かれていることがわかる。

つまり、すべての中心には（広義の）攘夷（㋐）がある。㋑は不動の㋐のために姿を変えるよう求められ、天下人民（㋒）や衆議（㋔）の尊重と推奨も、㋓や㋕（≒「醜夷拒絶」の現実策）を介して最終的には㋐に寄与するための、あくまでその手段として立ち上がるという構造なのである。

(3) 有志大名の認識

以上のような基本認識の構図は、ここまでまとまってはいなくても、当時の公家や西南の有力大名のほとんどに見出せる。以下では確認を兼ね、煩雑を厭わず史料から数例を紹介しよう。岩倉具視は万延元年（一八六〇）六月の上書で、現状を「誠に皇国危急の秋《とき》」と嘆くが、その原因の一端は「御国内億兆の人民は億兆の心を懐《いだ》き、銘々其方向を異《こと》に仕《つかまつり》候」ことにあるとされる。そしてかかる認識ゆえ、それを解決するための方策は「先《ま》づ億兆の人心を御収攬《ごしゅうらん》、其《その》帰向する所を一定致され候て、輿《よ》議《ぎ》公論に基《もとづ》き、御国是を儼然《げんぜん》と御確立遊ばされ候わでは相成り難く」というかたちで提示されている（『岩倉具視関係文書』一。前に引用した「億兆安撫の宸翰」の文言は、この論理をそっくり移植したものである）。

長州の毛利慶親は、文久元年（一八六一）一二月の上書で「議論紛々両端に分れ」る現状を嘆き、「天下の勢ひ、合へば強く、離れば弱し」と述べる。また、「鎖国・開国」の議論は「根本より見《み》候《そうら》得《え》ば、是等《これら》は枝葉《しよう》の説」として、「彼が凌辱軽侮を受け候ては、鎖も真の鎖にあらず、開も真の開にこれ無く、開鎖の実は御国体の上に在るべし」と訴えたうえで、「議論純一、人心和協の御処置」になれば「公武の御間《おんあいだ》断然御合体」になり、「御国体相立」と主張する（『防長回天史』三・上）。「国体」を上位に据えて鎖国と開国の両方を否定するのは、当時多く見られた論法だが、ここでは「鎖国」が前述の短期スパンの攘夷に、「国体」が「相立」つ状態が「武威」を立て直した上での長期スパンの攘夷に対応している。

薩摩の島津久光は、文久二年閏八月の朝廷宛上書で、「当時皇国の形勢」を「外には夷賊頻《しき》りに跋扈《ばっこ》の威を逞《たくましゅう》し、内には諸藩漸《ようや》く割拠の形を醸成し、関東に於ては尚旧弊《なおきゅうへい》を一新これ無く」と述べていた。これは前の沙汰書との関係でいえば、不動の攘夷（ア）の実現に必要な柳営（イ）の「変革」義務の不履行と、大名間でも人心一致（エ）ができていない点への批判である。久光は「攘夷の儀は容易ならざる訳柄《わけがら》に付《つき》、大小藩一同同心戮力《りくりょく》致さず候では行い難く」とした上で、自ら実現させた将軍後見職一橋慶喜と政事総裁職松平慶永の意向として、「上は親王・摂家・公卿・幕府より、下は三家・三卿・列国の大小藩に至る迄、残り無く朝廷え献白致させ候様遊ばされ度《たく》」と述べている（『島津久光公実紀』二）。困難な攘夷の実現のため、朝幕藩が「同心戮力」して挙国一致に至るべきとの訴えである。

久光が言及した越前の松平慶永は、諸侯のなかでも特に「私」を嫌悪した人物である。彼の場合それが頂点権力確立の足枷となり、初代政事総裁職になりながら途中辞職してしまうのだが、文久二年一〇月の辞表（この時は留任）では、「天下一致、万人一心の御政治にこれ無く候わでは、内は日本を治む能《あた》わず、外は外国に接する能わず」と述べて、「覇府《はふ》（徳川政権）の御私意」を執拗に批判している（『松平春嶽全集』二。以下同じ）。慶永は、横井小楠の影響で「天下公共の道」という概念を多用するが、その実態は「日本の国是は、天意を遵奉して全国一致の上にこれ無く候では、内修外攘《ないしゅうがいじょう》迚《とて》も出来難き」というもので、徳川政権の既得権の護持は、理由の如何に関わらず「旧来の私を主張」と非難された。

　慶永の政策展望は、「是迄《これまで》幕府不都合の罪を謝せられ、癸丑《きちゅう》以来外国と結約の章程を破却し、改て天意御窺《おうかがい》の上国中大小の侯伯と議し、改て外国と和交」することであり、「全権の使節海外五箇の政府へ遣《つかわ》し、其段申聞且《もうしきかせかつ》相談」することであった。それが成れば、「天下の政道都《すべ》て叡勅を奉じ、次には大小諸侯と謀議を遂げ、全国一致」が達成でき、「幕府一己の私政」を清算できるという理解である。「癸丑以来」とは嘉永六年（一八五三）のペリー来航以降のことだが、大事なのは、対外問題では一般に穏健改革派に属し、過激な破約攘夷論とは対立したとされる慶永の主張が、実は土台では彼らとほとんど変わらないということである。ちなみに破約攘夷論が鎖国回帰を目指していたというのは俗説で、その眼目は慶永と同様、既存の条約をいったん破棄した上で、朝廷や雄藩の意向も踏まえ再度結び直すというものであった。この展望はすでに当時から長州毛利家臣も明言しており、彼らの頭目であった周布政之助《すふまさのすけ》は「攘は排なり、排は開なり、攘夷して後、国開くべし」と述べていた（青山忠正『明治維新』など）。

　要するに、松平慶永は根本では破約攘夷論と同じ前提に立ち、ペリー以来、「武威」に依る全住人が腹に抱えていた屈辱的感覚の克服と止揚を図っていたのであり、辞表の後半の朝廷・大名への国政解放論は、「私政」の否定と「全国一致」を条件に、前半の大目的を実現するためであった。また、そのために積極的に海外使節を派遣する議論も、ここにすでに登場している。このように、当該期の衆議の拡大要求が、その究極の目的の点であくまで〈紐付き〉であった事実は幾重にも確認しておきたい。「私」

の拒絶と全体への寄与という強烈な同調圧力が、そこには常につきまとった。広義の攘夷に必要な「一致」と国力の底上げに繋がる限りで、衆議の尊重と政治参加の拡大は推奨されたのである。

② 「富国」と「無私」の希求

(1) 破約攘夷論の破綻後の展開

破約攘夷論は次第に暴走して、軍事冒険主義的な色彩を帯び始めたが、既存の統治体制自体を破壊しかねない事態となるにおよび、文久三年（一八六三）に有力大名自身の手で葬られた（八・一八政変）。「武威」の復権＝長期スパンの攘夷のためなら近世社会の再編も厭わない点は改革派に共通したが、独り歩きを始めた運動が自らの地位を脅かす可能性が突きつけられた時、公家と武家の上層はこの時は急ブレーキをかけたのである。以後は揺り戻しを図る長州系過激勢力とのあいだで綱引きが続くが、元治元年（一八六四）の禁門の変で彼らが壊滅し、慶応元年（一八六五）一〇月に条約が勅許されると永遠に過去のものとなった。経緯はどうあれ、天皇自身が通商条約を追認したことで、破壊後の再構築という回路は閉ざされた。

しかし、これで長期スパンの攘夷が断念されたわけではない。攘夷論者の多くは条約勅許を嘆きながらも、他方では「禍《わざわい》を転じて福と為す」、「守を変じて攻とするのみ、我出て外に伸《のび》んとするのみ、彼を入れて内に屈するにあらず」、「鳥の将《ま》さに飛ばんとするや、先づ其の両翼を斂《おさ》む」などと自らに言い聞かせた。今は悔しいが、これは未来に飛躍するための準備なのだという納得の仕方である。具体的政局のなかで短期スパンの攘夷が長期スパンのそれに転じた画期であるが、大事なのは、この頃から貿易による「富国」の観念が前面化してくることである。ともかくも通商体制を容認した以上、これをポジティブな意味合いで位置づけ直さなくてはならず、それが「富国」による強国化であった。岩倉具視は慶応三年（一八六七）三月に「君民同心協力」のもとでの「富国強兵」を訴えるが、これは西洋列強の「繁栄」を参考に、「国政一新」のため「皇国も亦《また》貿易の道を講究」せよというものであった（「済時策」『岩倉公実記』中。以下同じ）。そしてその目的は、「今日国力を養ふて、即ち他日大に国威を伸」すことであった。それまでの長期戦略とはだいたい武備充実であったが、「武備充実は、十余年以来常套《じょうとう》の議論なるも（中略）依然として旧の如し」といわれたように、掛け声だけでなかなか実効が上がっていなかった。そのため、計画をさらに段階化して、まず西洋に倣った総体的な国力上昇が訴えられたのである。

したがって、衆議拡大と同様、この貿易論も紐付きであった。岩倉は「商売に於いても亦従前の如く惟《ただ》一家の利を謀るのみ」では駄目だとして、「富国と云うことに着眼す可き様誘導」しなければならないとする。要するに、国力の絶対値上昇のための手段という点は何も変わらず、それが衆議に加え経済面でも主張されるようになったのである。西郷隆盛も、条約勅許直後に岡山藩士に、薩摩がしている密貿易は「吾が国力を強くし、彼を制する為め」と述べ、「素《もと》より国を強くし、夷を攘《はら》ふの心底をお察し下され」と「爽《さわ》やかに演説」している。また長州も、同時期に宍戸《ししど》備前《びぜん》が「外夷」との交易は「仮りに相交わり」の「権謀」にすぎず、「相変わらず攘夷の念は確乎」としており、「今日の交わり」は「後日の攘夷」のためと述べている（「風聞」内藤家文書）。この点は徳川政権内の攘夷論に親和的な幕閣でも同じであった。たとえば老中板倉勝静の侍講として彼の政策に大きな影響を与えていた山田方谷《ほうこく》は、慶応三年七月二八日付の上書で蝦夷地・樺太・山丹・満州・朝鮮・清国までをも対象とした壮大な交易論を、「数年の兵力を蓄て師を海外に出し、一二ヶ国にても我に服事せしむる」ために、つまりかつての攘夷論の延長上に展開している（「板倉家書類 備中高梁 松山」、祭魚洞文庫 210. 088-85）。

(2)王政復古前後の対外観と公議

以上を踏まえ、王政復古前後における維新政権関係者の対外観と「公議」の関係をみてみよう。慶応三年一二月、公家の中御門経之《なかみかどつねゆき》は朝廷宛の建白書で、「攘夷の儀は皇国従来の古典にして、人心固有する所」と大前提を述べた上で、「癸丑年六月墨夷（アメリカのこと）初て浦賀入津の刻《とき》、伐《う》つ可きの期会を失す」とペリー以来の屈辱を憤り、その原因を「太平遊惰の弊に流れ、武道廃棄し、士気不振、人心怯弱」のためとする。そしてその克服のためには、まず「上下和睦」「国内調和」を通して「富国」を達成し、そうすれば「御国威も更張致し候て、武備も自然満備《まんび》仕《つかまつ》る可《べ》く」と述べる（『中御門家文書』上、早稲田大学社会科学研究所、一九六四年）。「武威」に即した基本アイデンティティを前提に、弛緩した「武備」を完備させて西洋「夷狄」を凌駕すべきと訴えられ、そこにいたる過程で「富国」の段階が挿入されていることがわかる。

段階論の採用は急進的な破約攘夷の否定でもあるから、「漫《みだ》りニ麤暴過激《そぼうかげき》、虚飾《きょしょく》の建言は堅く停止」と釘が刺され、「実地を蹈《ふ》み、如何《いか》にも至当至理ノ公論、衆人感服候様、明かに熟思弁別の上建言」も訴えられる。維新政権では「守旧派」とされる中御門だが、「富国」という段階論を受容していたことが他の関係者との共闘を可能にしていた。そして、この文脈で衆議尊重が訴えられ、具体的手段として「(天皇は)言路を洞開せられ、忠良を進め、諫言《かんげん》を求め、下情を逐一聞食《きこし》められ」と提言されるのである。

中御門は王政復古の立役者の一人で新政府でも議定《ぎじょう》を勤めたから、これは政府の骨格をなす発想といってよい。もちろん、各々で力点の置き方や優先順位に差はあったが、大前提として「武威」の欠損への憤りが政治活動の原動力をなしていた点はみな共通していた。「武威」観念を根本的には清算しないことは、慶応元年一〇月の条約勅許の経緯ですでに確定していたからである。この直後に出された王政復古の大号令では、ペリー以来の「未曾有の国難」によって貶《おとし》められた「国威挽回の御基《おんもとい》」を立てるため、「至当の公議」を竭《つく》して「言路の道」を開くことが訴えられた。翌年三月の五箇条の誓文では、「広く会議を興し、万機公論に決すべし」と謳われたが、それは「上下《しょうか》心を一《いつ》にして」「官武一途庶民に至る迄《まで》各其の志を遂げ」るという前提のもとで称揚されたものであった。五箇条の誓文の目的を明示するために、木版摺りで広く巷間に周知徹底された「億兆安撫の宸翰」でも、「上下相離るる」現状を打破して「私見を去り、公義を採り、朕が業を助」けよと達せられるが、それは「万里の波濤《はとう》を拓開し、国威を四方に宣布」する大目的のためであった(『明治天皇紀』一)。七月には、「告諭」によって超越的な自国観と膨張志向が京都民衆に告げられた(「京都府下人民告諭大意」)。

このような尊大な自意識は新政権中枢では共有されており、露骨に表明せずともそれはただ隠しただけであった。この年作成された「外国交際に付告諭案」には、当初は「天地の間に生を受候もの、唯《ただ》華夷尊卑の別あるのみにて」「皇威を蔑《ないがしろ》にするの事あらば」という表現があったが、それぞれ「唯内外尊卑の別はこれ有り候えども」「我を軽侮するの事あらば」と修正されている(佐々木克・藤井讓治・

三澤純・谷川穣編『岩倉具視関係史料』上、思文閣出版、二〇一二年）。校正段階で角が立たないよう繕われたのである。「武威」にもとづく自己優越意識は常識であったが、条約秩序が国家関係の統一的明示化を強いた以上、そのまま相手にぶつけることはできず、表面上だけ糊塗されたものといえる。富強による対外的屈辱克服の鍵として「公議」や「人心一致」が訴えられる構造は、この時期にくり返し出された宣言や布告文に通底している（藤田正「明治初年の太政官制と「公議・公論」」『講座明治維新3　維新政権の創設』有志舎、二〇一一年）。維新政権は自己の正当性を早急に示さねばならない草創期に、「富国」を介した広義の攘夷の実現手段として、「公議」を位置づけたのである。

(3) 権利の分配要求としての政治活動

西南雄藩や朝廷勢力・草莽の「志士」は、自ら主体として活動可能な国政参加枠拡大の訴え・試みを、攘夷の達成のための強力な「一致」を前提に展開した。しかし前章でみたように、拡大のベクトルは、本来は「一致」の概念とは相性がいいとはいえないはずである。では、彼らはこの点にはどう対処していたのだろうか。幕閣が「一致」をへて打ち出そうと苦闘していた集約の側面に、彼ら「持たざる者」はどう関わったのか。先に結論をいうと、幕末時点に限っていえば、彼らはこの問題をほとんどともに考慮していない。あるいは、置かれていた状況がその必要を生じさせなかった。

まず草莽の「志士」である。彼らは、関東と畿内を中心に自発的に活動をくり広げ、天誅組の大和挙兵、生野の変、房総の真忠組、桃井義八の武蔵での挙兵計画など、文久三年を頂点に幾度か「義挙」を起こしている。大橋訥庵《とつあん》の宇都宮挙兵計画のように、要人へのテロ（坂下門外の変）と連動したものもあったし、水戸の筑波山挙兵は規模としては最大だろう。しかしそのほとんどのケースで、挙兵後の具体的な展望は示されていなかった。たとえば天誅組に参加した伴林光平《ともばやしみつひら》は、当時の記録『南山踏雲録』のなかで自らの行動を「建武の中興」に結びつけている。「鳥語、元弘の余愁を含み、水聲、建武の残《ざん》悒《ゆう》を訴ふ」と、そこには歴史性と抒情性が溢れるが、現実の見通しは、「義兵を挙げれば、必ず各所でそれに呼応する草莽たちが立ち上がり、「幕府」を倒し、天皇親政の世が来るはず」という程度のもので、「光平に限らず、天誅組のメンバーは、『太平記』が描き出すような鎌倉幕府討伐のありさまを脳裏に描いていた」とされる（青山忠正『明治維新を読みなおす』清文堂出版、二〇一七年）。近世の民衆には、広く「太平記読み」の文化が浸透し、基層的なコスモロジーを形作っていたが（若尾政希『「太平記読み」の時代』平凡社、一九九九年）、『太平記』的世界観への憧憬と依拠は当時の類似の「義挙」の多くに共通しており、具体性の乏しさを期待と信念で補っているのが実情であった。自身の行動を『太平記』になぞらえる傾向は、平野国臣《くにおみ》における新田義貞の鎌倉攻めへの言及（『平野国臣伝記及遺稿』博文社書店、一九一六年）、久坂玄瑞における後醍醐天皇の「言路洞開」への言及（『野史台維新史料叢書』四〇）、奇兵隊における楠木正成の赤坂城の戦いへの言及（『奇兵隊日記』四）など、当該期の草莽の「志士」のあいだで広範に見られる。

朝廷と西南雄藩に関しては、地政学的な環境の影響が大きかった。条約調印後「日本政府」の窓口となった江戸では、幕閣は国内の要望（攘夷）と国外の要望（条約遵守）の板挟みに陥ったが、京都を中心に政治活動を行った朝廷と西南雄藩は、この矛盾構造に直面はしなかった。つまり、国家意思を対外的に表明したり、それが招く事態の責任を直接にはとらずに済む立場にあった。孝明天皇や公家は、安政～文久期に、西洋人を「犬羊」同様として全面拒絶したり、国土が「焦土」となっても攘夷せよと極言しており、前者では老中堀田正睦を「正気の沙汰とは思われず」と呆れさせ、後者に怒った「条約派」の水野忠徳は「承久の故事」を試みた（この計画が発展したのが翌文久三年の小笠原率兵上京であった）。また、慶応二年一〇月に越前の瓜生三演《うりゅうさんえん》が桂小五郎に、「貴藩にて兼て持論の尊王攘夷と申事は、依然変議これ無き哉《や》」と尋ねた際、桂は次のように答えた。なかなか凄い内容なので、これも引用しよう。

攘夷と申事は、所詮出来候訳にこれ無く、従来尊攘二字を主張致し候は、民心を攬《らん》するの策略にて、即今、天下万民吾藩を神明の如く欽仰《きんぎょう》致し候は、畢竟此の一効にて候、是の如く民心を籠絡《ろうらく》し、其の機を以て幕府を討ち平し、其の上にて開国の大業を建る志也、即今は吾藩に限らず、薩藩抔《など》も盛んに外交を始め、新納《にいろ》武蔵守、五大洲へ条約の為め出帆致し、吾《わが》長州人も七名其船へ附載致し候、是にて、薩の強国と雖《いえど》も攘夷の成り難きを見る可く、且つ薩の所為は其の事甚だ盛大にて、迚《とて》も吾藩抔の及ぶ所にこれ無く（「宇和島藩周旋方聞書」）

なんとも赤裸々な告白である。断っておけば、ここで桂が否定するのは前述の短期スパンの攘夷であり、長期スパンの攘夷まで諦めているわけではない。短期スパンの攘夷が叫ばれるのは、「民心を籠絡」して引き付けるためだが、その根本理由は、征夷大将軍の義務を果たさない「幕府」を倒して自ら改めてその役目を担うため（長期スパンの攘夷のため）であった。「開国の大業」とはそこまで含む言葉であり、「外交」「出帆」はその手段である。長州や薩摩が国内向けの顔をここまで露骨に使い分けられたのは、何をやっても国家として最後に尻を拭くのは徳川政権、という割り切りがあったからであった。

また、現実の活動では、朝廷では数の力で寡頭支配を揺るがす手法が生み出され、勢いを得る。安政五年の条約勅許問題の際には、一介の下級公卿に過ぎなかった岩倉具視が、いわゆる八八人の列参を組織し、関白九条尚忠が内決して案文まで作っていた勅許（通商許容）の方針をひっくり返した。近世の朝廷は徳川政権以上の縦社会であったが、岩倉たちは地下官人《じげかんじん》や非蔵人《ひくろうど》も含めれば数百人を動員した示威行為（九条の家に乗り込み家具を破壊したというから、単なるデモというよりは打ち毀《こわ》しに近い過激なもので、九条は命の危険を感じたと思われる）によって、既存の強固なピラミッド型秩序に風穴を開けたのである（奈良勝司「岩倉具視」笹部昌利編『幕末維新人物新論』昭和堂、二〇〇九年）。この手法は関係者に学習され、慶応二年にも徳川慶喜に同調する朝廷首脳部に反発して二二人の列参が行われた。また文久二年後半から翌三年前半にかけて猛威を振るった天誅も、西国の「志士」の圧力を背景に関白・武家伝奏の、さらには天皇の意向も凌駕した点で数の（暴力の）力に依っていた。

西南雄藩では、有力外様大名を中心に、石高の低い譜代大名が老中制のもと国政を牛耳っているとの不満が広く共有され、その打破が試みられた。そこでは元治元年の参預会議のように、老中合議を一部公家や大名に解放し再編成するという方針がとられたため、彼らの動きはどれだけ有力大名であれ、挑戦者による権利獲得要求としての性格をもった。そのため、長期スパンの攘夷という未来の大目標以外に、迅速に自らの責任で複雑な政治意志を集約する圧力には晒されなかったのである。江戸の老中は、幕末段階ですでに対外的な執行者であり事実上の責任主体であったから、議論がまとまらなくても反対派から罵倒されても、過労状態で職務を続けなければならなかった。これに対して京都に集った有力大名は、文久三年春の島津久光や松平慶永、同年八月の池田慶徳のように、また参預会議や慶応三年の四侯会議の参加者のように、自らの意思が通らなければ国許に引き揚げて抗議の意思を示すことができたのである。これは江戸の老中がくり広げた引き籠もりの空間規模を大きくしたようなものであったが、老中たちと違い、最終的な統治者責任を負わなくて良い分、執政者意識は深められなかった。

(4)横井小楠の系統にみる公議論の構造

こうした環境にあった以上、集約の発想は思想家においても希薄であり、少なくともそれは、雑多な意見を先入観なしに付き合わせて知恵を絞るものではなかった。では、意見を集約することなしに「一致」を希求するとはどういうことだったのか。以下、いわゆる公議政体論の代表で、議会論では必ず名前の挙がる横井小楠について見てみよう。元治元年（一八六四）作成の「海軍問答書」で、彼はまず「方今の憂《うれい》は、天下列藩各々便利を占め、人心一致せざるより大なるはなし、四海万国を引き受ずして叶《かな》はざる時勢と成り、国一致せずして何を以て天下を興さん」と現状を分析する。その上で、「天下の人情を通じ、天下の人傑を挙げて、天下の衆致を尽して、正大公共の王道を行せ玉はんに、内地は云に及ばず、海外の各国まで自然に王化に従はざることを得ず」と述べ、「一大経綸局を設け、広く天下の人才を挙用《あげもち》ひ」よと訴える（『横井小楠遺稿』マツノ書店、二〇〇六年復刻、初版一九三八年）。

一見して、維新政権の「公議」理解と論旨が似通っていることがわかる。これまで横井の思想は、近代日本が現実に歩んだ膨張政策との対比で未発の可能性として評価されることが多かったが、自己の価値を外に向けて放射するための国力増加、その手段としての衆議聴取→人心一致という回路は同じであり、ここでは膨張の論理は「王化」という言葉で表現されている。

ちなみに、横井は万延元年の「国是三論」では、インドに駐留するイギリス軍の歩兵・騎兵・海兵・

将校・軍馬・艦船数などの変遷を細かくメモしている。そしてその増強振りを、「軍士前に較べ二倍の多きに至る」と警戒しつつ、「印度《インド》は亜細亜《アジア》の南六部にして四方中に五分し（中略）今日に到ては南・東・中の三部は已《すで》に英の所属と成て、西・北の二部のみ猶《なお》各自の国王あり」と、インドが内部分裂でまとまらない状況下で侵略されている事実に注意を喚起していた（『横井小楠遺稿』）。彼らにとって、「一致」の不在は他国の侵略と直結させられ、過剰に嫌悪されるのである。

こうした、開かれた議論を介した「人心一致」への強迫観念は、一般に当時もっとも進んだ議会論を備えていたとされる土佐山内家などでも確認でき（文久二年付在京要路宛谷干城建白書草案『谷干城遺稿』三）、幕末政局下で他大名家にも広く浸透していたようである。しかし、これを現在私たちが想像するような個々の意見の尊重と同義に考えてはならない。では、具体的にこのような試みが実践に移されたら、果たしてどういった事態が起こるのだろうか。

此許《ここもと》、君公初め、執政・諸有司総《すべ》て一致いたし、初めて国是と云ふもの相立ち申し候、小生罷越《まかりこし》てより、年は四年に至り、去る初冬までは人心各々に分脈（派）いたし、陰険智術《いんけんちじゅつ》に落入り候を主として心配致し候処《ところ》、当夏以来、漸々《いよいよ》開明、各々心術の上に心を尽し候勢《いきおい》にて、遂に十月十五日大議論と相成り、十分の地位に押つめ候処此次第は筆には尽されず候昼夜の如く打替り、執政初め尽《ことごと》く落涙にむせび、十分の開明と相成り申し候、直様《すぐさま》執政一人・目付一人、江戸へ出府、中将公（松平慶永）に積年以来君臣否塞《ひそく》の次第言上に及び、臣は君に御断りを申上、君は臣に過《あやまち》を謝せられ、自然に良心の礼譲感発致し、靄然《あいぜん》たる春風《しゅんぷう》、窮陰《きゅういん》積雪の中に発動致し、去月廿五日両人帰国致し候、此事情自然と国中に風動致し、彼の俗論抔《など》も何となく消融致し候（『横井小楠遺稿』）

これは、万延二年（一八六一）正月四日に、横井が福井の状況を熊本の元田永孚ら弟子に知らせた書簡の一節である。熊本出身の横井は、当時越前松平家に招聘されて四年目にあたり、侍講として中央政局への態度をめぐる藩執行部の紛糾に対処していた。ここで記されているのは、「大議論」の果てに越前松平家が「総て一致」したことへの大げさなまでの歓喜である。昨年まではバラバラだった「人心」の一致だが、大事なのは、多様な意見が摺り合わさって最適な妥協点が見出されたわけではないことである。ここでは譲歩や折衷ではなく、自身の視点からみた啓蒙や説得がポイントとなっている。何が正しいのかは、横井のなかでは（たとえ漠然とした形であれ）すでに答えが決まっていた。問題解決は、抵抗勢力がその結論に感化されることで実現する。「大議論」は異論の対峙と創造の舞台ではなく、「俗論」を「消融」する機会として、最終段階で実施されたのである（伊故海貴則「近世後期〜幕末期における「議論」と「意志決定」の構造」『立命館大学人文科学研究所紀要』第一一五号、二〇一八年も参照）。

事情は、横井の書簡を受け取った元田永孚も同じであった。彼は明治二年（一八六九）の熊本藩の様子を一〇月七日に「同席一致の集議を以て、御三殿御一致、万般御運びの御都合に相成り、藪《やぶ》・住江・鎌田列も道理に伏し、終《つい》に廟堂上異論もこれ無く相成り申し候、御三殿は益《ますます》以て御一和にて、世君公には弥《いよいよ》以て御服従、何《いずれ》も思し召しの儘《まま》を御受遊ばされ（中略）虎殿・将監殿弥以て一服にて、大いに御都合も好く」と述べている（『元田永孚関係文書』山川出版社、一九八五年）。当時元田は、熊本実学党の一員として藩政に参与していた。彼が語るのも廟堂の対立が「一和」したことへの喜びであるが、そのプロセスはやはり反対派が「道理に伏し」、「服従」し、「思し召しの儘を御受遊ばされ」ることで実現している。異論を異論として尊重した上で妥協点を探すのではなく、元田たちには最初から自明の

「道理」が政敵を感化することで、問題は解決する。この横井と元田の師弟においては、共に議論の実践が自立した個〈私〉の反映を意味せず、むしろそれらを押さえ込む形で「一致」が目指された点を確認しておこう。正解（正しさ）は初めから決まっており、衆議（多数意見）がそこに重なるのが理想なのである。

③ 公議における衆議と至当性

(1) 言路洞開における至当性の論理と相互矛盾

横井系統の議論は、彼や彼に影響されたいわゆる公議政体派大名がその一翼を担うことで、この後維新政権の基幹政策の一つとなる。そこでは衆議重視と併せて与件的な正解（「道理」）が設定され、両者は「一和」という概念で結びついた。いうまでもなく、この「道理」は、いままでみてきた長期スパンの攘夷を実現するために必要な方策であり、少なくともそれを前提とし、最終的にそこに行きつくと考えられたことで正当化されていた。その内容は究極的には、「武威」を再び取り戻すための「正しい」やり方であり、「至当至理」とも表現された。言路洞開と至当至理は、当初から二つがセットで「公議」概念の骨格に組みこまれていたのであり、この理念は両要素が「一致」の義務を果たすことで初めて完成するものとされた。このような構造は、（長期スパンの攘夷に資する）国力の絶対値の上昇のために「一致」が必要で、そのためにはアイデアを出し合って最も正しく効率的な方向に進まなければならない、という前に確認した思考の回路を考えれば、当たり前といえば当たり前であった。ただしこのことは、「一致」を欠いた衆議や至当性が、それ単体では不完全であったことも意味している。

衆議と至当性が単体になってしまうというのは、政局の局面で一時的に両者が矛盾する局面が生まれることである。長期スパンの攘夷（「武威」の回復）という大目標が同じでも、それが大目標であればあるだけ、そこにいたるプロセスにはいろんなパターンが生じ得る。富士山に登るという目的は決まっていても、登山ルートは複数あり、かける日数もさまざまに決められるのと同じである。そして、実際にはここでしばしば軋轢が生まれた。それこそが幕末動乱の根本的要因だったのであり、何も政局は「条約派」だけが掻き回していたわけではない。前に横井や元田が、最初から自分たちのうちに正解をもっていながらそれでも「一致」を派手に喜んだのは、その困難をよく知っていたからでもあった。では、具体的に衆議（言路洞開）や至当性が単体だとどんな問題が起こるのか。

まず言路洞開である。これは政治決定に関与する枠を拡大するという話なので、当面は数の力が重要となる。元治元年の禁門の変直前の七月に、公家の中御門経之は破約攘夷を主張する長州の軍勢が迫りつつある京都の様子について、「士民、各畑物抔《など》相送り、偏《ひと》えに長州人を尊崇仕り」「衆人、攘夷決定を相待ち候事、大旱《たいかん》の雲霓《うんげい》を望む如《ご》く」「攘夷速かに決定すべしと、赤子《あかご》の父母を慕うが如く上洛を相待ち」などと述べていた（中御門経之建言書『中御門家文書』上）。人々が攘夷を支持し、上京してきた長州に期待を寄せていたことがわかる。しかしこの時点では、多くの攘夷派にとっても破約攘夷は少なくとも現実に実行するものではなくなっていた。前年に実際に西洋に戦争を仕掛け、軍事冒険主義に走った長州の姿勢は、ほとんどの政治勢力から国家を破滅に導きかねないものと警戒され、距離を取らせる要因となっていた。それなのに民間の攘夷熱はまだまだ高く、長州の暴走に力を貸す結果となっている。つまり、ここでは衆議は長州の危険な政治路線を支え、現実を誤った方向に導くものとして立ち現れている。情勢判断とは別の数の力が、国論を制御不可能な局面に運んでしまう事態が出現したのである。長期スパンの攘夷にシフトしていた勢力にとって、これは修正されるべき愚論となる。

至当至理についてはどうか。こちらは数の多寡に拘わらない主張自体の〈正しさ〉がポイントである。この概念の代表者は大久保利通で、慶応元年九月に薩摩の反対を押し切り長州再征が勅許された時に言い放った「非義勅命は勅命に有らず」という言葉が有名である（後述）。彼は慶応二年時点でも「衆議を聞食《きこし》められ候は、天下の公論を採らんが為なり（中略）今在京諸藩必ず太平の弊を免れず、宇内《うだい》の公法を知らず、假令《たとえ》ば兵庫開港の事を論ずるに不可然《しかるべからず》との論多ければ、其論に決せずんばあるべからず、又幕府え政権を御委任ならでは不可然《しかるべからず》の論多ければ、其論に決せずんばあるべからず」と、明らかに至当性の意味で用いる「公論」を衆議に優先させている（大久保利通建白書『大久保利通文書』一、マツノ書店、二〇〇五年復刻）。ここで大久保がいう至当性の内実は、「兵庫港は開くべき」「幕府に政権を任せてはならない」というものだが、実はまさにこの点に、至当性の構造的弱点が表れていた。それは、自分の正しさを客観的に証明できず、真逆の至当性が同時に存在できてしまうことである。

たとえば土佐の谷干城《たにたてき》は、同時期の建白で「薩州にも兵庫開港可然抔《しかるべきなど》申すと云説《いうせつ》は有之《これあれ》ども、全く夷狄《いてき》味噌《みそ》の憶病口《おくびょうぐち》より出《いで》候無実の曲言《きょくげん》」と大久保とは正反対の主張を展開していたが、それも「縦令《たとえ》天子の叡慮に出で候ても、猶当諫止《なおかんしにあたり》」という確信に根ざしていた（慶応元年一一月付、兵庫開港につき建言『谷干城遺稿』三）。また文久二年秋には一橋慶喜も、幕臣との会話の中で「諸侯を会同すべしとの議も、諸侯若《もし》時勢に適せざる愚論を申出《もうしいで》なば如何《いかが》はすべき（中略）此上春嶽殿にもあれ他の人にもあれ、意見あらば速《すみやか》に説破せらるべし」と述べていた（文久二年九月晦日付、一橋慶喜談話『続再夢紀事』一）。大名会議論の否定だが、彼も大久保とは真逆の至当性に立っていることがわかる。ここに見られるのは、主観にもとづく至当性の乱立状況である。自分が正しいと信じる人間が無数にいて、お互いに一歩も引かず衝突したら、客観的な判定などできず、結局ことの成り行きは声の大きさや腕力の強さに左右されてしまうだろう。つまり、衆議と至当性は共に片方だけでは不完全で、十分な正当性を帯びなかった。幕末の「公議」は、両者が渾然と混じり合って矛盾が伏在しつつも、「幕私」打倒という大義の前で、本格的には表面化しない段階にあったといえる。

(2) 条約勅許～小御所会議における衆議と至当性

集約の責任を直接は負わなかったこともあり、「倒幕派」は基本的に、衆議＝数の力を背景に徳川の寡頭支配を糾弾した。しかし、徳川政権の国政主導が揺らぎ、部分的にであれ西南雄藩や「志士」・公家勢力が国政に関わる事態が現実のものとなると、彼らも至当性と無縁ではいられなくなり、衆議との軋轢を自ら経験するようになる。それは彼らが責任の一端を担うようになったからという以上に、衆議に占める徳川政権の存在の大きさに起因していた。広義の攘夷さえ受け入れれば、数の力がものをいう衆議の現場で、徳川政権はなお権利と存在感をもっていたからである。薩摩や長州は幕臣の専制は否定できても、自身がそれに成り代わることを正当化はできない。また、徳川政権が（専制ではなく）他の大名らと共に、応分の責任を果たしてそれに見合った権利を要求すれば、これも否定し難い。

たとえば慶応元年（一八六五）一〇月の条約勅許では、一橋慶喜が公家を恫喝して強引に勅許をもぎ取ったとされ、大久保利通は、自分は諸侯を呼んで「天下の公議を以て御評決」せよと訴えたが拒否されたと怒りをぶちまけている（一〇月七日付西郷吉之助・蓑田伝兵衛宛書簡『大久保利通文書』一）。衆議を重んじた自分とそれを潰した慶喜（徳川政権）という構図である。しかし、慶喜らが諸侯の招集を拒んだのは時間的余裕のなさが一因であり、実際にはこの時、代わりに在京有力諸藩の留守居または周旋方が、一五藩、三十数名の規模で御所に集められ対外意見を述べていた。幕閣外勢力の国政参与という点では前年に行われた参預会議が有名だが、数名の大名に限られしかもすぐに瓦解していたことを踏まえれば、この諸藩士招集はそれに劣らぬ歴史的な出来事であった。しかもそこでは、勅許反対を唱えた薩摩は孤立した一方で、会津藩士外嶋機兵衛の演説が公家を畏服させており、土佐藩士津田斧太郎の開国論もあって、議論の大勢は条約勅許に傾いていた（奈良勝司「慶応元年一〇月五日の簾前評議」〈桑名市立博物館編・発行『幕末維新と桑名藩』二〇一七年〉）。要するに、現場では画期的な衆議聴取の試みが実践されていたのであり、条約勅許はその結果でもあった（大久保はこの過程を一切報じていない）。

大久保はこの時期、徳川批判の拠りどころであったはずの衆議に自らが逆襲される事態に直面しており、「非義勅命は勅命に有らず故《ゆえ》、奉ずべからず」「今日限りの朝廷」「皇国忽《たちま》ち暗夜と成り候」などと喧嘩腰で関白二条斉敬や皇族の朝彦親王に言い放っている。そして「至当の筋」や「至公至平」といった言葉をしきりに用いている（慶応元年九月二三日付西郷吉之助宛書簡『大久保利通文書』一）。その場の大勢に反してでも「大義」は自らにあると信じぬくことで、〈正しさ〉を獲得する至当性の論理がここにはある。同時に、それが衆議と重ならないことへの焦りと苛立ちも、ここには表れている。

次に朝廷で諸藩士が意見を戦わせる場が現出したのは、慶応三年（一八六七）一二月九日の小御所会議であった。王政復古政変の直後に、出来たての新政府の方針を定めるべく開かれたこの会議では、徳川政権と慶喜の処遇が問題となったが、大久保利通はまたも衆議の壁に直面している。当日の様子を詳述した越前藩士中根雪江《なかねゆきえ》の日記によれば、慶喜の辞官納地（反省を示すため官位と知行の一部を返上）の必要性をめぐって、議定の中山忠能《ただやす》、参与岩倉具視、および大久保ら薩摩が賛成したのに対し、「幕府衆心の不平」に触れた議定の山内容堂《ようどう》（土佐）、松平春嶽（越前）、徳川慶勝（尾張）、浅野茂勳《もちこと》（安芸）が反対にまわった。後に参与となる各藩士二〜三名ずつも同意見で、「薩を除くの外は、悉く越・土二侯と同論なり」という状況であった（『史籍雑纂』四）。この時大久保ら大名家臣はまだ陪席の立場であったが（参与任命は一二日）、彼らを外した計算でも、含んだ計算でも、辞官納地論は数的不利にあった。

また、三日後の一二日には、徳島・福岡・熊本・久留米・盛岡・柳川・二本松・佐賀・対馬・新発田《しばた》の藩士が上書して、徳川支持の立場から「衆議の帰す所を以て御施行これ有り」と改革を進めるよう訴えた（『改訂　肥後藩国事史料』七）。大久保や岩倉らは、慶喜が反省の態度を証明する必要ありとして、徹底的にその権益を召し上げようとしていた。対して、多くの大名やその家臣は、そこまでするのはバランスを欠くし、そもそも将軍を辞めても、依然として最大の大名を率いる慶喜が新政府の評議にタッチできないのはおかしいという立場であり、数の上ではそちらの意見が有力だったのである。

こうした状況のなか、大久保利通は二年前と同様、「至当」の「条理公論」をもって辞官納地の必要性を訴えていたが、形勢が悪化するにつれてますます自身の至当性を先鋭化させていく。容堂や慶永らの尽力によって穏健論の巻き返しが進み、慶喜の復権がほぼ確実になりつつあった翌慶応四年（一八六八）の正月三日には、大久保は「議定職の御方、下参与職の者、具眼の士一人もこれ無く、平穏無事を好んで、諛言《ゆげん》を以て雷同を公論になし」と新政権の現状に不満を漏らし、最初から「衆評に渉《わた》らず、確断に出候へば」よかったと吐露している。そして「長・薩の朝廷たるやふにては相済まずとの論、一通り当然とは相考候へ共、此の如き御急迫に臨んで、左右顧念あるべきものなるか」と開き直った上で、「干戈《かんか》を期し」と劣勢打開のための武力衝突を期待したのである（岩倉具視宛意見書『大久保利通文書』二）。鳥羽・伏見で状況を一変させる砲声が響き渡ったのは、その直後のことであった。

④ 大攘夷・一致・公議

幕末の「公議」論は、攘夷願望に根ざす挙国一致要請と不可分に成長した。攘夷とは、外国を一律に日本から遠ざける武力行使のみを言ったのではない。また自己の性格規定や社会の統治構造とは無関係の、狭義の対外政策としてのみ提起されたわけでもなく、それらが混然一体となった、包括的なものの考え方・志向性を指す概念であった。なぜならその眼目は、「夷狄」を自己の世界から消すことではなく、交際の際の主導権の保持という、接触を前提とした上での彼我の主客関係にあったからである。大政奉還後の諮問に応えて名文と称えられた松代藩士長谷川深美《ふかみ》の建白は、「攘夷と鎖港とは素《もと》より別」とした上で、「大地の元首」であるところの「皇国」に「帝王」を名乗る外国も臣下として仕えるべきで、そのためには「海内の諸藩一心一致」して「通商・貿易」につながる「交際の御法則」を整備すべきと述べていた（信濃国松代真田家文書、国文学研究資料館蔵）。一周まわって「武威」の挽回に寄与するのであれば、攘夷は開国や西洋化とも充分両立可能で、むしろ逆に未来に向けた戦略として、〈攘夷のための開国〉や〈攘夷のための西洋化〉がなんら矛盾することなく導き出し得たのである。

当該期に清算されずに、むしろ維新の大義名分となった広義の攘夷論は、政権が依って立つ正当性の重要な骨格を構成することになった。ただし、「武威」が敗戦を決して許さない心的構造を備えていたことは、維新政権が唱える攘夷の段階化・長期スパン化につながった。現段階では戦えば必ず負けるという情勢判断は、超克のための西洋化（凌駕するための敵の模倣）に対するハードルを劇的に下げ、武備充実・富国化といった段階的な目的のためには、既存の文化・風俗や統治システムを際限なく破壊・再構築していく道を新たな為政者たちに開いた。西洋「夷狄」を再び凌駕する「武威」を獲得するためならば、他の全てを犠牲にする政策基調が「維新の変革主体」に共有されたのである。

そして、かかる大目標は、「異」や「私」と見なされる対象や行動に対する徹底した嫌悪・非正義化を関係者の心髄に植え付けた。長期スパンの攘夷に至る段階論の具体策として想起された武備充実も、通商による富国化も、突き詰めれば全て国力を効率的に集約してその絶対値を上昇させるために目指されたのであり、そのためには身分階層・領域をこえた闔国《こうこく》の「一致」協力が必須とされた。

そして、「一致」実現のための欠くべからざる要素として前景化したのが、衆議と至当性であった。理念形成と浸透にあたって大きな役割を果たした横井小楠と熊本実学党の系譜においては、「公議」は多数意見としての衆議と正しさに直結する至当性を両軸として、二つが「一致」するという条件のもとに成り立っていた。長期スパンの攘夷に向けて諸人を導くには、〈至当性〉に即した指導が必要だし、その大前提を共有した上で個々の知恵を募って総員の協力（動員）を実現するためには、衆議の汲み取りと反映が必要になる。公議所に集った洋学者の神田孝平は、慶応四年四月の時点で「独立」を達成するための「国力」の養成という観点から、「国力を起さんと欲せば日本国中一致せざる可からず」「日本国中をして一致せしめんと欲せば、宜《よ》く国人をして悉く政府の政に従はしむべし」「国人をして政府の政に従はしめんと欲せば、政府に於て日本国中の衆説を採るべし」と述べていた（「日本国当今急務五ヶ条ノ事」『淡崖遺稿』一九一〇年。山崎有恒「公議所・集議院の設立と「公議」思想」『講座明治維新3　維新政権の創設』）。

その定義は、衆議が真で至当性が偽とか、その逆といった二者択一のものではなく、両者が「一致」を介して同義となることに理念としての生命線があった。それゆえ、「公議」実現の具体策として隆盛した議会論も、〈全会〉「一致」に至るべきという観念が当初からその内面に強固に組み込まれていたのである。ただ、その主唱者が在野の立場から徳川政権を攻撃していればよかった幕末段階では、現実の「一致」をシビアに問われる場面はほとんどなく、局面にあわせて衆議と至当性の両方の論理を使い分けることができた。しかし、彼らの政治運動が効果をあげ、徳川政権の政治主導が後退または譲歩をみせ始めると、衆議は一部〈逆流〉を起こし、徳川政権を擁護したり彼らに一定の権利を認める根拠としても機能し始めた。かくして、大目標＝長期スパンの攘夷への奉仕は共有しながらも、至当性と衆議がその主導権をめぐって緊張関係を孕みながら、新政権の樹立へと向かっていったのである。

六

国力底上げと一致の希求

――明治以後の展開――

明治六年政変を描いた錦絵（想像画、揚州斎周延 画）

「公議」を掲げて成立した維新政権は、民意の汲み上げ（衆議）と強力な政治主導（至当性）がせめぎ合うなか、空間と階層の両面で近世の共同体を解体（廃藩置県・四民平等）し、急激な国土の均質化と権力集中を図る。明治６年には、衆議（「征韓」の即時実行）と至当性（攘夷の延期と富国強兵）が分裂し、対処策として民撰議院と立憲制・君徳補導の実現が具体政策化するが、「一致」への回帰願望も継続し、日本は新たな近代化段階へと突入する。

① 議事政体の試みと混乱

(1) 幕末の議会論

維新政権は、戊辰戦争の緒戦を制したことで一気に有力化した。ただ、それは自らが掲げてきた「公議」に、今後は国家主権者としての執行責任が伴うということであり、衆議と至当性の矛盾に正面から取り組む状況の到来を意味していた。そしてその際の最大の問題は、政府の性格と執行の方法をいかに定めるかであった。王政復古の大号令では、「先ず仮りに」総裁・議定・参与が設けられたが、「至当の公議を竭《つく》し」「公論を以て大政を議せられ」の内容は、まだ何も具体化していなかった。

慶応三年（一八六七）の小御所会議では、この三職で合議したものの、数に勝る容堂や慶永の「衆評」に対して大久保や岩倉が「正論」の立場から「強弁して屈せず」、衆議と至当性が膠着状態を生んでいた。慶永・容堂やその同調者は、慶喜贔屓や雷同と難詰されることを嫌いその場では持論を全開にはしなかったし（ということは、後日の根回しを含めて会議外で目的を実現しようとしたのである）、大久保は数の勝負では叶わないとみて戦争に期待をかけた。これは、意思決定システムが正常に機能している状態ではない。

そもそも、「倒幕派」の政体構想は慶応三年に至っても執行者に関する具体的発想を欠いていた。坂本竜馬のいわゆる船中八策（六月）、薩土盟約（六月）、山内容堂上書（九月）などこの時期の代表的な政体論をみても、上下二つに分かれた「議政局」「議事院」などを設け、あるいは「諸侯会議」「人民共和」で諸事を論ぜよという一方で、その内容は「道理明白」「誠実」「私意を去り公平に基づき、術策を設けず正実を貴び」「人心一和」「一心協力」などと倫理や心構えを説く記述が大半で、制度・システムとしてどう意思決定に至るのかはまったく記されていない*（もっとも、船中八策は今日では史料としての同時代性が疑問視されている。青山忠正『明治維新を読みなおす』。知野文哉『「坂本龍馬」の誕生』人文書院、二〇一三年）。井上勲氏は、彼らの公議政体論の構造的弱点について「公正無私の精神さえあれば、瞬時にして、大条理は行なわれ大基本は立つ（中略）それぞれの藩が公正無私の精神をもてば、議事院の決定が遵守されるにちがいなく、かくして、全国にわたる政治統合が達成されるというわけである」と述べ、思考の枠組みの陥弄を鋭く指摘している（同『王政復古』中公新書、一九九一年）。

＊これに対して、上田松平家の赤松小三郎の政体構想（五月）・老中稲葉正邦の意見書案（一〇月）、同大給乗謨の意見書（一〇月）など、幕閣ラインか「倒幕派」から距離をとっていた人物（赤松は薩摩に招聘されていたが、立場の違いから中村半次郎に暗殺される）の案には、「宰相」「大閣老」「国事懸《がか》り」「太政官」「曲直《きょくちょく》裁断の職」など、執行者にあたる職や組織の名前がみられ、また担当分野や定員にも触れられるなど、まだしも具体的である。西周《にしあまね》の議題草案や津田真道《まみち》の意見書も同様である。

これは集約への相対的無頓着の表れといえるが、そのため政変によって新政府が発足した時に、突如として総裁・議定・参与の三職が登場したのである（大号令の文面は岩倉と大久保が国学者の玉松操《たままつみさお》に起草させたという。井上勲前掲書）。しかも、小御所会議での状況が示したように、これとて会議の構成体という以上の体系的な分掌規程はなく、政府を執行主体として実際に動かしていく道は暗中模索であった。本章では、「武威」を取り戻すための〈交際〉と〈富国〉という段階論を大枠で共有した新政府が、国内統治に際してどう「公議」の実現を図ったのか、その綱渡りの推移と結果をみよう。

(2) 新政府の船出と初発の意思決定様式

統治や執行の具体像を前もって詰めていたわけではなかった新政府は、その組織を発足直後から目まぐるしく改変させていくことになる。しかも、それは机上の議論ではなく、現実の戦争状況のなかで眼前の難題にどう対応していくかというシビアで実際的な問題でもあった。露骨にいえば、出たとこ勝負で試行錯誤をくり返しながら、当面の政局を生き延びる道が模索されていったのである。

慶応四年（一八六八）正月一七日には「三職分課」が定められ、神祇《じんぎ》・内国・外国・海陸軍・会計・刑法・制度の七課が政務を分担するようになるが、トップのはずの「事務総督」が制度寮以外は二〜四名もおり（!）、また三職の職務も「議事の体」で行うと定められるなど、独任の執行主体は立ち上がっていない。二一日付で制度寮から達せられた勤務規定では、「三職における政務の執行全体が会議を中心に進められ」る原則が示され、政府は「『公議政体』を、「王政復古の大号令」での宣言に止めず、自身の政治制度として実現しつつあった」（奥田晴樹『維新と開化』吉川弘文館、二〇一六年。以下、制度面の変遷に関しては同じ）。「東征」に伴う二月三日の「三職分課」改変では、「万機を総《す》べ、一切の事務を裁決」するのは総裁有栖《ありす》川宮熾仁親王《がわのみやたるひと》という個人ではなく総裁局という組織になり、一七日に新設されていた副総裁の三条実美と岩倉具視が総裁と同等とされた。トップ人事の面でも王政復古政府は集団指導体制となったのである。七課から八局に改められた各局長官の「督《かみ》」は独任になったが、同時に「議事」を司るとも定められており、「各事務局の運営が談合方式から容易には脱却できない状況」が続いた。

注目すべきは、戊辰戦争が続くなかでしばらくこの傾向が持続していることである。大久保利通は、いまや自らの足枷ともなりかねない衆議を打破するために戦争を待望した。しかし、鳥羽・伏見の戦い後も衆議重視の姿勢は容易に変わらなかった。軍事指揮官になった親王は、しかしその制度的隔絶性をすぐさま相対化され、制度的に強力な頂点権力を創出して戦争遂行のリーダーシップを発揮しようとする志向は、少なくとも当初は前面化しなかった。数年ぶりに中央政界に復帰した木戸孝允も、二月一二日付の伊藤博文宛書簡で、「此度《このたび》の戦争（中略）骨に入らざる気味少なからず、諸事下流にのみ従い目前の処にばかり力を用い、永遠の大策とては更に相窺《あいうかが》われず」と語っている（『木戸孝允文書』三）。その代わり、海陸軍の定員二名の事務掛が広沢兵助（真臣《さねおみ》）と西郷吉之助（隆盛）で占められたように、薩長の実力者が軍事部門の実権を掌握することで、現実的に戦争を遂行しながら政権の主導権を確保する方策がとられた。

確かに、戦争は極限状況のもとで個々人の決断に大きな意味と力を与えた（鳥羽・伏見の戦いは、当初は旧幕府と薩長の私戦だったが、大久保・岩倉の主張で自作の錦旗が掲げられ仁和寺宮嘉彰《にんなじのみやよしあきら》親王が三職にない征討大将軍に任じられたことで、官軍と賊軍の戦闘という構図になった）。しかしその一方で、軍勢の確保と士気の維持の必要から、衆議の重要性もまた高まった。遡れば、第二次長州征討では老中小笠原長行が（幕臣内の衆議重視とは対照的に）参戦大名との疎通や合意形成を蔑ろにしたせいで前線を崩壊させていたし、戊辰戦争の軍功で有力政治家に躍り出た土佐の乾《いぬい》（板垣）退助は、会津戦線で民衆の松平家からの離反が勝敗を決定づけたのをみて、自由民権運動の着想を得たと後年回想している。逆説的だが、剥き出しの暴力や数の力の総量がシビアに問われるからこそ、戦時には指導者個人の決断や資質と同じぐらい、衆議への配慮と合意形成が厳しく問われたのである。

このことは、当初は政府に天皇が位置づけられなかったことからもいえる。国内的には「幕私」を克服したことが正当性の源泉にあった以上、新政府自らが衆議の体現者であることは、単なるレトリックを越えた彼らの生命線であった。「大号令」で「神武創業」とぶち上げはしたものの、政権の正当性は神秘主義ではなく、寡占状態の国政が全員参加型に改められたとの建前に説得力を付与し続けることで確保される必要があった。別の言い方をすれば、新政府は発足直後の段階から、誰か一人に権力が集中することのない、衆議を核に据えた態勢として始動し、そのかたちにこだわった。また、現実に政権を握った以上、当面の対外政策にフリーハンドを確保するためにも、かつて徳川を攻撃していた時のような激しい自意識や未来の攘夷方針は、あまり露骨に出さない方が賢明でもあった。

しかし、現実にはまさにこの対外政策をめぐる熾烈な軋轢こそが、政権からその余裕を奪っていくことになる。後述するように、江戸城総攻撃を控えた時点で政府は窮地にあり、結束を固めるためにも天皇の〈出し惜しみ〉は不可能になった。こうしたなか、三月一四日に五箇条の誓文が出され、天皇が群臣を従え天地神明に誓いを立てるかたちで初めて政治の前面に登場する。そしてこの誓文に対し、諸侯や公卿がさらに「謹《つつし》んで叡旨を奉戴《ほうたい》し、死を誓い黽勉《もうべん》従事」する奉対誓約を署名し、その総数は三日間で七六七人に及んだ。「遠き祖尊の恩頼」に尊崇の念を示し、現在ではその天皇に全大名が臣従するという、時間と空間を組み合わせた理念的な一体性の秩序が提示された。外国の「凌侮」を排して「万里の波濤《はとう》を拓開し、国威を四方に宣布」することを謳った同日の「億兆安撫の宸翰」とあわせ、かつて会沢正志斎が主張していた、時空を縦横につないだ自尊的国家意識を体現した布告である。

その際、改めて「会議」を政治運営の核に据える旨が示されたが、背景には小御所会議から続く意思決定手法と政治参加枠をめぐる相克があり、当初「列侯会議を興し」とされた三岡八郎・福岡孝悌《たかちか》案が、木戸孝允により「広く会議を興し」に改められた。論理面でも、大名によるボトムアップ式の「会盟」が天皇主導に変更されたのである。大名の思惑に掣肘《せいちゅう》されぬよう、参預会議以来の有力大名の政治参加をさらに推し広げるかたちで、抽象的だがその分広範な理念がここに正式表明された。

(3) 草創期の対外問題をめぐる軋轢と政府の再凝集

新政府が、当初は避けていた天皇存在の前面化を行ってまで求心力確保を図ったのは、大坂行幸問題とならんで、この時期対外関係が現実の危機に瀕していたからであった。野党的立場である意味〈気楽〉に壮大な未来計画を論じるのと、戦争という極限状況下で現実に目の前の西洋列強と交渉をくり広げていくのは、具体性と切迫性に雲泥の差がある。すでにみてきたように、〈富国〉による国力の底上げ→長期スパンの攘夷の実現という大原則は、この時までには新政府関係者におおむね共有されていた。しかし、それはあくまで徳川政権主導で断行された条約勅許という事態を、彼ら自身のなかでどう生産的に消化するかという、納得の仕方・解釈の次元の問題として論じられてきたものであり、現実に「夷狄」と折衝する立場になった時、その対応の仕方に温度差が生じるのは必然であった。

正月なかばから、神戸事件（正月一一日）、堺事件（二月一五日）、パークス襲撃事件（二月三〇日）が立て続けに起こる。これらは政権の頭越しに攘夷が決行されたもので、偶発的に起きたというよりは、あくまで短期スパンの攘夷を求め、新政府が徳川政権同様に「夷狄」に親しむことを拒絶する（この文脈では〈富国〉論は単なるごまかしになる）メッセージが込められたものでもあった。しかし、外交事務取調《とりしらべ》掛《がかり》総督の伊達宗城と同取調掛の東《ひがし》久《く》世《ぜ》通禧《みちとみ》は、大坂で迅速に対応し、犯人の逮捕・処罰を行い、西洋列強側は満額回答に近い結果に新政府への信頼を深める。ただ、これらは京都の政府本体と大坂の外国局という地理条件が生み出す時間差を利用して伊達や東久世がなかば独断で執り行った側面もあり（澤井勇海「「交際」から「外交」へ」『国家学会雑誌』第一二九巻第九・一〇号、二〇一六年。以下、対外問題に関しては同じ）、政府全体で熟議・合意したものではなかった。西洋列強との関係が決裂したり、彼らが旧幕府側につくような事態を避けるために、正攻法からは導き出せない大幅な譲歩をアクロバティックに行うことで、当面の危機を回避したのである。幕末にみられた現場の幕臣へのしわ寄せと彼らの独断による事態の切り抜けが、新政府発足後も形を変えて現れたといえる。

ただし、伊達や東久世が依拠したのは「条約派」幕臣のような国家対等観や条約遵守論ではない。二人は幕末段階から徳川政権の条約遵守姿勢を支持してきたわけではないし、少なくとも攘夷派による幕臣攻撃を体を張って止めてはいない。眼前の危機回避という状況判断を除けば、彼らを規定していたのは「万国公法」概念であった。「万国公法」は、中国でマーティンが、日本では慶応二年（一八六六）に蕃書調所の西周が著した書名に由来する名前だが、前者が宣教師として中国人に新たな価値を植え付けようとしたように、本来は国家間の慣習の集積である国際規範を、あたかも地球上の全ての国家を覆う共通の明文化された法律があるかのように描き、少なくとも聞き手にそう思わせる効果があった。「条約派」の世界認識との対比でいえば、彼らが国家間には普遍的で超越した価値はないという諦念にもとづき最低限の規範として条約秩序を想定していたのに対し、「万国公法」は逆に国家を超える上位規範があるという観念に立脚しており、それゆえに「文明」などと同じく（あるいはその一部として）、華夷思想における「華」概念の西洋版のように受容することが可能であった（渡辺浩『東アジアの王権と思想』）。幕末に激烈な攘夷論を抱いていた人物ほど、明治初年になると一時的にではあれこの「万国公法」概念を多用して、普遍的イメージから西洋との交際を正当化するケースが多い。要するに、ある種「物神化」されたかたちで普及したのである（山室信一『思想課題としてのアジア』岩波書店、二〇〇一年）。鳥羽・伏見の戦いの負傷兵を最新の西洋医術で治療するために西洋人医師ウィリスの入京が行われた際も、「万国公法」概念がその理由づけに使われた。幕末には「夷狄」の都入りは最大のタブーであったが、〈万〉〈公〉の美名と戦争遂行のリアリズムの前にあっけなく実現した。

このように、新政府は西洋列強を引き付ける（敵に渡さない）ために必要な譲歩を、「万国公法」で正当化した。しかし、根本的には辻褄合わせのこの論理に納得できない勢力は政権内にも多く、公家の中山忠能や中《なか》御《み》門《かど》経《つね》之《ゆき》・大原重徳らは（彼らは武人でない分、「武威」の倒錯した原理――戦争に勝つためには西洋との連携や西洋化にも甘んじる――に拘束される度合いが少なく、文化的あるいは純理的な側面から、これまで共に「夷狄」を排撃してきたはずの同志の〈心変わり〉を批判し得る立場にあった）、西洋諸国との即時決裂までは望まないながらも、伊達や東久世らの〈行き過ぎ〉に不満を隠さなかった。在野の攘夷派の怒りはそれ以上で、パークス襲撃などは、譲歩をくり返してあまつさえ「夷狄」の入京すら許した新政府への、抗議表明の意味合いを明らかにもっていた。要するに、現実の西洋との交際が始まったことで、「〈富国〉を経ての未来の大攘夷」というおおまかな（ある意味融通無碍な）理念系で糊塗されていた、政府の内外や構成員間の意識の温度差が露呈したのである。かかる事情によって、衆議の尊重姿勢と外国への配慮から前面化は避けられていた、頂点権威（天皇）の絶対性・神秘性と尊大な自己意識に立脚した未来計画が、一対の関係のもと強力な国是として示された。それが五箇条の誓文、「億兆安撫の宸翰」、五榜《ごぼう》の掲示といった、列島地域の全階層に向けた天皇の宣言である。続いて閏四月二一日にはいわゆる政体書が発布され、三権分立など行政の具体像が定められると共に、全国を「府藩県」の単位で把握してそれらを治めていく方針が示された。

(4) 東北戦争後の公議と文明論の受容

では、戊辰戦争の収束は、このような構造に立っていた新政府にいかなる事態をもたらしたのか。九月に会津などが降伏して東北戦線が収束すると、いまだ榎本武揚率いる箱館脱走軍の脅威が残ったとはいえ、戦闘の帰趨によって未来の趨勢が全く読めないという状況ではなくなった（西洋列強は局外中立を解いて新政府を唯一の正統政府と認定する）。秋から翌明治二年（一八六九）にかけて、東京奠都《てんと》（事実上の遷都）が行われるなど、政府と社会は平時への移行と本格的な体制整備に向かう。

こうしたなか、内政では議事政体の本格化と具体化が進められた。公議政体論の骨子は西洋知識の影響から二院制にあったが、新政府は政変で立ち上げた三職を母体に戦争を遂行しながら、同時に当初から「上の議事所」と「下の議事所」を整備する意向を示していた。「上の議事所」は三職の会議が事実上これに相当したが、その主たる構成体の議定と参与を「徴士《ちょうし》」にして、四年の任期を定め再任は「衆議」によるとした。「下の議事所」は、前の「徴士」とは別に「諸藩士」や「都鄙《とひ》有才の者」から追加で「撰挙抜擢」された「徴士」と、大名が規模に応じて自家から選任する一〜三名の「貢士《こうし》」で構成されると定められた。

ただ、これらは戦争中ということもあり、「徴士」の選抜法が不透明などいまだ煮詰められたものではなかった。そこで東京奠都に合わせ、明治二年春の「公議」のための諸大名の東京招集と、諸藩の代表を集めた公議所の設立・開催が布告された。「上の議事所」と「下の議事所」の本格整備の試みである。しかし、客観的正当性はともかく、少なくとも最低限の〈志〉は共有していた三職体制と異なり、全大名当主と家臣団の網羅的招集と意見聴取は、議事への消極姿勢や江戸城の詰間・留守居組合の枠組みに即した横並び的対応を誘発した。また、長期スパンの攘夷論を大枠で共有するがゆえに、西洋文化の受容や武士の特権解体にも理解があった政府中枢とは異なり、公議人の多くは〈大攘夷のための西洋化〉に慎重姿勢を示し、廃刀案などをめぐり洋学系知識人とのあいだに深刻な軋轢を生んだ。さらに、そもそも各大名家を代表する公議人には、構造的に議論における譲歩が難しく、多くの否決者を生む時間を区切った多数決は困難であった（三村昌司「公議人の存在形態と公議所における「議論」」『歴史学研究』第八四二号、二〇〇八年）。

議事機関自体がもった問題性に加え、対外問題も深刻さを増していた。戊辰戦争が収束し外国が局外中立を解いたことで、外国への配慮から敵意を抑制する必要が攘夷論者から失われてしまったからである。また岡山や鳥取など攘夷論に親和的な大名家が戦争で一定の活躍をみせたことも、その発言権を増大させていた。宮中勢力の志向も大攘夷論者の悩みの種で、木戸孝允と岩倉具視は明治二年四月上旬に、大原重徳が引き立てた中宮付きの「若江」という女中が「攘夷説尤盛《もっともさかん》」で、「大攘夷論頓《とん》と御採用の義に無之《これなき》」ことを批判している（『木戸孝允文書』三。『岩倉具視関係文書』四）。長期的な視座に立つ「大攘夷論」を理解せず、「攘夷説」の見地からこれを邪魔されることへの嘆きである。

つまり、対外的危機が緩和されたことで、皮肉にも強硬論に対する縛りがとれ、大胆な譲歩によって草創期の政権の綱渡りを成功させてきた伊達や東久世らとの軋轢が、深刻さの度合いを増しつつ再現される事態となったのである。巷間の直接攘夷への期待と新政府への不信は相変わらず盛んで、この後も含めれば、横井小楠・大村益次郎・広沢真臣といった要人が次々と暗殺されていたが、政権内からの犯人への同情論も深刻であった（そしてこうした感情は、天皇の東幸〈江戸への行幸〉というイベントが断行されたことで一層刺激された）。戦争という極限状況が収束したことで、全面化した理想政治が構造的に抱え持っていた矛盾が露呈するとともに、対外姿勢を辛くもまとめていた縛りが外れたことで政府は危機に陥った。こうした事態をうけ、東京の三条実美らは岩倉や薩長実力者による救援を乞うた。

岩倉・大久保利通・木戸孝允らは、天皇東幸や版籍奉還《はんせきほうかん》の地ならしに忙殺され、政府の体制構築では後手に回っていたが、ここにきて攘夷派と「公法」信者を共に排除する挙にでる。理念の外形にこだわらず、強固な信念を武器に当面の時局を突破するのは、彼らの得意とするところであった。また、危機を切り抜けること自体を優先すれば、両派の中間領域を選ぶのは比較的反発を生みにくい手法であり、ことの成否は中道をゆくことで事態を収拾できるか否かにかかってくる。このような背景のもと、岩倉は四月二七日にイギリス公使パークスと会談をもち、維新以来の度重なる襲撃や不祥事からこの時期政府高官を「辱め」「愚弄」していたパークスを非難した。その論理は、日本人が少なくとも最近まで他国を蔑視していた国情を考えれば、パークスの怒り様は非文明的であり、「情けを知らざる」態度ではないかというものであった。また、在京中の木戸も同時期に、日本は外国人からみれば「諸事、十歳か十一二歳位の小児」同様なので、成人と同じ分別を求められても困るとして、「助け」てくれないなら交際の意味がないと述べている（澤井勇海「「交際」から「外交」へ」）。

岩倉や木戸らのロジックは、攘夷論の根強さを逆手にとって西洋列強側の理解を求める奇策であり、実際にパークスは、白々しい嘘をつかれるよりは「真実の論」を聞けてよかったと評価する。しかし、ここで見逃せないのは、岩倉や木戸が事態を切り抜けるために、たとえ便宜的にせよ西洋の文明概念を完全に受け入れたこと、またその尺度に沿って日本が劣位にあると明言したことである。

彼らは西洋的価値を全面的に受け入れたわけではなく、岩倉は二月に起草した建白書では、「万国公法の如きは（中略）恃《たの》むに足らず、守るにも足らざるなり」と述べて、「公法論等を主張する」連中は「洋癖」の体現者であると言い放っていた（『岩倉具視関係文書』一）。一年前には「万国普通の公法」は「妄《みだ》りに動かすべからず」と述べていたのが（同前）、戦争が終わると掌が返されたわけである（もちろんこの一年で岩倉が初めて学んだ経験もあったにせよ、彼の優れた洞察力を考えれば、当初からその発言は過激攘夷派の説得・籠絡というレトリック的要素が強かったのだろう）。木戸孝允も明治元年一一月一三日に、「万国公法」は「人の国を奪ひ候」ための「名目」に過ぎないと述べていた（野村靖宛書簡『木戸孝允文書』三）。かつて古賀侗庵・謹一郎父子が能動的な文脈で見出した条約の建前性が、逆のかたちで発見されている。したがって、彼らは外交難題を凌ぐために自らが信じてもいない西洋的価値を前提に、乾いた現実対応として自国の未成熟を認めてみせたことになる。「万国公法」の採用はすでに前年に布告が行われていたが、文明的劣位性の公的言明は恐らくこの時が初めてであった。

つまり、ここに至って〈大攘夷のための西洋化〉は器械技術のみならず、世界の把握方法にも及んだのであり、眼前の危機を切り抜けるために、排除対象の「万国公法」信者以上に西洋文明観・序列観への適応（露骨にいえばすり寄り）がなされた。もちろん、彼らは実利を得るために自覚的にそうしているのであり、そこにはあえて相手の土俵に乗ってみせることで示される皮肉のニュアンスすら感じられる。しかし大事なのは、当面の外交決裂を避けるためなら（長期スパンの攘夷のための〈富国〉の時間稼ぎになるなら）、哲学次元や文化的世界観の領域は融通無碍な操作対象として、彼らのなかでは非常にドライに位置づけられているという事実である（この跳躍は、会沢正志斎や山田方谷といった文人にとっては、いくら未来の攘夷のためとはいえ到底受容できないものであろう。文化的排外主義に根差した欧化への警戒感と拒絶心は、当時の史料に大量に確認できる）。換言すれば、哲学や文化的世界観の問題は、彼らにとっては武力におけるライバルのキャッチアップという優先課題の前に、平気で操作可能な対象だったのである。しかも当然、このような我慢は一時的なものに止まり、未来に克服されなければならないから、かかる倒錯によって長期スパンの攘夷への決意はいっそう高まった。

2 廟堂に〈純化〉される公議

(1) 政権の危機と「公選入札」の実施

ところで、こうした極めて実利主義的な（マキャベリスティックな）政治手法は、どこから正当性を得ていたのだろうか。彼らがそのための梃子にしたのは、「公選入札」の実施であった。官吏の公選は政府の発足直後から議論されており、政体書でも公的に宣言されていたが、戊辰戦争下という過渡的状況もあっていまだ実施されていなかった。大久保らは元来、衆議の反映よりは至当性観念にもとづく自らの確信を行動の原動力としていたが、明治二年（一八六九）春の東京は土佐の後藤象二郎らが力を握る状況で（松尾正人『木戸孝允』吉川弘文館、二〇〇七年）、「公議」の制度確立の機運に満ちていた。この新政府の正当性の根本を無視するかたちで、個人的確信のみに依拠して戦後の体制構築に乗り出すことは不可能であった。しかし他方では、先述した対外問題が、公卿や諸侯によって肥大化した議定の合議では解決不可能な混乱を生んでいた（これら「上院」の実態に加え、下院に擬せられた公議所も先述の事情のため、対外問題の苦境を解決するどころか、むしろ自ら問題を生みだす要因となっていた）。そのため、東京を離れていた岩倉・大久保・木戸らの声望を相対的に押し上げる状況が生じたのである。こうした〈好機〉をとらえて、大久保は明治二年五月一一日に岩倉に「公選入札」を入説した。そして反対論を押し切り、電光石火で一二日に自らを行政官の機務取扱に任じさせて、後藤象二郎らと同等の権限を得た上で、一三・一四日の実施にこぎ着け、結果、彼は三条とならんで最多得票を獲得した。

この時の得票数をみれば、最多得票は三条と大久保の四九票、次点は岩倉具視の四八票であった。四位は木戸孝允の四二票だが、五位以下は副島種臣の三一票と、差がついている（「公選法ノ詔書」『大久保利通文書』三、他）。限定されたかたちとはいえ、三条・岩倉・大久保・木戸といった政府要人が、至当性に加えて衆議の支持も得ることで、政権の代表者的存在となったことがわかるだろう。

もっとも、ここまでの経緯をみれば、大久保らが純朴な理想から「公選入札」を行ったわけではないのは明らかである。たとえば岩倉は四月六日に「断然と在職の徒《と》御《お》取替《とりかえ》」の決意を示しており（木戸孝允宛書簡『岩倉具視関係文書』四)、「公選」はこのような目的の実現手段でもあった。得票数が示される以上、そこにはふたを開けてみなければわからない賭けの要素があったことは確かだが、彼は自分たちへの声望を感じ取ったがゆえに賭けに踏み出したのであり、むしろポイントは、個人の発案が極めて短期間に実現したこと、そして「公選入札」がこれ以後は再実施されなかった点にある。大久保らは一度切りの賭けに最適のタイミングで勝利したことで、戊辰戦争での活躍という勲章に劣らない、色褪せることのない正当性・大義名分を手に入れることに成功したのである。

「公選」は政体書の改変と同時になされたが、そこでは議定と参与に初めてそれぞれ四名・六名の定員を設け、独任の輔相《ほしょう》一名とあわせて行政官が構成された。これはこの間拡大していた議定・参与の数を限定したもので、当選者はすべて留任であった(ただし議定の東久世は参与に降格とされ、実際には議定三名、参与七名となった)。退任者は、議定が中御門経之・蜂須賀《はちすか》茂韶《もちあき》・毛利元徳《もとのり》・山内豊信《とよしげ》・鷹司輔煕《たかつかさすけひろ》・池田慶徳・浅野長勲・大原重徳・細川護久《もりひさ》の九名、参与は小松帯刀《たてわき》・岩下方平《まさひら》・大木喬《たか》任《とう》・鍋島直大《なおひろ》・阿野公誠《あのきんみ》・沢宣嘉《さわのぶよし》・神山郡廉《こうやまくにきよ》の七名である。全体的な傾向でいえば、身分的には近世秩序のもとで位階が高かった上級公卿や諸侯が、政治傾向でいえば大名会議構想からの延長線上にいた合議重視論者が多く含まれている。露骨にいえば、危機的状況のもとで要路の資質が問われ、議定・参与ともにそれまでの在任者の半数以上が振るいにかけられたのである。

至当性への確信を数値化された衆議で裏付けた大久保らは、一気呵成に両サイドの異分子を排除していく。「公選入札」では過激攘夷論に近い大原重徳や中御門経之が落選し、諸侯の議定も大半が退いたが、その後に続いた人事異動でも、東久世通禧らが政府中枢から遠ざけられた。八月二四日に大久保の建言によって蝦夷地開拓長官に移された東久世は、「よほど不平嘆息、真実退身覚悟」であったが、三条実美の必死の慰撫により最終的に辞令を受け入れた（澤井勇海「「交際」から「外交」へ」）。ともかくも当面の危機を乗り切る強力で実践的（プラクティカル）な「中道」路線のもと、過激攘夷派と「万国公法」信者はその双方が、「公選」で落選した者はもちろん、当選した人物すら、トップ当選の威厳を背に独断と懐柔を駆使され、順次政府中枢から追われたのである。要するにこの「公選」で実現したのは、「少数・特定の議定・参与による行政機務取扱」の制度的固定化であり、「行政官は、実質的に、太政官の「内閣」同然の中枢機関となった」。そしてその核を担う政府構成員の性格としては、「「王政復古政変」で新政府への登用が始まった諸藩士出身者が、ここでようやく、政権を名実ともに掌握する第一歩を踏み出した」（奥田晴樹『維新と開化』）。戊辰戦争とその後の混乱を経て、当初は執行の発想に乏しかった新政府は、ここで曲がりなりにも組織的な機能性を手に入れたといえる。

(2) 版籍奉還と領主権の解体

この生まれ変わった中枢部は、短期的には議事機関の試みも骨抜きにしていく。新政府発足直後からの「上の議事所」と「下の議事所」の構想は、この時期には宮・堂上・諸侯と旧旗本で構成される「上局会議」と、諸藩士により構成される公議所として整備され、公議所は三月七日に、「上局会議」は五月七日に開設されていた。後藤象二郎ら公議政体論の流れに位置づけられるこの措置は、元治元年（一八六四）の参預会議や慶応元年（一八六五）の諸藩士招集から続く、大名家を母体とする二院制構想であった。またその位置づけは、公議所開設が天皇の再東幸の日にあわせられたように、そして四月二〇日の詔書で戊辰戦争のために中断していた五箇条の誓文の理念を一年越しに実現すると述べられたように、最高レベルの正当性を付与されていた。この「上院」と「下院」に相当する機関でなされる議論は、新政府の核心をなす「国是会議」としての性格と大義名分を有するはずであった。

ところが、「公選」で成立した「内閣」はひと月後の六月一七日に版籍奉還を決行する。この間議事機関が無視されたわけではなく、五月四日には公議所で「国制改正の議」が、二一日には上局会議で知藩事の選任が議論されたが、公議所の議論は郡県制か封建制かという神学論争に陥り、上局会議は諮《し》詢《じゅん》のためその場では議論はされず、後日提出された回答も当り障りのないものであった。また、公議所で議論がなされた四日には、後述の薩長土肥四藩の公議人に別途版籍奉還の「機務」が下問されたが、大久保は国許に掛け合おうとする薩摩藩公議人内田正風を押さえ込み、在京有志だけで共通見解を作成している。岩倉と親しかった国学者の宇田淵《ふかし》（栗園《りつえん》）が、あくまで政府の基本は「確乎不抜の所置」にあり、「最初より衆に謀りて後決すると申にては無之《これなく》」と言い放った（六月一七日付岩倉宛書簡『岩倉具視関係文書』四）ような理解が、行動原理の土台にあったのである。要するに、議事機関での議論はアリバイ作りかせいぜい情勢観測としてなされたに過ぎなかった。「広く公議」を尽した結果とされた版籍奉還の内実は、五月一六日頃から約一ヶ月かけて、直前に精選された新生首脳部による「政府会議」で進められた。議事機関は「正当性を獲得する場として利用された」のである（松尾正人『木戸孝允』）。

長州系の人脈主導で王政復古直後から存在した版籍奉還構想は、近世社会との関係性でいえば、大名領主権を否定して天皇が全ての土地・人民を所有するという「王土王民」論の実現であった。この年の正月二三日に薩長土肥の四藩主が上表を出していたように、この動き自体は秘密でも傍流でもなく、「議事の制」と同様、大まかな流れは政府要路のあいだで共通理解があった。ただし、前年末に最初にこれを建言した姫路藩主酒井忠邦が提案していたのは、府藩県三治一致に実を与えるために「一旦土地御引き上げに相成り、改めて御預け」ることで、「藩の名称御改めにて、府県と成さる」ことであったし、年明けの四藩主の上表も、「版籍」を収めた後に再度「封土」を下されたいというものであった。つまり、字面のうえでは将軍の代替わりごとに領知判物を下げ渡していた近世の実態とほとんど変わらず、少なくともそう解釈することが十分に可能だったのである。

しかし現実には、領知判物にあたる土地支配の委任状は交付されず、旧藩主の大半は知藩事に横滑りしたものの世襲は否定された。身分としても、後述する職員令とあわせて、それまでの「諸侯」は「公卿」と共にすべて「華族」と改称された。藩の名称は、律令制下の旧国名から藩庁の所在地に変わり（薩摩→鹿児島、長州→山口など。ただし府藩県三治一致制が敷かれていたとはいえ、従来の「薩摩藩」や「長州藩」はあくまで通称）、語感の上でも政府の出張所というニュアンスが強まった。旧藩主による「封土」再認定の願いとは裏腹に、かつて「領地」と呼ばれていた統治区域は、府県同様に「管轄（地）」と称されるようになった。近世社会では、身分体系は大名ごとに独自かつ細かく定められていたが、「士族」として格段に整理・簡略化された。また、知藩事と「士族」の君臣関係も否定された。政府は彼らを藩の頭越しに登用できるようになり、逆に藩職員重役の人選は政府への伺いが必要になった。藩内で行われる刑罰にしても、斬罪以上の場合は政府の「天裁」が必要と定められた。

かくして、数百年にわたって続いてきた大名領主制は解体された。総じて、要路を外れた門閥の公家と武家は均質化され、国家の管理対象となった。下級武士中心の実力者で占められた政府は、モザイク状に散在していた列島内の領主権力を解体し、地方機関へと置き換え、各地で独自の様態をなしていた身分制を簡略化したうえで、統一管理と人材登用・および動員が容易な体制へと組み直した。タテ（身分階層）とヨコ（土地区画）の両次元からの統一と均質化の推進であり、幕末から決まり文句として繰り返されてきた「一致」の実現であるとともに、国力の底上げに向けた抜本的改革である。

少なからず欺瞞と不意打ちに依ったとはいえ、曲がりなりにも上表と聴許という形が可能であったように、大名は版籍奉還にさしたる抵抗をみせなかった。それは、徳川政権を否定した王臣の論理に自分自身も囚われたからであるし、またこの前後の時期までに多くの藩が財政破綻の状態に陥っていたからでもある。後者の要因は、幕末以来の海防や戊辰戦争の軍費が大きかったが、財政を蝕むことが明白な軍事負担を拒めなかったのも、突き詰めれば王臣として「武」を提供するという論理が否定しえない正当性を有したためであった。

他方で、藩主層では領主制の否定が実際生活の激変に直結するわけではなかった点にも留意する必要がある。近世社会では武士は城下町に集住し、村請制をとったため、自ら土地や領民に直接向き合う経験は希薄であった。また当主や側近ともなると、生涯の半分は参勤交代による江戸生活であった。つまり、彼らの領主性は二重に形骸化していた。となれば、家政をまかなう経済的保証さえ得られれば、困難な藩行政のやりくりから解放される版籍奉還は必ずしも悪い話ではない。要するに、「武威」と王臣論理の呪縛（致命的な赤字化が目に見えているのについに拒否できなかった戊辰戦争への従軍）による財政の悪化と、武家領主的性格の空洞化に伴う収入内訳へのこだわりのなさ（家政が維持できるなら、それが年貢であろうと扶持・禄であろうとあまり気にしない）が、大名領主制の解体という一大変革を、当事者の死にもの狂いの抵抗なしに実現させたのである。

(3) 漸進論と急進論、および現実主義と原理主義

ただし、外城制《とじょうせい》とよばれる一種の武士土着制をとっていた薩摩藩は、都市貴族と化していた近世大名のなかの例外であった。実態が伴っている分、領主制と武士身分の解体はそれだけ困難で、大久保は王政復古や版籍奉還を推進したにもかかわらず、その態度は相対的に慎重で漸進的であった。版籍奉還が制度面では本質的な改革であった一方で、現実の衝撃としては廃藩置県に比してそれほど問題にならなかったのは、大久保らが島津久光の反発を憂慮して軟着陸を図ったからに他ならない。

しかし、より徹底した改革と制度構築を訴えていた木戸ら長州勢力には、そうした態度は中途半端であり欺瞞に見えた。木戸はこの時期大久保と総論で共闘しながら各論では衝突し、大久保や岩倉が目指した待詔院《たいしょういん》学士構想（顧問のようなかたちで表に出ずに裏面から政府を指導するもの）を批判し、断念させた。岩倉は四月六日時点で、改造後の政府では自分や大久保ら数名は「員外被仰付《おおせつけられ》候はば上々」と「意味深長」に述べていたが（木戸宛書簡『岩倉具視関係文書』四）、これは事実上の指導者が黒子のように身を隠して裏から政府を動かす計画であったようだ。岩倉は二月三日にも、衆議聴取に熱心な三条と輔相を兼任するよりも非公式に議定席に出仕して影響力を行使するほうが「却《かえっ》て実事は相挙《あいあがり》候」と語っていた（同前）。しかし、これに対して木戸の眼目は、政府の重責は明白な責任と体系性・透明性のもとで担われねばならないというものであった。大久保らにしてみれば、目立たずにフリーハ

ンドを得て自らの至当性を実現する立場を確保し、国許へ伝わる君臣の秩序転倒イメージを少しでも和らげようという目論見があったのだが、木戸の正論によって挫かれたということになる。結局、大久保は再び参議に就任して人々の矢面に立った。日本では例外的に実態を伴っていた大名領主制（薩摩藩）を、その家臣が否定しようとする時、どれほどの軋轢と憎悪を引き受けねばならないのか。大久保や同郷の西郷隆盛は、以後この点を身をもって体験していくことになる。*

＊大久保は、この年暮に島津久光の協力を引き出すため帰藩するが、同行した木戸が毛利敬親の説得に成功したのとは対照的に、これに失敗する。彼は事前に改めて参議を辞めて「待詔院出仕」に転じたいと訴えていたが、これらの「配慮」も虚しく、久光から政府改革への「不平」を「激論」されて「愕然」の状態に陥る（『大久保利通日記』下、明治三年二月二四日条）。以後、久光は政府の改革への不満を露わにして不平士族を代弁していくようになる。政府は、明治四年（一八七一）には西郷隆盛の協力を取り付けることに成功して廃藩置県を断行するが、このことは鹿児島の旧門閥層の不満を大久保から西郷へとさらに先鋭化した形で転嫁させることとなり、また西郷が不平士族の声を背負ってある種代弁者として東京の政府中枢に入っていくことを意味した。大名領主制・武家支配と、政府の進める中央集権化・人民の均質化による国力の底上げとのあいだの矛盾は、鹿児島と東京という地理的クッションシートを失って政府内で直接相対することとなり、明治六年の政変の遠因の一つとなる。

(4)ラディカリズムと自転車操業のスパイラル

大雑把にいえば、版籍奉還は制度次元では抜本的な変革であった一方で、現実的には軟着陸となるよう注意が払われた（もちろん、職制・身分階層の均一化・簡素化はかなり進み、府藩県三治一致制は確実に統一的な体裁へと近づいたわけだが）。ただ、それは当初からの計画というよりは、木戸ら長州系の原理主義と大久保ら薩摩系の漸進主義がぶつかり、結果的に事態が折衷的に推移した側面が強い（たとえば知藩事の世襲否定では木戸らの、旧主の横滑り許容では大久保らの主張が通った）。木戸は幕末から自覚的に廃藩を視野に入れた中央集権化を目指しており、岩倉も傾向は似ていた。対して大久保は、薩摩藩にかなり縛られており、中央政府への出仕後も鹿児島の利害とできるだけ露骨には対立しないよう意を払った。廃藩置県までの二年間は、東京に結集した下級藩士中心の政府実力者が、維新の理念の大前提は共有しながらも、その原理原則をどこまで性急に実現するか、あるいは緩和と調整による軟着陸（旧体制との共存によるその漸次的解消）をめざすかという、遅速に関わる程度次元の認識の差異が生み出す、綱引き期間として推移したのである。

大久保にすれば、原理主義的急進論を中和して諸藩との共存に努めたわけで、待詔院に身を置いたのも、露骨に政府中枢に座ることで領主の座を失った旧藩主（と父の久光）の反感を買うことを避ける狙いがあった。職員令後に「合局」された民部省と大蔵省の分離を訴え、中心人物の大隈重信に警戒感を示したのも、急激な政府強化が現行秩序と藩権力を動揺させるのを恐れたからである。大村益次郎による農兵を核とした徴兵構想に対して藩兵の活用を訴えたのも、同様の理由によるものであった。しかし、そのような試みは木戸ら原理派の反発を買い、他方では国許の久光らの怒りも避けられなかった。両立し得ないものを両立させる試みは、やはり厳しかったのである。結局大久保は、岩倉らの「建国策」路線（これは明治三年時点での原理派の理論の国是化の試みで、明確に郡県制を唱えていた）は押さえたものの、「今日のままにして瓦解《がかい》せんよりは、寧《むし》ろ大英断に出《いで》て瓦解いたしたらん」（『大久保利通日記』二、マツノ書店、二〇〇七年復刻、明治四年七月一二日条）との悲愴な決意のもと、明治四年（一八七一）七月の廃藩置県に向かう。木戸や岩倉らからみれば、ある種中途半端におわった版籍奉還の完成であり、逆に大久保ら藩の存続を望んでいた勢力からすれば、折衷策での事態の乗り切りの頓挫であった。

では、大久保らにすれば緩和の試みにも拘わらず糊塗できなかった版籍奉還の混乱を、なぜその方向性をより徹底した廃藩置県で解決する流れになったのか。矛盾の解決のために、より大きな矛盾をぶつけるというのは、いささか奇妙な展開のようにもみえる。

その答えが良くわかるのが財政問題である。近世後期から深刻化していた領主階級の財政問題は、戊辰戦争を経て抜き差しならない次元に達していた。その要因は、本来〈自己完結の世界〉では不要であった海防負担の発生と、戊辰戦争遂行のための兵力動員および戦後も続いた軍事改革の流れにあった。軍事力の底上げは以前からくり返されてきたスローガンで、戊辰戦争の過程で各地で一気に実現・活性化したが、軍事改革にまじめに取り組んだ大名家ほど、財政を悪化させる状況が生じていた。

一方、政府財政も綱渡りであった。版籍奉還以前は、直轄府県の地税収入は全歳入の一割程しかなく、その七割以上は太政官札・民部省札といった不換紙幣の濫発によって賄われていた（奥田晴樹『維新と開化』）。こんな紙幣は、民衆が新政府の正当性に信を置かなくなった瞬間に紙切れと化してしまう。つまり、政府財政の根本が巷間の信頼感という極めて流動的な要素に致命的に左右される状態だったのであり、最初期の政府が衆議の制度化に愚直なまでにこだわったのも、政治思想の次元の話にくわえ、こうした現実のリアルな問題の影響も大きかったと考えられる。机上の空論ではなくシビアな現状認識ゆえに、「議事の制」は本気で追及されねばならなかったのである。

しかし、両者の問題のうち、政府財政のほうは版籍奉還前後から大きく改善し、不換紙幣の発行は、明治三年末以降はかつての一〇分の一以下に圧縮される。戦争終結と臨時支出の削減も大きかったが、大事なのは、制度改革に伴い租税収入自体も四倍以上に増えたことである。大隈重信の辣腕もあって、さまざまな地方改革が政府にとっては一定の効果をあげたといえる。「直轄府県は、その管轄地からの地税の収納によって、新政府の主たる財政基盤としての機能を、ようやく確保するに至った」（奥田晴樹『維新と開化』）わけだが、こうした変化は政府が「民心」や藩権力に妥協する必要性を低下させた。あくまで以前と比べてであるが、不換紙幣依存からの脱却の道筋がみえたことで、巷間や地方権力の顔色を窺わずに画一化にむけメスを入れることが容易になったのである。このような事情は、改革が次の改革を誘発するスパイラルとダイナミズムを生み出した。

財政の改善は直轄軍事力の保持を可能にする。また逆に、直轄軍事力の強化は大胆で強引な財源増収策に打って出るための武器になる。政府は明治四年二月に薩長土三藩から親兵を供出させ、その力を背景に七月に廃藩置県を断行した（前年九月に鹿児島藩が藩兵を国許に引き揚げる事件が起こっており、政府は一一月に「徴兵規則」を布告して藩兵に頼らない軍隊創設を表明していたが、岩倉具視が勅使となり鹿児島からの西郷隆盛の引き出しに成功したことで、再度有力藩からの供出というかたちで軍事力が整えられた）。この間のダイナミズムをあえて単純化して整理すれば、政府財源やそれを土台にした軍事力の（均質化・効率化による）底上げと動員が、その強引さゆえに対象地域の反発を招きながらも、まさにその進捗によって、反発を押さえこむ実力をも同時に獲得していったということになる。廃藩置県に際しては、「「御親兵」は、廃藩置県以前の政府財政には大きな負担となっていたが、その断行による財政規模の拡大で、維持基盤を確保した」のであり、「「御親兵」が廃藩置県を可能にするとともに、それを維持するためには廃藩置県が必要」だったというわけだ（同前）。

これらは文字通りの自転車操業であるが、一輪車や二輪車の原理と同じく、そこには動き続け加速することが逆説的に安定感と継続性につながるという側面も存在した。そして木戸らの原理主義は、盟友の大村や広沢の暗殺という少なからぬ犠牲を払ったものの、くり返し強調してきた【国力の底上げによる長期スパンの攘夷実現】という政府の正当性の根幹を体現するものであったがゆえに、大久保らの漸進主義との綱引き・調整を経つつ、自転車操業の賭けに勝って急激な集権化を実現したのである。

ではこうした推移のもと、「公議」概念とその政治への反映はいかなる様相を呈していくのか。版籍奉還の過程では、政府実力者の東京への結集とその振るい落しが起こった。廃藩置県後には、薩摩に代表される地方権力と士族の権益の問題が西郷を介して中央政府に持ち込まれた。これらは強力な「内閣」による集権化の進捗であったと同時に、衆議と至当性の軋轢が空間的な〈緩衝材〉なしにモロに相対する事態の現出でもあった。「公議」の生命線をなす衆議と至当性とその一致という三要素は、シビアにその関係性を問われていく（この観点からの明治六年政変の破裂の意味は、次節で考えたい）。

(5)廟堂における衆議と至当性の統合

版籍奉還の後、政府は七月八日付で職員令を制定して政治組織の改編を行った。そこでは官位制度が一元化され、公家華族は近世以来の官職・位階制度から切り離され、政府が新たに定めた「官位相当表」に一元的に組み込まれた。版籍奉還で武家の儀礼秩序が解体されたことの、公家バージョンである。

その直前には、上局会議のために集められていた知藩事に帰藩が沙汰された。「国是」を定めるための一大イベントとして鳴り物入りで招集されたはずの諸侯は、彼ら自身の立場の領主から地方官への変更を、最大かつ唯一の成果として解散を命じられた。「結局、旧諸侯は、版籍奉還聴許の申し渡しを受けるために、東京へ集められた格好となった」のである（奥田晴樹『維新と開化』）。

版籍奉還からその後の処理に至る過程で、戊辰戦後に積み重ねられてきた「二院制」の試みは蹂躙され、少なくとも骨抜きにされた。公議所は集議院に改称されるが、当面は論ずべき議事がないという理由で年末には閉院される始末であった。そもそも、全大名を対象とした衆議の聴取が、多分に戦争遂行上の協力の取りつけと動静確認を目的としていたのであれば、戦争が終わってしまえばその必要性は大きく減退する。つまり、平時に戻ってようやく落ち着いた制度設計が可能になったタイミングとは、同時にその理念を支えていた現実的必要性・切迫性が失われたタイミングでもあったのである。

こうしたなか、幕末から至当性を強調していた大久保利通は、自身の信念をさらに強めていく。彼はすでに明治元年一二月二五日付岩倉具視宛書簡で、「天下人心、未だ議事と申す事の何事たるを知らず」「豪傑出る事有て、始て王政一新の根軸は相立ち」と、至当性への確信を背に「不教の民」の政治介入を拒否する姿勢を明確にしていた（『岩倉具視関係史料』下、思文閣出版、二〇一二年）。版籍奉還直前の明治二年六月四日付桂右衛門宛書簡では、「公議府など無用の論多く（中略）閉局の内評に相成候」と述べている（『大久保利通文書』三）。その後も「紛々の衆議」に関わらず「非常の御英断」を「断然御施行」せよと訴え（七月一日付岩倉具視宛書簡、同前）、職員令後も、「確定の政体」はどんな議論があっても「屹然《きつぜん》御不動」が大事と述べるなど（七月一〇日付同前書簡、同前）、彼の衆議不信は徹底している。また、版籍奉還の過程で衆議の論理を突破してみせた大久保は、職員令の人事でも公議政体論の中心人物であった後藤象二郎を要路から外している。後藤は廃藩置県の直前（これは薩長とならんで土佐の協力が切望されたタイミングである）までの二年間、政府首脳部を退いた状態となる。

しかし、大久保らがこのように考えたからといって、現実政治において政府要路が一切の制約から解放されたわけではない。前述のように、「散官」の立場から政府を指揮する目論見は、木戸孝允の反発を招いていた。至当性に寄り添う勢力であっても、規範主義の観点に立てば自分が正義という確断主義だけではやはり無理があるのである。また、大久保自身とて自律規範の必要性は十分に意識しており、それは熟議と決定への拘束というかたちで示された。確かに彼は、職員令直後の建白書では強力な政府決定の保証と言路洞開の制限を訴えていたが（明治二年七月二三日付意見書『岩倉具視関係史料』上、思文閣出版、二〇一二年）、この建言を元に八月一〇日付で政府要路のあいだで交わされた「大臣納言参議四ヶ条誓約書」からは、当時の実力者の興味深い方針が窺える（『岩倉具視関係史料』下）。誓約者は、三条実美・岩倉具視・徳大寺実則《とくだいじさねつね》・大久保利通・広沢真臣・副島種臣《そえじまたねおみ》・鍋島直正の七名である。

まず第二条では、「万機公論に決するの御誓文も忽《ゆるが》せにすべからざる」と、維新政権の基本理念を改めて確認しつつ「諸事熟評」が謳われ、「下の待詔・召《めし》の輩《やから》・幷《ならび》に集議院の議員・尤《もっとも》諸省卿《きょう》・大《たい》輔《ふ》・弁官《べんかん》以下・又勅授官以上等」と、それなりに徹底した範囲で「下問」の実施も義務づけられる。第一条と第三条では、「父子の間と雖《いえど》も決て漏洩《ろうえい》これ有る間敷《まじく》」「異論四方に起り、天下是を非とすといえども断然として顧みず」と、大久保も訴えた機密保持と政府決定の遵守が並ぶが、これらは強権を意味する一方で、「責を己に任ずる」覚悟の喚起でもあった。「議事」については「反覆討論、忌憚なく心腹を吐露し、結局に至る迄丁寧論を尽すべし」とされ、いっけん至当性の側面に大きく振れたかに見える段階においても、政府要路が衆議に根ざした討論にこだわりを見せていたことが窺える。第四条には「三職の輩、月中三・四度、或いは五・六度自宅に相往来し、集会、情誼《じょうぎ》を通し、懇親和談、一点の隔意なく、一途に公議を尽すべき事」とある。意思決定への直接の回路は、少数の政府要路の集合体、つまり廟堂に限られたが、実はそれゆえ「公議」理念も、そこに〈純化〉されたかたちで反映されることとなったのである。

(6) 調停者としての三条実美

この〈純化〉された公議という問題を考える上で、鍵となるのが三条実美である。彼は岩倉具視とならぶ新政府の公家側実力者で、版籍奉還後は右大臣、廃藩置県後は太政大臣に進むなど、廟堂を代表する存在であった。ただし、従来の研究で三条が評価されたことはほとんどなく、名目上のお飾りに過ぎなかったというイメージが強い。それは、彼が積極的にリーダーシップをとる政治家ではなかったことに加え、後述する明治六年政変時の「発狂」が精神のひ弱さや資質の欠如として理解されてきたためである。しかしこれまでみてきたように、明治初年からの政府組織の改編過程では、多くの上級公家や大名が政府を去っている。しかも、後世の後付けイメージで考えがちなように、彼らは皆が皆意欲を失ってしずしずと要路を退いたわけではなく、そこにはそれなりに激しい政治闘争とシビアな振るい落しがあった。そして三条は、前の「公選」では大久保とならぶ最多得票の獲得者でもあった。つまり、高位の人物を神輿として一人残しただけという理解は、当時のリアルな状況の推移を踏まえた場合、いささか無理があるのである。三条は、ただ単に廟堂に残されたのではなく、彼が有した資質によって生き延びたのであり、少なくとも周囲から必要とされる何かをもっていたと考えなければならない。

そこで注目されるのは、三条が幕末に長期間京都を離れた数少ない公家の一人だったという点である（岩倉もそうだが彼は洛中に日帰りできる距離であった）。八・一八政変で京都を追われた三条らいわゆる七卿は、四年以上のあいだ三田尻《みたじり》や大宰府《だざいふ》に滞在し、各地の「志士」と交流を深めた。それはかなり水平的な文化サロンとしての雰囲気を伴っていたようで、七卿に随行した土佐出身の土方久元《ひじかたひさもと》の日記からは、三条らがしばしば「輪講会」を開いていたことがうかがえる（『回天実記』）。読書を通した水平的コミュニケーションの場は、近世後期から身分制を越えた言論空間として機能するようになっていたが（前田勉『江戸の読書会―会読の思想史―』平凡社、二〇一二年）、三条らは幕末に長期間にわたり体を張ってそれを実践していたことになる。因襲にまみれた京都から距離をとった経験は、身分や伝統・格式にこだわらない人と人の交際へと、彼らの目を徐々に開いていった（土方も明治二年正月二八日に江藤新平と共に岩倉を訪れて、「議事所にて、御一同御列座」と当時の東京における議事の盛り上がりを伝えている。『岩倉具視関係文書』四）。しかも、三条は七卿中の最年少であったから、それだけ近世公家の先入観から自由で、既存の階層秩序に囚われない風通しの良いコミュニケーションを、建前ではなく内面化していったものと考えられる。七卿のなかには、この他にも東久世通禧や沢宣嘉など、守旧派公家とは一概に片づけられない足跡を新政府のなかに残した人物がみられる。

この点を踏まえた上で、政治決定に関する三条の態度を岩倉とのやり取りからみてみよう。その特徴は、政府の方針を徹底して「衆議」に諮ることであった。三条は明治元年一一月一六日に、戦争収束を講じるにあたって「重大事件を、唯議《ただぎ》・参《さん》四五輩にて密議致し、宸断《しんだん》として所置相成候ても、大に人々不服不信」を抱くので、「公然三等以上に御下問」して十分異論を尽せと訴えている（『岩倉具視関係文書』四）。衆議徹底には、徳川家や関東の人心も含む議論の間口拡大が望ましいが、ただしそれは、政府中枢の素志が妥協を強いられることでもある。岩倉は一二日には、「断として行ふべき儀は山の如く不動」と訴えている（岩倉具視意見書、同前）。しかし、三条のほうの言い分は、もとより「物議の生じ候は覚悟の事」であった。つまり、効率を犠牲にしてでも「此侭《このまま》にて御英断とのみ打出《うちだし》候ては、第一政府中にも大不服を生じ、一和公平の道にも相背可申《あいそむきもうすべく》」という懸念を払拭することが重視されたのであり、「衆論丈《だけ》は相尽し候て御決断」が求められたのである（前掲岩倉宛書簡）。

　こうした三条の哲学は、同時期に行われていた天皇の行幸の処理でも貫かれた。一一月二七日付の岩倉宛書簡では、天皇の一時帰京（出発は一二月八日）後の東京に「当分は御《お》互《たがい》中一人は暫時居残《いのこ》り候方然《しか》るべく衆評」を伝えている。そして、今までは自分が長く滞在したので「此節は暫時ながら入替り、貴君御居残《いのこ》りの方、東西の情実も相通じ候訳、かたがた然るべく衆論」と、岩倉の残留を求めている（『岩倉具視関係史料』上）。自分たち輔相の片方が残り、しかもそれは岩倉が適任という判断が、「衆評」「衆論」から説明されている。東京奠都に反発した公家は多かったが、三条は五年振りに帰京した後も四ヶ月余りで江戸に移っていたし、帰京を望んだふしもない。東京には岩倉が残るべきと訴えたのも、すでに一年近く滞在済みの自分とバランスをとるためであり、「唯《ただ》公議に随ひ、君命を奉じ、兎《と》も角《かく》も進退仕るべく」という精神態度の結果だったのである。

　三条は、版籍奉還の際も「反覆御討論」を訴えていたが（明治二年六月一八日付岩倉具視宛書簡、同前）、注目すべきは、彼が周囲から優柔不断と見られる可能性を知りつつ、それでもあえて確信犯的に信念を貫いていたということである。すなわち、彼は翌年七月八日には省庁分割をめぐる紛糾に関して、「断然」と相手を「圧倒」しても「心服」がなければ「永持は仕らず、十日を出《いで》ず瓦解必定《ひつじょう》」と、大久保利通の決断主義を窘《たしな》めている。そして、「僕に於ては、参議より曖昧とか柔弱とか申候とも、此に於ては決して頓着《とんちゃく》仕《つかまつ》らず」と宣言していたのである（岩倉具視宛書簡、『大久保利通文書』三）。また、廃藩置県の際も次のように訴えていた（明治四年七月六日付同前書簡、『岩倉具視関係史料』下）。

諸藩人心離畔《りはん》の端とも相成候わん歟《か》と、僕に於ては実に苦慮（中略）大政一新の成る所以《ゆえん》は、唯《ただ》公義名分の存するに依る事と存じ候得ば、独り三藩に偏頗《へんぱ》せず、公平同視の御所分肝々要々と存候、就ては因・阿・賀・肥の人々も、人物に於ては決して三藩の下に出ず候間、同様の御諮詢席を賜《たまわ》り、公論を採らせられ候様仕り度存じ候

廃藩置県は、薩長土三藩から供出された親兵の力を背景に、最終段階では土佐すら外してごく少数の有志のみで秘密裏に断行されたが、その背景には、結局のところ国政は幕末以来の一部の功労藩によって牽引されるべきとの考えが強く存在した。しかるに、三条はそのような秘密主義、ある種の選抜思想に警鐘を鳴らしているのである。従来は「クーデター」と評されることも多かったこの事件に際しても、上述したような衆議への配慮が、政府の最高指導者に堅持されていたことがわかるだろう（背景として、三条のもとには大量の建白書が集まってきていた事実も押さえておく必要がある）。

三条は、廃藩置県後は廟堂の頂点に立つが、彼が担ったのは決断を下すというよりは、公正な調停者として大義名分（理想）を唱え続ける役割であった。いわば「公議」のエージェントとして、身分や党

派に即したエゴから離れ、自らの身体を衆議が投影される〈入れ物〉にしてみせたのである。自身の哲学を周囲にも強いる態度は摩擦も生んだが、三条の強みはその無邪気なまでの誠実さを政治資源の域にまで高めた点にあった。彼は愚直に理想を唱え続け、しばしば政府の不一致を嘆いたが、泣き言を漏らしつつも諦めずに調整と衆議の反映を図り続けたことで、結果として無二の権威を築いたのである。

こうした構造は、岩倉使節団派遣後の留守政府期にも継続した。明治六年五月には、土佐・肥前系の実力者が新参議に登用され正院の機構が強化された（太政官潤飾《じゅんしょく》）が、これは今まで土肥勢力と省庁の癒着や政府私物化と見られがちであった。しかし、最新の研究では、当時の行政文書からは参議の出身省庁への依怙贔屓《えこひいき》は確認できず、むしろ省益を抑制していたことが指摘されている（柏原宏紀「太政官制潤飾の実相」『日本歴史』第七五〇号、二〇一〇年）。太政官潤飾の意味を中期的スパンでみれば、廃藩置県の際に取り残された有力勢力を、前に例示したような哲学のもとに三条らが復帰させたかたちとなっている。この件に限らず、維新初期からの政府運営は、大久保たちが至当性を楯に突出することで事態を動かす一方で、その後に衆議と公平性にもとづく緩和措置や政府構成員の増員（これは少数精鋭で断行される決断の際に省かれた勢力の復権と調整を意味する）が行われている。苦境を突破する瞬間は至当性が前面化するが、必ず衆議の側面からケアがなされることで、結果的に「公議」理念を瓦解させずにその正当性を政府中枢の掌中に収め続けるという、力学が働いていたのである。

明治六年（一八七三）一〇月に薩摩の島津久光に出された建白書には、ニコライというロシア人による「貴邦は立君独裁の政体にあらず、参議・諸公相議して政《まつりごと》を為《な》し、天皇をして之を行わしむる也、是を衆裁役君と云《い》ふ、五大洲中に恐らくは此国体なし、斯《かく》の如き国体にして永久維持すべきは、それがし未だ聞ざる所なり」との談話が紹介されている（一〇月一九日付城井寿章建白『玉里島津家史料』七）。この外国人の目には、政府は「立君独裁」ではなく「衆裁役君」だと映った。一般にこの時期、久光ら在野勢力は強権的に開化政策を進める政府と対立していたが、その彼らの側の情報でも、政府の現状は「独裁」ではなく、衆議が政治決定に直結する体制だと見られていたのである。議事機関の試みが停滞した後も、政府は廟堂に「公議」の理想を純化することでその体現者たり続けた。そこでは三条を頂点に、〈熟議を経た一致〉という回路が重視され、専制と天皇権威はいまだ前景化しなかったのである。

❸ 明治六年政変における至当性と衆議

(1)元田永孚の政変理解

明治六年（一八七三）一一月九日、元田永孚は征韓論政変直後の様子を「弥々以《いよいよもっ》て廟堂上の御居合《おんおりあい》は宜敷《よろしく》、君徳を培養し民力を撫育するの二つの御目度《おんめど》は、これ有るものと相見へ、誠以て皇国生霊の大幸」と評した。朝鮮への使節派遣が受け入れられずに下野した西郷は、大久保と爽やかに別れたのだと して「益々《ますます》以て感心」と称え、政変中に「発狂」（後述）した三条も今では「弥々以て御全快（中略）御顔色も猶《なお》病前より却《かえっ》て快然」と述べ、「此節の大動揺は天下の大義燦然《さんぜん》相立ち、薩・長・土・肥の党派も自ら消滅致し、有志の開眉（中略）感服致し候」と結んだ（村田繁三宛書簡『元田永孚関係文書』）。現在の廟堂は対立も収まり、藩閥の党派争いも消滅して最高の状態だ、というのだ。しかし、これは事実と大きく異なる。政権の屋台骨を支えていた薩長の瓦解は「内閣」の正当性を大きく傷つけ、ために西郷や江藤新平は後に命を落とした。雨降って地固まると関係者を称える元田の理解は、控えめにいっても楽観的すぎるし、露骨にいえば的外れであり、同志のミスリードを誘発している。つまり、具体的なのにとても実態を反映しているとはいえない点で、これは一種異様な書簡であった。

当時、元田は宮内省に出仕していた。つまり政府中枢におり、情報から阻害されていたわけではない。しかし、ここでは実態とかけ離れた理解をしている。結論をいえば、これは熊本実学党系の思考構造の問題であったと考えられる。横井小楠らは、聖人的存在が衆議を尊重しつつも至当性に導くという、一致のオプティミズムを思想の核に据えていた。そして、版籍奉還や廃藩置県後の廟堂は、精選の上選抜された「聖人」が「公議」を実現する場となっていた（はずであった）。つまり横井系の人間にしてみれば、そのような純化された場が一致に至らない事態は、そもそも想定できないのであり、それゆえ廟堂の瓦解という事実を、認識としてうまく受け入れられなかったということである。そしてその点からいえば、通常朝鮮問題という対外問題の文脈で語られることの多かったこの政変は、政府がこれまで進めてきた「公議」理念の挫折という意味でも、一大画期にならざるを得なかった。

(2)三条実美の動向

では、このような非常事態のさなかで、これまで政府の頂点で「公議」の理念を愚直に貫いてきた三条はいかなる動きを見せたのだろうか。従来のほとんどすべての研究では、当時の三条は優柔不断でなすすべをもたない無能者であり、地位に見合った器ではなかった人物として描かれてきた。しかし、岩倉に「最早《もはや》今日にては、兎角《とかく》公論・衆議に決し候様これ無くては然《しか》る可《べ》からず」と述べ、混乱した状況下でなお「公論・衆議」に執着していることからもわかるように（『岩倉具視関係史料』下）、当時の彼を理解するには、「公議」理念の遵守を願う守護者としての側面を考慮する必要がある。

この時期の三条に目立つのは、「大久保・木戸の両氏、政府に出勤の運びに相成らず候ては、百事始り申さず」「足下の如く柱石の重臣、退遁《たいとん》辞表相成候ては、何を以て国家を保護し、国脈を維持致すべく」などと欠勤を続ける有力者を廟堂に引き出し、可能なら参議の数も増やす動きである（九月一五日付岩倉具視宛書簡、同前。同日付木戸孝允宛書簡『大隈重信関係文書』二）。これは、質を備えた政治参加枠の拡充といえる。そしてもう一つの特徴は、「大使も帰朝相成り候上は、猶《なお》評議を遂げ」「篤《とく》と評議を遂げ、弥々《いよいよ》御決議相成り候わば然るべく」「可否得失は、飽迄《あくまで》討論これ有る事」などと、要人同士の評議や討論に徹底してこだわったことである（前掲木戸孝允宛書簡）。

注目すべきは、彼がこうしたプロセスを経た上であれば、必ずしも罷免や人事異動自体は否定してはいなかったことである。三条は、木戸孝允や伊藤博文が対立する「新参議」（これは、五月のいわゆる太政官制潤飾であらたに任命された土佐・肥前系の参議を指している）の排除を画策した際には、「苟《いやし》くも参議の重官に御登用相成り候者を、一朝卒然免職相成り候も、穏《おだや》かならず（中略）何分にも、卒発免官等の所置は取計い致し難く」と反対し、三年前の大久保の時と同様、実力者である彼らの要求をはね除けていた。しかしその一方で、同時に「尤《もっと》も出勤の上、改革の議に渉《わた》り、進退黜陟《ちゅっちょく》適宜に処分仕り候義ならば、公議の所在決て不平の者もこれ有る間敷、取計い方に於ては、如何《いか》様共《ようとも》致し様これ有るべき」とも付け加えている。また彼は「人撰妄挙の罪は、臣一身の責に帰着仕《つかまつ》り」とも言ってい

る（以上、明治六年一〇月四日付岩倉具視宛書簡『岩倉具視関係史料』下）。

つまり、ここで三条は征韓派に肩入れしているわけでも、衝突自体を厭う事なかれ主義に耽溺しているわけでもない。むしろ彼は、心情的には征韓派参議と対立した大久保ら反対派に近かった。ただ、人選の失敗を認めるにせよ、結果的に誰かを罷免するにせよ、それはあるべき責任主体があるべき規模とあるべき選出プロセスで揃って熟議を尽くした末に、公明正大な決定過程のもとで「不平」が残らないかたちで行われなければならない。「公議」理念が純化された廟堂を束ねる調停者として、それのみが維新以来の政府を維持して正当性を担保する拠り所であると、三条は堅く信じていたのである。

(3)反遣使派の動向

しかし、他の要人は三条の思いとはかけ離れた行動を取っていく。まず、大久保や木戸、伊藤などの反遣使派の動向である。事態が深刻さを増すなか、木戸孝允や彼と連絡をとりあって善後策を協議していた伊藤博文は、「是非新参《新参議》を廃し、大久保を出し候」決意を固めるが、それが先述の三条の反対で頓挫した後も、「最早遠慮無く其席へ御進入にて御料理は如何《いかが》」と語っている。まだ参議でなかったにもかかわらず、閣議に乗りこんで反対派の「料理」（論破の意味だろう）を目論むなど、露骨で直接的な手法も厭わず事態打開を試みていたのである（一〇月三日付木戸孝允宛書簡『木戸孝允関係文書』一。一〇月一九日付伊藤博文宛木戸孝允書簡『伊藤博文関係文書』四）。これらの計画は実現はしなかったが、しかしその理由も、あまり強引な介入は逆に反対派に口実を与えてしまうという、ドライな情勢判断にもとづく政治的配慮によるもので、「公議」理念に照らし合わせた結果ではなかった。

政敵の排除を躊躇しなかったのは大久保利通も同様であった。彼は西郷が同僚に先んじて辞表を出した一〇月二三日時点で、「辞表は、今日西郷一人差出し相成たる由《よし》に御座候、実に意外の事」と述べている（黒田清隆宛書簡『大久保利通文書』五）。この言葉には、西郷が政府を辞するなら他の征韓派参議も辞めていいはずなのに、なぜそうならないのか（翌日に実現）、という疑念が込められている。つまり、大久保は対立参議との融和や関係修復など、はなから望んでおらず、西郷同様に他の参議も同時に辞職して政敵が一網打尽になることを予想し、かつまた期待していたのである。

また、こうした傾向は関係文書の取り扱いにも表れた。三条は要路の対立に苦悩し、一〇月一八日未明に卒倒して太政大臣の辞表を出すが、この前代未聞の事態をうけ、伊藤は「其儘《そのまま》御預り置き、表向《おもてむき》御差出《おさしだし》は当分御見合《おみあわせ》」と、三条の辞表を公表することを見合わせることを岩倉に求めている（一〇月二五日付木戸孝允宛書簡『木戸孝允関係文書』一）。引用部分は岩倉との会話の内容を木戸に報じたもの）。一方その岩倉は、「免官の方（中略）速かの方然るべく相考え、独断相決し」と、今度は逆に木戸が慎重姿勢を見せた征韓派参議の辞表受理を「独断」で決めている（一〇月二六日付木戸孝允宛書簡『大隈重信関係文書』二）。三条の辞表は握り潰す一方で、征韓派参議は即座に辞めさせたのであり、同じ辞表でも冷徹に処置を分けていたことがわかる。

また岩倉は、「条公辞表（中略）御書改《おかきあらた》めの事」「奏状少々書改め候」と、三条の辞表や閣議で作った奏状を書き換える（た）ことも告白していた。さらにこの時彼は、自分たちの強引な政治手法が周囲にどう見られるか理解しており、木戸に言い訳と口裏合わせを申し含めている（同前）。

このように、征韓延期派は政変の過程で、政敵の罷免、閣議への資格外の者の乱入、辞表や奏状の改ざんなど、対立勢力にありとあらゆる闘争や工作を仕掛けた。そしてその最大のものが、三条の代わりに岩倉を太政大臣代理に据え、天皇への上奏内容を閣議結果とは別物にする「一の秘策」（大久保が岩倉に宛てた書簡にある言葉）であった。彼らは、明治二年八月の誓約をよそに露骨な政治闘争を展開したのであり、「プラインミニストル（太政大臣）不参・発狂の由、一人え対し候ては誠に以て不幸に候得共、邦家の為にはこれ無き事」「（岩倉への説得と）太政大臣の病気と、此二条丈《だ》け、国家の僥倖《ぎょうこう》と蔭ながら安堵」などと（一〇月二一日付伊藤博文宛井上馨書簡・一一月一日付同前書簡『伊藤博文関係文書』一、塙書房、一九七三年）、事態を冷徹に利用した。三条の苦悶と「発狂」は、「一致」にもとづく「公議」のあり方が限界に達したことを意味したが、征韓延期派はこれを大歓迎したのである。

では、彼らの一連の行動は、権力闘争に勝つため理想をかなぐり捨て、私欲と地位に執着したためだったのか。恐らくそうではあるまい。こうした振る舞いの背景には、岩倉使節団の経験に根ざした至当性（この場合は征韓論や朝鮮使節派遣の延期）への確信と覚悟があった。大久保利通は、同郷の黒田清隆に次のように自身の心情を語っている（一〇月二二日付書簡『大久保利通文書』五）。

今般の一件、小子（大久保のこと）において（もあなたと）御同様、忍ぶべからず、私《し》情《じょうには》無《む》言《ごん》許候《ばかりにそうら》得共《えども》、所謂《いわゆる》大公、私心無く、国事に付ては止むを得ず、将来も益々困難を来《きた》し、且は種々悪評を蒙《こうむ》り候は必然と決心仕り候、去りながら自反して寸毫愧《すんごうはじ》る処これ無く候、此上の処、勿論御大事にて、実行相表れ申さず候はでは、小子等の責、天下に対し何の面皮《めんぴ》これ有るべく哉《や》、一身を抛《なげう》ち、魯鈍《ろどん》を尽し候より外これ無き心得に御座候

これは、批判を自覚した上での至当性への自己投企である。反対されても自らの信じるところを貫き、

その当否は将来的に成果を挙げられるかどうかで判断されるという、退路を断った結果主義である（小関素明氏は、大久保を念頭に維新政権の性格を「「事実」を創り出し、その「事実性」だけを根拠に他を凌駕できる創発的主体」と表現する〈同『日本近代主権と立憲政体構想』日本評論社、二〇一四年〉）。当時、参議以外でもっとも精力的に動いた伊藤博文も、「火の中にても飛込み」「溺れ候までは乗抜き」と、堅い決意を吐露していた（一〇月一九日付木戸孝允宛書簡・一〇月三日付同前書簡『木戸孝允関係文書』一、東京大学出版会、二〇〇五年）。岩倉使節団の経験は、西洋列強の力とその源泉を生身の実感として参加者の脳裏に焼きつけた。この強烈な経験から、以前の考えを改めたり逆に自己の才覚に自信を深めた者たちは、「開化」の徹底（これは、長期スパンの攘夷の「長期」の程度を、さらに延長する政治方針に他ならない）という政策基調に国家の未来を見出したのだが、それに伴う至当性意識の先鋭化は、周囲との乖離を糊塗できない次元にまで高める結果になったのである。

(4) 遣使派の動向

次に、彼らと対立した征韓派（使節派遣派）の動向を見てみよう。西郷隆盛は、使節派遣を本格的に主張し始めた明治六年八月の時点で、対外政策に関する巷間の動きについて「世上にても紛紜《ふんぷん》の議論これ有り、私にも数人の論を受け候（中略）幾度も世人の難論を受け候義に御坐候へば、甚だ困難の次第」と述べていた（八月三日付三条実美宛書簡『大西郷全集』二、大西郷全集刊行会、一九二七年）。

ここで西郷は、政権の現実路線よりも強硬な士族層中心の衆議に困惑しつつも、その論理自体は否定していない。西郷は彼らに同調したわけではないが、衆議の否定は維新の根本の否定だとも考えていた。

ここにあるのは、強硬論の原理的正当性を認め、政府がその期待に応えてこなかったことを「独り心に恥ぢ《は》」る苦悩である。そしてそれは、攘夷の手始めに位置づけられる征韓すら否定しては、「物好《ものずき》の討幕」になるという論理に転じていた。幕末以来の大義名分を履行の端緒すら見せなければ「始を変じ因《いん》循《じゅん》の論に渉《わた》」ってしまい、そうなれば「天下の嘲《あざけ》りを蒙《こうむ》」るというわけだ（同前）。

　こうした衆議は、建白書の形でも絶えず廟堂に突きつけられていた。たとえば政変と同時期の明治六年一〇月二九日付関新平・小関敬直「樺太《からふと》州の儀に付建白」は、「国家の憂いは外患《がいかん》より大なるは無く、人民の辱めは外侮《がいぶ》より過《す》ぐるは無し」とした上で、「苟《いやし》くも此の秋《とき》を失し、廟謨御確定在らせられずんば、戊辰三月御宸翰の叡旨、恐れながら水泡に属す」として、「億兆安撫の宸翰」が掲げた計画の見通しを示すよう訴えている（『明治建白書集成』二、筑摩書房、一九九〇年）。彼らは即時攘夷を求めたわけではなく、政府が「長計」をもつことも理解している。神戸事件や堺事件などを切り抜けた後は、段階的に「武威」を挽回するという政府方針は内外におおむね共有されていた。しかし、いつまで待てばいいかの判断は人ごとに違う。西洋とすぐに対決はせずとも、周囲にその端緒は示すべきではないか。こうした観念が、朝鮮や台湾・樺太への「武威」発揮要求を支えていた（ここには、欧米が取る前に取れという判断もあるが、その場合でも真の問題は、周辺に別の政治体が併存すること自体を拒絶する思考の構造である）。もしそれすら時期尚早というなら、「他日必ず大に為すことある所以を人心に徹底」すべきであり、さもなくば「政府は空《むなし》く国力の不足を憂へ、人民は空く政府の姑息なるを憤《いきどお》り、上下の情懸隔《じょうけんかく》、終《つい》に之が方向を維持すること能《あた》わざらん」と建白は警鐘を鳴らしていた。

　このように、攘夷の拒否は言路洞開の拒否とされ、それを邪魔すれば政府要人の暗殺すら正当化された。たとえば中御門経之は、明治三年（一八七〇）の意見書で言路洞開が「有名無実」だから「止むを得ざるより横井・大村の件」が生じたと述べていた（『中御門家文書』上）。暗殺された横井小楠と大村益次郎のように、衆議＝攘夷の原則を汚すとみなされれば、要路だろうが生命は保証されないのである。そして、情勢判断はどうあれその情念こそが政府の支持基盤の根底をなしていたからこそ、西郷は苦悩しつつも彼らを代弁し、一種の原理主義を廟堂で訴えていくことになったのである。ここで生じているのは、「討幕の根元」を媒介に、民意が膨張策の非妥協化をうながすという事態である。

西郷の衆議尊重が閣議での振る舞いにどう反映したかがわかるのが、同年五月一九日付の西郷従道《つぐみち》宛書簡である（『大西郷全集』二）。ここで彼は、当時の議題について「今朝《けさ》迄《まで》の論を以て、又々一体の上に変更いたし候処、甚だ難渋」とした上で、「昨日迄は内定致し置候て、俄《にわか》に裏を突き候事、事実適当の事柄なりといへども為《な》すに忍びず」と述べている。これは、正しければプロセスは問わないという考え方の否定であり、今日の確信よりも昨日の議決を選ぶということである。西郷は、たとえ内容が「適当」でも、「裏を突」くやり方で「内定」を覆すのは正しくないと主張している。偶然だろうが、五ヶ月後の政変で大久保や岩倉が閣議決定を裏技でひっくり返すことを予言し、批判しているようにも読める。手順への執着は硬直的な形式主義とも紙一重だが、西郷はそれを自覚し、自ら「固陋《ころう》の病《やまい》」と自嘲しつつも、「幾度《いくど》相考《あいかんがえ》候ても出来申さず」と、手順の正当性を譲らない立場を守りぬくのである。

こうした主張が単なる政治的レトリックと片づけられないのは、同時期に西郷を含む征韓派参議と左院や地方官の改革派たる議会設置論者が、ある種〈共鳴〉ともいえる関係にあったからである。次の史料は、左院議官として独自の議会論を抱いていた宮島誠一郎の明治六年の日記から、関連部分を抜萃したものである（「養浩堂日録」、宮島誠一郎文書42、早稲田大学図書館蔵。表記は一部加工した）。

・五月一三日：朝、西郷参議の宅え参り、国会院設立幷びに左院改定の事を談ず、至極同意なり（中略）西郷曰く、御院に於て御引受け下され候得ば、甚だ仕合せなり

・九月一七日：左院の形況、左院諸議官の帰朝するや一日万林に会す、十月に入れば地方官会議を担当して始る事を約す、江藤大奮発にて我論に応援せり、爽快の男なり

・一〇月二日：国会議院取立ての事を板垣に論ず、十日までに正院に確説相定め候由

・一〇月三日：参院、高崎・松岡・本田等に国会議院取立《とりたて》の事を論ず、大に振起す、後藤惣裁に微意を談ず

ここで宮島は、明らかに征韓派参議と〈共鳴〉している。西郷が「国会院設立」にエールを送ったのを皮切りに、江藤・板垣・後藤ら使節派遣派が宮島の議会論に同調・協力していることがわかる。また、福島県令を務めた安場保和《やすばやすかず》が、政変後に岩倉に「行政・議政の権利を分別するは今日の急務、速かに内閣議官を置き、天下賢材の公論を集めらるべし」と建言した時も、「客歳黜陟の諸賢は、悉《ことごと》く閫《こう》国《こく》の傑出」「自家国家を担当して疑わざるの確見あ」りと、前年に下野した西郷らを高く評価した上で新設の内閣議官への起用を訴えていた（明治七年一月一九日付「岩倉右府へ建言」、元田永孚関係文書109–1、国立国会図書館憲政資料室蔵）。安場は前年に上京した際にも、同僚と共に「顕々討論、地方の民心を上陳云々、立法・行法に相分《あいわか》」つことを訴えていたが（「養浩堂日録」、明治六年一〇月一六日条）、地方官の立場からの議会論や分権論の文脈においても、下野参議は支持される存在だったのである。

④ 立憲政体・君徳輔導・民撰議院

(1) 立憲政体と「デスポチック」

一致の崩壊は、至当性と衆議それぞれの点から、立憲政体・君徳輔導・民撰議院を推進することになる。政変時の苛烈な対立は勝った側にも深い傷跡を残した。自分を信頼していた盟友の西郷を図らずも裏切り、その失脚に荷担する結果となった黒田清隆は、彼の辞職直後に「我心事《わがしんじ》追懐《ついかい》仕《つかまつ》り候に、大西郷君へ対し恥入《はじい》り（中略）我心を問へば、面皮《めんぴ》もこれ無く、止むを得ざる事の策とは申しながら、如何にして同氏え謝し様これ無く」と苦衷を露わにしていた（一〇月二二日付大久保利通宛書簡『大久保利通関係文書』三）。また伊藤も、「熟々《つらつら》考れば、政府の大権何の所に在る乎《か》、大臣の責何人に属する乎、私自ら其在る所を知らず」と戸惑いを吐露していた（一〇月二二日付書簡『木戸孝允関係文書』一）。使節派遣阻止のため縦横無尽の動きをみせた彼をして、衆議の切り捨ては容易に正当化できなかったのである。前の大久保のように、自己肯定の態度を貫徹できればいいが、それでは確信という個人的な資質に政権（政策）の命運が左右されることになり、長い目で見た場合不安定化は避けられない。

では、「爾来《じらい》（今後）は心に誓って、奸物に等敷所行《ひとしきしょぎょう》、天地鬼神へ懸け致さず」（前掲黒田書簡）といわざるを得なかったような自己嫌悪に苛まれることなく、政変の結果を守り、維持していくためにはどうすればいいのか。そのためには、至当性にもとづく強力な政治指導が、個人の恣意や差配にではなく、明示化された（つまり客観的で継承可能な）システムによって担保されなければならない。そのような課題のなかから具体化したのが「政体取調《せいたいとりしらべ》」であった。政変直後の段階で、大久保は悩みの渦中にあった伊藤と大隈重信に「政体取調掛《がかり》」を命じる。これは元来、大久保よりも木戸孝允が訴えてきた内容に近く、彼は維新直後から政府が「法則」を定めて「法則に相外《あいはず》れ不都合の取計いこれ有るときは、其法則を以て相糺《あいただ》」す大原則の確立を訴えていた（慶応四年二月二〇日付伊藤博文宛書簡『木戸孝允文書』一）。しかし、木戸自身は落馬による怪我の影響で政変には間接的にしか関与できなかった。他方で大久保も、これまでくり返してきた至当性への個人的確信にもとづく正面突破が、今回は政治的勝利と引き換えに癒しがたい傷を残したことを十分に分かっていた。こうして、以後は木戸孝允も交錯するかたちで、広い意味での立憲政体に向けた様々な動きが本格化していくこととなる。

押さえておきたいのは、彼らの立憲政体論の根底には、政府権力の確立という大目標が貫かれていたことである。衆議を欠いてしまった至当性を自立化させるという発想に根ざしていた以上、その眼目が権力の制約ではなく、むしろ強化に向かうのは当然であった。独自の関心から西洋の近代制度に理解を深めていた木戸は、当時「建国の大法は、デスポチックにこれ無くては相立ち申す間敷」「是等の事はデスポチックにこれ無くては所詮六ヶ敷」とくり返していた（一一月二〇日付伊藤博文宛書簡、二二日付同前書簡『伊藤博文関係文書』一）。「デスポチック」とは、専制の意味である。かくして立憲政体の本格導入は、権力の抑止という今日の一般理解とはむしろ真逆に、至当性に即した権力の安定的構築を目的として、それを衆議に左右されることなく可能にするために始められたのである。

(2)上奏のあつかいと君徳輔導

政変後の要路にとっては、天皇権威の制度化も「政体取調」と並ぶ最重要課題の一つであった。親裁を目指す動きがそれ以前からなかったわけではないが、①政変の過程で三条の調停者としての機能が限界をきたし、大きく傷ついたこと、②土壇場の局面で、それまでは慎重に回避されてきた天皇の直接(かつ露骨な)利用という「禁じ手」が解凍されてしまったことは、改めて天皇の権威を国家運営の鍵として浮上させた。特に②は深刻で、超越的権威に直接アクセスすることで閣議での不利を覆せることを図らずも自ら立証してしまった以上、反対派や第三者に同じことをさせないためにも、一刻も早くその力を囲い込むことが政権要路の喫緊の課題となった。つまり、自分たちが駆使した裏技を後輩が真似できないように、再び〈禁じ手〉として封印する工夫が、なんらかのかたちで要請された。

この点を岩倉の行動から確認してみよう。「一の秘策」を成功させた彼は、しかし直後から「彼より進退の咄《はなし》もこれ無く引取り候、其様子、疑らくば赤坂出頭も計り難く」と不安に苛まれた(一〇月二二日付大久保利通宛書簡『大久保利通文書』五)。「赤坂」とは、火災のため一時移転していた仮御所のことである。岩倉は、天皇の直接掌握を征韓派参議にもやり返されるのを恐れたのである。そのため、彼らは直ちに次の手立てを打ち始める。岩倉らは、秘密上奏の際に宮内卿徳大寺実則を味方に引き入れて天皇との仲介をさせていたが、その徳大寺は、直後に「奏上の事、何人より切迫言上候とも少しも御動き無く(中略)当分の処、両人必ず膝替《ひざがわ》りに祗候《しこう》」することも申し含められた(一〇月二二日付岩倉具視宛徳大寺実則書簡「明治六年征韓論一件」、岩倉具視関係文書274-2、国立国会図書館憲政資料室蔵)。「両人」とあるもう一人は、侍従長東久世通禧である。岩倉たちは、宮内卿の徳大寺と侍従長の東久世の二人を天皇の側に張り付けて外から誰も近づけさせないことで、一度通った上奏が覆されないようにしたのである。

しかも、岩倉らの打った手立てはこれに留まらず、さらに冷徹な徹底性をみせた。一〇月三一日に作成された「宸断ヲ仰《あお》グニ付《つき》手続之事」という書類では、今後同様の事態が起こった場合の対処策として、「太政大臣公・右大臣公にて御取扱い相成るべく、但《た》だ御両公の内は御一名、参議は両名ずつ、かわるがわる伺いに罷出《まかりいで》」と定めた上で「宮内卿の執奏は断然これ無き候様」とされた（大木喬任関係文書51-1、国立国会図書館憲政資料室蔵）。大臣や参議が複数で（つまり相互監視のもと）関わる一方で、宮内卿の執奏は禁じるという取り決めだが、これはかなり露骨なやり口である。大久保や岩倉が宮中工作を成就し得たのは、天皇との回路に位置する徳大寺らが協力してくれたためであったが、所期の目的を達成するや否や、返す刀で今度は宮中関係者が排除対象とされたのである。しかし、天皇権威の管理・独占を図る以上、これは避けて通れない道であり、「右の方至当と存じ奉り候」とされた。彼らの懸念は杞憂ではなく、天皇の側近は後に実際に親政運動を起こし、伊藤博文がこれに対抗して宮中の制度化を推し進めることになる（坂本一登『伊藤博文と明治国家形成』吉川弘文館、一九九一年）。天皇の扱いは、武器にも脅威にもなる厄介な問題として、この後も政府関係者を悩ませ続けたのである。

この後活発化する君徳輔導も、同じ動機に根差していた。後発者に〈玉〉を利用させないためには、周辺環境（宮中）の管理に加え、天皇本人も部外者に左右されない確たる人格を形成しておく必要がある。また、長期スパンの攘夷の遂行に際して、どこまで西洋を受け入れてどこの時点で線引きするのかについて、政府要路との感覚の共有も必要である（神戸事件や堺事件の共感者や、逆に「公法」信者になられては困る)。つまりは、あくまで維新の根本目標に沿う範囲内で強靭な〈自我〉を身に付けてもらうことが必要になったのである。それまである意味では維新の理念を体現していた三条実美が、「公議」の矛盾に引き裂かれて限界をみせた以上、これは天皇本人の君主化の機会でもあった。このような背景のもと、君徳補導(帝王教育)が本格化し、また同時にキヨッソーネの筆による洋装の軍人姿の御《ご》真影《しんえい》が作られ、新たなイメージを巷間に流布していくことになる。

(3) 民撰議院と「元老」の解釈

一方、政争に敗れた下野参議が翌年一月の「民撰議院設立建白」に結集していったことはあまりに有名である。では、この後自由民権運動へと本格的に発展していく議会論は、政変以前のそれとどう質的に変わったのか。結論をいえば、それは多数決原理の本格導入であった。もちろん、議論が以前になかったわけではない。西洋議会の知識自体は幕末から流入しており、洋学者らはその制度化も断続的に訴えていた。しかし、それはあくまでも知識先行であり、持続的に政策化したり広範な支持基盤を獲得する条件はいまだなかった。政変前の議会論は「一致」の論理に貫かれており、多数決制はこれと根本的に矛盾してしまうからである。衆議の重視が〈個〉や〈私〉の尊重を意味せず、異論自体をなくす動機に根差していたことは、これまでもくり返し確認してきた(公議所開設の「諭示」でも、「彼我の私見を去り、公明正大の国典確立の所に熟議を遂げ」とされた)。異論の解消を諦めた上で多数派に正当性を与える発想は、この流れからは生まれない。

ところが政変では、衆議と至当性が引き裂かれたことでこの前提が崩れた。そのため、至当性を肥大化させた政府要路とは対照的なかたちで、下野参議らの在野勢力も逆接的に至当性や「一致」の縛りから開放されることになった。至当性の側が衆議に配慮しないなら、その逆も十分あり得るからである。かくして、「一致」への帰結に縛られない多数決原理を内面化した議会論が、構造的・持続的に展開する素地が整ったのである。

ただし、「一致」の理念が途絶したわけではないことも断っておく必要がある。「一致」は当面困難になっただけで、本来そうあるべきという理想まで克服・止揚されたわけではないからである。象徴的なのは三条の動向である。政変後も三条は政治生命を保ち、折に触れ「政府・諸省までも公論に御懸《おかけ》相成り候わば如何」「御難題を申し候も、衆議・公論の所在至当の事と存じ候外これ無く」と訴えるなど、その「公議」にかける姿勢は相当に一貫していた。そして、「当参議中の間に隔意を生じ候ては、実に小生に於ても心外」と、そこでは「一致」の論理も変わらず持続していたのである（明治七年一月一日付岩倉具視宛書簡・四月二三日付同前書簡『岩倉具視関係史料』下）。

そして、政府はそのような三条をすぐに復帰させ、人物評も概して高かった。一例を挙げれば、木戸孝允は三条の「発狂」を知った日の日記に、「三条公篤行《とくこう》至誠《しせい》、十一年前より国家の為に艱難《かんなん》を嘗《な》め、大政一新後は朝廷の重きを任じ、倦色《けんしょく》なく、喜怒色を見せず」と記した上で、「悲嘆に堪えず」と嘆いている（『木戸孝允日記』二）。傷ついたとはいえ、三条の掲げてきた理想は無視できるものではなく、しかもその立場は他の人物が取って代わられるものでもなかった。三条が政変後も政治生命を長く保ち、晩年には立憲政体のもとで総理大臣〈代理〉まで勤めたという事実は、彼の姿勢が究極の理想として支持され続けた顕れとして、もっと注目されてもいい事柄である。

またこの当時、衆議と至当性のどちらにも引きつけて考えることができた制度については、関係者のあいだで解釈の綱引きが生じたようである。たとえば政変後から翌年にかけて浮上した「元老院」構想では、安場と岩倉・元田のあいだで解釈に差が生じた（池田勇太「公議輿論と万機親裁」『史学雑誌』第一一五編六号、二〇〇六年）。安場がこの職を在野勢力が入って権力の分散や意見調整を図る一種の議会と位置づけたのに対し、岩倉らは政権内の有力参議が兼任して君徳輔導を担う至当性の補完装置と考えたのである。当時井上馨は、「元老院、下院に似たる場処《ばしょ》」という解釈を紹介した上で、「これやらの事は、丸《まる》で発狂説□以て取消」すのが「上策」と述べていた（前掲一〇月二一日付伊藤博文宛書簡）。破損のため解釈が難しいが、恐らく井上は至当性の立場に立って、三条の錯乱を好機会として「元老院」を「下院」と位置づける潮流を封じ込めようとしたのだろう。

5 明治初年度の公議と維新政権

維新政権が、徳川に代わって自ら施政の責任を担うようになると、「公議」制度化の試みは試行錯誤と度重なる挫折・迷走をくり返した。ただ、そうしたなかで全体的な傾向をいえば、明治二年春までは遂行中の戊辰戦争の影響もあって、少なくとも制度次元では衆議の論理が政府を牽引していた。しかし戦争が収束に向かうと、攘夷論者と外国公使の軋轢が自重要因なしに再現され、同時に両者への配慮の必要性も相対的に減じた。

相異なる衆議のベクトルがそれぞれに先鋭化し、非妥協的に角突き合わせる状況下で、衆議の位相をそのまま政府の執行に反映させようとする政治路線は困難に直面する。諸勢力の板挟みとなって苦境に陥った東京の政府を、確信にもとづく強力な政治指導で刷新していく機運が生まれる。「公議」が当初から至当性の要素をあわせもっていたことは、徐々にその直接的な参加枠の範囲を狭めながら、資格と能力・見識を兼ね備えて選抜を経た為政者層が廟堂に集って、倫理感と責任感のもとに「一致」を実現するという、ある種純化された形態へと理念実現のアプローチを転回させた。その意味で、版籍奉還や廃藩置県は決して「公議」自体の途絶ではなく、巷間の衆議は建白書を介して政府に集められ、要路はそれを政策に反映させる責務を背負った。具体的には、廟堂で熟議を重ねることが衆議と至当性の乖離を抑止したが、その象徴は政府の頂点に立った太政大臣三条実美であり、三条は「公議」尊重を訴え続けることで、調停者として廟堂の正当性を保った。

この間、制度の変遷は目まぐるしく、政府要路の構成員も度重なる入れ替えと振るい落しを経験した。対立の構図は、対外政策をめぐって短期スパンの攘夷にこだわるか、なかば物神化した「万国公法」に依拠して諸外国との友好（譲歩）を正当化するかを両極に、その間のどこに歩を定めるかという問題。「一致」の構成要素である衆議と至当性のうち、どちらを軸に体制構築を進めるかという問題。加えて、「一致」の具現化たる集権化政策を、どれほどの性急さと非妥協性で進めるかという、速度と徹底性の問題。これら複数の問題が重なることで、複雑な政治暗闘と離合集散がくり返された。

他方で、これらモザイク状の懸案が絡み合いながらも、列島地域は致命的な分裂には陥らなかった。つまり、戊辰戦争以上の非妥協的な内戦状態には突入しなかった。それは、上記の諸問題があくまでも程度や手法をめぐる対立であり、大目標である国力の絶対値の底上げ、およびそれによる長期スパンの攘夷の実現に関しては、政権内外のほとんどの政治勢力に共通理解が存在したためであった。個々の争点の激しさを、分裂と「私」の乱立による「武威」の不確立への恐怖が上回った。その点で、「一致」は政策目標でありながら、同時に諸勢力に強力な自制を促す拘束要因でもあったのである。

このような体制は、明治六年に臨界を迎える。朝鮮への使節派遣をめぐる参議同士の意見対立は、維新後に持ち越された攘夷願望と岩倉使節団における文明体験を間接的な背景として、使節派遣派に衆議の論理を、反対派に至当性の論理を、それぞれ排他的に代弁させて苛烈な政治抗争に転じさせてしまう(征韓論分裂)。その過程で、これまで曲がりなりにも「一致」を保ってきた両要素は、調停者の能力を越えて乖離してしまい、三条の「発狂」という象徴的な事態を招いた。その意味で、政変は幕末以来追求されてきた「公議」の原初形態が、構造矛盾のなかで壁に突き当たった画期であった。

「公議」の分裂は、一面では、至当性と衆議にそれぞれ自立化の道を開いた。前者は立憲政体と上奏や君徳輔導の制度化を、後者は多数決原理を備えた民撰議院論を活性化させることとなる。これらは、互いに正当性の欠損を各々の制度構築によって補完することで「公議」の継承を図ったものであり、近代社会を新たな段階に移行させた。しかし他面では、「一致」することが理想であるという観念自体は克服も清算もされず、伏流形でこの後の政治社会をなお強く規定していくこととなった。

近世末以来の「公議」の勃興とその維新期における展開の位相は、我々に次のような悩ましいアポリア(不都合な真実)を突きつける。まず、明治六年政変後に本格化する自由民権運動や思想家の民権論が、外への膨張志向と内への同調圧力を強烈に伴いつつ、それらと密接不可分に進展したことである。近代日本の民主主義は、出発点から国家への奉仕を前提に主張されたのであり、衆議の勃興が攘夷論と分かちがたく結びついていた事実は、対外的差別が民主制の逸脱や例外ではなく、その起源に当初から構造的に組み込まれていたことを意味する（以後の展望については、牧原憲夫『客分と国民のあいだ』吉川弘文館、一九九八年。寺崎修『自由民権運動の研究』慶應義塾大学法学研究会、二〇〇八年。酒田正敏『近代日本における対外硬運動の研究』東京大学出版会、一九七八年を参照）。

次に、それに抗した潮流が、独善的な天皇権威の制度化を招いた点である。凶暴な衆議を御するために（ただし克服ではなく先送り）、天皇の超越性を押し立てて、しかもそれを排他的に掌握するという、権威の尊大化と独占が図られた。合理性の追求が別の非合理性を再生産・強化してしまうという皮肉な構造は、近代日本が国家制度を整えていく上で、以後もその位相を拘束し続けることになる。

終章

列島地域の「武威」世界と明治維新

① 明治維新をどうとらえ直すべきか

明治維新が世界に稀な大変革であったことは、国内外を問わず多くの人が認める事実である。七〇〇年に及んだ武家政権は終わり、大名領主権と身分制も解体された。生活様式、文化・風俗は急激な西洋化が進み、当の西洋人が驚くほどであった。二〇〇年以上続いた「鎖国」も撤廃され、国内外の人の出入りが自由化されるとともに、日本はこの後七〇年以上にわたり対外膨張政策を進めていくこととなる。政治・社会・文化の全域で、前時代とのあいだに目を見張るような断絶が生じたのである。

他方で、連続性とスムーズさも明治維新の特徴であった。江戸時代に確立した「日本」の領域は、琉球や蝦夷地などの留保を残しつつも現代の日本人の自国イメージの土台となり、たとえばヨーロッパの少なからぬ国で現代の領域感覚を近世以前に遡らせるのが容易でないこととは対照的である。近世村落の生活様式や共同体感覚は、今でも数多の日本人論・日本文化論の骨格となっている。また、維新変革への反発は比較史的にみればあっけないほど小さく、政治的には徳川政権と大名領主、身分的には武士階級は、数百年にわたる既得権益の喪失に驚くほど〈無抵抗〉で、奇妙な自壊を遂げた。

このような断絶と連続の両方を総合的に捉えるために、本書は江戸社会の構造分析、比較史の視点などを取り入れ、かなりの長期スパンで諸事象をみてきた。特に江戸時代論に多くの紙面を割いたのには違和感を持たれたかもしれないが、そこには以下の理由があった。それは、当該期を扱う近年の研究の傾向として、近世の終焉としての幕末分析、あるいは近代の始点としての維新期分析は豊富な反面で、その両面を踏まえてしかも再統合しなければならない明治維新論が、致命的に停滞している事実である（その背景の一端は、研究分野の細分化と利用可能な史料の増大が多くの新成果を生み出した一方で、それらの作業の明治維新論への昇華〈再統合〉の自覚と余裕を減退させたことにある）。

しかし、一般的にいって、人が論に一切依拠せず何かを語ることなど、当人の自覚の有無にかかわらず不可能である。したがって、仮に論と無縁であることを標榜したり、論旨を前面には立てない歴史叙述があったとしても、それは決してニュートラルではない。論の内面化や自明視が極まった結果、読み手とそして時に語り手自身にも、無自覚化・不可視化されてしまっているだけである*。

*リアリズムという視座は確かにある。ただそれにせよ、他の全てを犠牲に軍事侵略を防ぐことだけがリアリズムではない。文化や身分秩序をとことん守るのもまた別のリアリズムだろう。軍事的なリアリズムだけが真のリアリズムだといっても、それは結果的に維新政権がその道をとったというに過ぎず、文化や体制を重視した会沢正志斎や島津久光からみれば愚挙であった。現実に選ばれ今に至っているという点だけに拘るならば、リアリズムと現状追認の境界は限りなく曖昧になってしまう。

専門家による文脈付けが低調で、しかも誰も文脈と無縁でいられないなら、現代社会の通常は意識すらされない一般感覚が、隠微だが決定的な影響力をもつことは自明である。そうなると、前述した二つの明治維新の捉え方のうち、近世の終焉よりは近代の始点としての明治維新のほうが、一般感覚にそれこそリアルに訴えかけることになり、アカデミズムを越えた明治維新への言及には、どうしても「建国神話」的視点が色濃く反映されてしまう。そして論同様、政治思想史的なアプローチも低調であるから、「建国神話」の構図は極めて単純化し、ちょんまげを結っていたご先祖がいかに苦闘して現代の先進国の礎を築き上げたかという単純発展論（ただし、近世からどう展開してきたかという点には目が向かない）に終始してしまうのである。日本が経済力を武器に自信と展望を語り得た一九六八年ならいざ知らず、イギリス病のように〈豊か〉になった後の停滞と閉塞にもがく今日の状況では、こうした理解も最早ノスタルジー以上の意味をもたないことは、序章で述べた通りである。

他方で、近年の近世史研究も、近代化への懐疑のなかで現代の日本を相対化する参照軸として徳川社会を捉え直してきた側面があり（郊外住宅地の造成と農村景観の破壊にともなう近世村落の位置づけの【克服対象⇒再評価】という転換など）、優れた成果が古い明治維新理解の刷新に必ずしも直結はしてこなかった。本書が膨大な蓄積を誇る近世史研究の稚拙なまとめと位置づけを試みたのはそのためであり、「何が近代化したのか」という主語の部分にこだわって、それを古臭い〈アジア的専制〉イメージでもなく、またイデオロギー的には対極に立ちながらその実同じ評価基準に立った裏返しに過ぎないノスタルジックな近世礼讃でもなく、その総体がもった性格を構造的に描き出すためであった。

❷〈自己完結〉〈バランス調整〉〈「武威」〉の近世世界

そこで特に重視したのが、近世日本を一つの「世界」として把握することである。近世の列島地域に国としての「日本」意識がなかったわけではないし、儒学を通して、より大きな東アジア世界の一員としての文化や思考の枠組みが存在していたことも事実である。しかしそれでも、近世の列島地域は本質的には〈自己完結の世界〉を形成していた。「四つの口」を通した交流はあったが、その社会への影響はあくまで限定的で、しかも時がくだるにつれて、切実な必要性を失って様式化・形骸化がすすんだ。各々の境界に焦点を当てればそれなりに豊かな知識や物品のやり取りがあったことと、しかし社会全体としては漸次自足化と静態化が進んだことは、決して互いに矛盾するものではない。

そしてより大事なのは、知識の有無とアイデンティティの構造は、関連こそすれ決してイコールではなかったということである。程度に差はあれ、列島地域の住人は海外の知識を有し、その蓄積は蘭学の隆盛などで増していたが、同時に自らの住む土地を「天下」という言葉で「世界」と同一視もしていた。会沢正志斎は自らの「国」である「水戸」との対比で日本全体には「天下」を多用したし(『会沢正志斎書簡集』)、海保青陵は加賀で重役に向けた書のなかで、加賀「一国」を「覇」、「天下」を「王」とした上で、「隣国四方に引続きて」「外の有る」前者に対して、「王とは外の無き名也、天下丸持ゆへ隣国と云ふ者なし」と述べて、列島地域を外部のない存在と位置づけている(「経済話」)。青陵は同時に中国の風俗にも言及するが、その知識と右の世界観は彼のなかでなんら矛盾しないのである。冥王星や(旧)ユーゴスラビアのことは、今日誰でも存在は知っているしその気になれば詳しい知識も容易に入手できる。しかしその事実と、日本人の多くが冥王星やユーゴスラビアのことを毎日は考えず、これらの存在を不可欠に組み込むかたちでは自らの世界観を築いていないことは、容易く両立するのである*(中学生の時にユーゴ内戦の報道を日々追っていた筆者は、明らかに変人の部類に属していた)。

*もっとも、「天下」の範囲が昔から不変だったわけではない。最新の研究では織田信長が用いた「天下」は畿内を指していたとされ、逆に豊臣秀吉は「唐入り」(朝鮮出兵)後に北京に首都を移そうとした(日本は甥の秀次に委託)ように、東アジア全域を「天下」と見立てて自らその覇者になろうとしていた。その意味で「天下」は時代や

話者ごとに伸び縮みしたのであり、おおむね本州・四国・九州が日本であり「天下」だという意識は、江戸時代の徳川体制のもとで定着した観念であった。

地理環境としての列島地域が、世界観の上でもその海岸線に沿って内円を描くようになると〈地理的まとまりと世界観が溶け合って一体化すると〉、「日本」は絶対化すると同時に、絶対化ゆえに〈本尊化〉して、日常意識の光景に退く。それゆえ、自尊心の表れとして「日本」をあえて使わないという振る舞いも見られるようになった。後期水戸学者の藤田幽谷《ゆうこく》は、水戸の修史事業が「日本」表記を使うことに反対し、党派分裂の原因を作った。彼は「日本」という（あるいは「皇朝」すら）特定の国家を指す固有名詞の使用は、他の同格の国家の存在を想定し、自身の属する代えがたく高貴な存在を他者と入れ替え可能なものに貶めてしまうと考えた。そして、唯一無二の絶対的なものに対しては固有名詞を用いる必要はなく、歴史を書く際にはただ「史」と名付ければいいと訴えた。自身の帰属先だけが高貴で語るに足る歴史をもつのだから、一般名詞で十分、またそれこそ望ましいという理屈である。

また、天保年間に流行した地図皿でも、「日本」の表記は登場しない。そこで「国」と記されるのは、あくまでも律令制のもとでの「武蔵」や「山城」であり、列島の周囲を取り囲む「朝鮮」「琉球」や架空の国家群であった。「日本」は決して明示はされることなく、しかし明らかにそれら列島内外の諸〈国家〉全てを包摂する上級概念として、「世界」と等値されているのである。

文物の移動と想像力の射程の両面で列島地域が自己完結し、日本と「世界」が同義になったことは、統治理念や社会体制にある特質を生んだ。それは国家自体の神格化であり、「武」に即した「神国」意識が根付いた。そして、仏教は聖性を減じて統治機構の末端に組み入れられた。国家の神格化が、内部に対しては俗化を進行させたのである。そして、統治の際には筋道の通った説得力や普遍的な機能をもつ理念・道理よりも、領域内のバランス調整が優先され、その現実感覚の連鎖自体が規範となった。武家諸法度には、当初から「理」よりも「法」の優位が明記された。外をもたない世界では、論理に照らして検証可能な正当性よりも、決まりは決まりという事実こそが力をもったのである。

一般的にいって、個人の内面で機能する理念は、時に現実と矛盾し、現実を変える原動力となる（逆の観点からみれば、そのための労苦を主体としての個々人に強いる）が、それは「世界」の範囲や性質が変化した時に、他の環境にも転用可能なコミュニケーションの型を備えておくためである。つまり、あらかじめ「世界」の流動性や不確実性を前提とした対策を立てておくことで、一定の無駄と引き換えに対応力を保持しておくのが、理念の存在意義かつ必要とされる理由であった。不測の事態に備えて普段から一定の無駄や負荷を甘受するというのは、ワクチンや保険、あるいは車のアクセルの「遊び」の部分と似ている。しかし、「世界」があまりに完璧でその範囲や構成員が不変（に見える）ならばどうだろうか。ウィルスに感染する恐れのない無菌室で一生を送れるなら、あえてワクチンを投与し耐性を作る必要はない。列島地域が置かれたのは、そのような無菌室の箱庭世界であった。

暴政への抑止力となったのは、内的理念に照らした当不当の判断よりも、一ヶ所への皺寄せは運命共同体に禍根を残し、物事が丸く収まらないという、肥大化した生理感覚にもとづく懸念であった。箱庭世界を現実に保てるかどうかという、結果を生みだせる力への過度な信仰は、秩序の中身のねじれや非論理性への無頓着を生みだした。結果の調和へのこだわりは、内的な判断基準の確立や洗練を不要にしてしまったのである。

卑近な譬えとして、学校成績における絶対評価と相対評価の違いがあげられる。絶対評価は、独立した採点基準を厳格に適用するため、成績配分はあらかじめ調整することができず、場合によっては受講生の大半がA評価とか、逆にF評価（不合格）という事態も起こりうる。他方、相対評価は成績配分を最初から定めているため、バランスと調和は確保できる反面、他の受講生との関係次第では、テストは九〇点なのにBとか、逆に六〇点なのにAということも起こりうる。この場合、なぜその成績になるかは、本人の資質や採点基準では説明できない。同じクラスの他の学生の出来という、外的要因との関係性こそが決定的な意味をもつからである。つまりここでは、「理」が絶対評価に、バランス調整が相対評価に対応している。相対評価の弱点は、各々の成績理由をクラス内にしか説明できず、特定の年度のある特定のクラスという特殊環境の外側に対しては、原理的に語る言葉をもたないことである。しかし、この特殊環境が全面化し、クラス替えやクラス外の環境がなくなればどうだろうか。

日本がそのまま「世界」化し、自己完結した状態とは、まさにこの一クラス内の環境の全面化であった。そこでは個人の点数に関係なく、全体の割合に応じて位置づけ（成績）を差配すればよい。独立した（純理的な）判断基準は後景に退き、全体の成績配分が調和的でバランスがとれているかこそ（のみ）が意味をもつ。喧嘩両成敗という原則がある。どちらが正しいか、どちらに瑕疵《かし》があるかを真摯に検証するのではなく、騒ぎを発生させたという事実をもって、理屈抜きで双方を罰するのである。大名の官位昇進運動の際、由緒を列記した丁寧な根拠の提示が忌避され、ひたすら公儀の慈悲にすがるという論法に変えたら成功したという事例もあった（藤田覚『泰平のしくみ』）。「外の無き」世界だからこそ、普遍的な説得性や論理整合性は重視されず、調和自体が自己目的化するのである。

このような「世界」では、「公」という概念も、論理的・倫理的正しさというよりは、むしろ全体をカバーできる（どこか一方に偏らない）ことを意味した。公正さ以上に公平さが重視されたのである。東島誠氏は「impartial」という概念を用い、戦国時代にこうした「公」の性格が前面化したと指摘する（同『公共圏の歴史的創造』東京大学出版会、二〇〇〇年）。ならば江戸時代は、大名領国単位で定着していたこの「公」が、列島地域全体に範囲を拡大して成熟していったのだといえる。だから「公儀」という言葉も、徳川政権を指しながらも同時に大名家にも使われ、さらには列島地域に住む全住人のことすら含みこむというように、包括的な概念として人々に認知されたのである。

一方、調和が統治の基準とされたことは、「世界」内部の分化状態を固定化することにもなった。列島地域は身分（タテ：階層）と領域（ヨコ：空間）ごとに幾重にも区切られ、意識と異なり制度面の均質化は進まなかった。領主である武士は村請制というかたちで知行の運営を在地に丸投げし、城下町に集住して間接的にしか領知・領民に接しなくなった。身分の内部でも、武士では数百におよぶ大名家の統治・役職体系はまちまちで、百姓も隣村の鎌《かま》・鍬《くわ》の形状すら不統一という状況が珍しくなく、しかもそれで「世界」は十分回ったのである。近世初期に多く見られた帰属の流動性（武士なら奉公先の変更、百姓なら「走り（逃散）」）も滞り、「世界」は蜂の巣のように内部をさらに細かく区切り、無数の小「世界」の集合体となった。そこでは人の移動もあったが、全体的には極めて地域性が強く、たとえば朝王朝でみられたような血縁にもとづく広域ネットワークや、「民乱」が一気に全土に拡大するような状況は生まれなかった（近世後期に起こるようになる「国訴」も、本質的には地域現象である）。

この小「世界」は、人々を包む〈袋〉や〈殻（shell）〉であり、だからこそ整理・均質化されなかったといえる。なぜなら、居住地・身分・由緒等にもとづく外在的・他律的な自己規定は、宗教や「理」による個人の規範化とは相反する関係にあり、後者の不在・形骸化が前者を必要とした（あるいは前者の進行が後者を空洞化させた）からである。こうした状況がいったん定着すると、弱く不安定な自我を固定するためにも、細かな〈袋〉や〈殻（shell）〉はむしろ欠かせなくなり、それ自体が個々の自我を代替した。重要なのは、そこでは個人と環境のあいだに主客の逆転が生じていることである。〈自己完結の世界〉は、近世にできた歴史的産物であった。しかしその定着は、自我の軸を外化（個人の内面から周辺環境＝〈世間〉へ移転）し、結果的に人々は、自身が作り上げた環境に逆に規定されるようになった。近世中期から後期にかけて普及・定着する心学や通俗道徳は、こうした外的環境との調和や帰属集団の維持義務が、内面的な個人の倫理へと逆輸入されたものとみなすことができる。*

＊西洋における唯一の隣人となったオランダでは、日本との交際が定着する一七世紀に個人の尊厳とその内面の追究が進み、たとえば市民レベルで自画像や集団肖像画が大量に作成され、一つの文化として花開いた（Maarten Hell, Emma Los, Norbert Middelkoop,with contributions by Tom van der Molen and an epilogue by Paul Spies "Portrait Gallery of the Golden Age", Museumshop Hermitage, Amsterdam 2014）。個人主義と人格賛歌の勃興だが、日本ではむしろ逆の現象が生じたのである。

武家政権の基幹原理であった「武」は、こうした世界の構造と相互に補完し合うかたちで、体制の正当性として定着した。相互補完というのは、無数の〈袋〉とバランス調整という環境が、本来は即物的な暴力である「武」のイデオロギー化を可能にすると共に、他方ではそれらの入れ物である〈自己完結の世界〉自体が、この「武」によって外郭を保たれる関係にもあったからである。そしてこうした構造は、乱世の終焉からおよそ一世紀のタイミングで行われた徳川綱吉・新井白石らと徳川吉宗による「泰平」の位置づけをめぐるせめぎ合いの結果、後者が勝利を収めたことで確定・定着した。

③ ロシア危機と近世世界【再編⇕克服】の模索

本源的な意味での幕末は、このように二世紀にわたって形成されてきた〈自己完結の世界〉が、ロシア問題により動揺をきたしたことを機に始まった。ロシアの通商要求とそれに起因する武力紛争は、実際の被害以上に〈戦闘による死者はゼロであった〉、「武威」喪失への強迫観念を生み、元来はただの状態であった〈自己完結の世界〉は政策化され、自覚的に保守すべき課題へと転じた。以後、外国船は大前提として〈仮想敵〉と位置づけられ、彼らへの対応は「海防」としてなされた。

こう書くと、一九世紀以降の西洋列強が日本の脅威であったことは議論の余地のない事実であり、軍事的対応が前面に押し出されるのは当たり前ではないか、という反論が当然に予想される。確かに、当時彼らが軍事力を背に植民地化も含む進出をくり広げ、その射程が東アジアに及んでいたことは事実である。しかし、たとえば戦国時代のスペイン・ポルトガルも当時の世界最強に値し、各地に植民地を築いていたが、列島地域の人々は彼らを〈仮想敵〉とばかり見なして接したわけではない。また、レザノフが通商要求を拒まれた時には、長崎ではその退帆を惜しみ、なお交際と通商に期待を寄せてその実現を願う反応が少なからず見られた。さらに、同じ東アジアの住人としてウェスタンインパクトに対峙した清帝国や朝鮮王朝も、軍事的危機感だけにもとづき反応していたわけではない。つまり、当時の国際情勢をいうだけでは、対応の説明として十分とはいえない。状況の推移の半分は来訪者＝西洋列強の動向に依ったにせよ、もう半分はそれを受けとめた日本側の文脈に依っていたのである。

それは、一つには自分より強い（自分が自由に制御できない）ものの存在が知れ渡ってしまう不都合である。「武威」の内実は最強神話にあったから、戦争に負けて領域を奪われる事態が起こらずとも、互角な〈他者〉の登場を住人が認識するだけで致命傷になるのである。そして二つには、世界の枠が押し広げられてしまう不都合性である。世界が限定空間であり続けたからこそ、内部でさらに細分化した小「世界」同士の利害調整を重ねることで、新井白石や荻生徂徠が懸念したような（儒教による理念的）規範不在の状態でも統治はできた。ロシアの登場はその前提の否定も意味したのである。

この二重の意味で、西洋列強は現実の軍事的脅威という以上に、既存の支配正当性の枠組み・構造に対する精神的脅威であり、そのため公儀権力の主流は揺らぎをみせた〈自己完結の世界〉の維持に必死で取り組んだのであった。もっとも、現実の軍事力が形骸化するなかで「武」と「武威」のズレは拡大していたから、最強神話を守るために徹底した避戦が図られた。少なくとも建前としては無敵を謳いながら、その証明は巧妙に避け続けるという政策は綱渡りで、控えめにいっても欺瞞に満ちていたが、一九世紀前半を通してガタの出ていた〈自己完結の世界〉を曲がりなりにも機能させる「成果」をもたらしたのも事実であった。後のペリー来航は、その戦略の限界の現れであり、実は半世紀前にすでに始まっていた幕末的状況に対し、「武」の形骸化を隠す避戦によって〈自己完結の世界〉を延命させる試みが臨界に達した帰結として、その帰結ゆえに政治社会に衝撃を与えたのであった。

その間、半世紀にわたって「武」の実態と理念の懸隔が糊塗されたことは、現実に対する解釈の比重を強め、建前と現実対応を使い分ける技能を為政者と民衆に育んだ。ただし、かかる対応は当面の折り合いの付け方ではあっても、問題の根本的解決ではないので、この一九世紀前半には事実上の国家改造論が知識人から出てくるようになる。なかでも、その折り返し地点にあたる一八二五年に書かれた、会沢正志斎と古賀侗庵による二つの「新論」は、題名の通り新たな展望を示す書であった。

会沢の「新論」は、列島内部の細分化された小「世界」同士を「忠」で、その過去と現在を「孝」で結び、日本をあたかも現在に連なる一個の生命体のように位置づけた。強い共同体意識の喚起だが、その背景にはキリスト教による文化侵略への警戒があった。これは前述した二つ目の不都合性に関する対策であり、理念として独立した内容をもたない、つまり箱庭世界の内部を状況的にしか律せない「武」では、個人レベルの「民心」は「主なき」ままだという認識が土台にあった。外敵による民の切り崩しを防ぐためにも、松平定信が行った〈自己完結の世界〉の自覚化とテコ入れをさらに推し進めるかたちで、無数の「小世界」とその住人が有機的につながる家族国家が提唱されたのである。

他方で、古賀侗庵の「新論」は、〈自己完結の世界〉自体を解体するより根源的なものであった。彼は国家対等観のもと、「本邦」・西洋国家・東アジア（儒教文化圏）の諸国をフラットな関係と見た。つまり日本を世界の差配者ではなく、より広い世界の一部に置き直したのである。彼が尊大な自意識と決別できたのは、親子二代にわたり学問で破格の立身を遂げ、御儒者に登りつめた自負を代わりのプライドとして、蘭学知識を加えた朱子学合理主義で世界を脱構築する作業に、精神的に耐えられたからである。つまり、エリートとして個人単位で自己を確立させたことで、帰属先を神聖視することによって間接的にその構成員である自己を意義づけるという、自我の保証に関する既存の構造的制約から解放されたのである。会沢が、〈細胞〉として宿主＝日本を支える個人を説いたのだとすれば、侗庵は自らが独立した個人になることで、タブーなしに日本自体の読み替えに向かったといえる。

政治レベルでは、水野忠邦が天保改革で「持分」とバランス調整によって成り立つ日本＝「世界」を、徳川を首班とする日本＝「国家」に強引に移行させようとしたが、後継の阿部正弘政権はむしろ分権性を再認識・是認することで、強力なイニシアティブの不在と引き換えに、問題意識の全国的共有と政治体制の安定を図った。大まかな方向性としては、会沢と阿部、侗庵と忠邦が、それぞれ相即していたといえる。模索から半世紀を経て、公儀権力は門地や家柄を問わずに能吏を抜擢・配置する一方で、分権主義と外国交際に対する消極性のもと、嘉永六年のペリー来航を迎えたのである。

④「国家」と「世界」、そして「信義」と「征夷」

ペリー後の政局は、〈自己完結の世界〉の枠組みをどこまで変えるか、また何が譲れない幹で何が改変可能な枝かの選択を人々に迫った。遠国奉行や目付に進出した侗庵の弟子たちは、鎖国祖法観やバランス調整の論理は枝であるとみて、「信義」の尺度にもとづき日本を一国家に変えた上で、外国との交際を体系化しようとした。一方阿部らは、「持分」の棲み分けを排して最高機密のアメリカ国書を世間に公開したが、大枠では在野の力も動員することで〈自己完結の世界〉の論理の踏襲と延命を図った。このように、日本の世界から国家への転換や、外国交際実現のためには域内の混乱を厭わない潮流と、域内の調和の徹底によって危機状況下の体制の安定・強化を図る潮流は、互いに鞘当てをくり返していく。

ただ、後者もアクロバティックな避戦の論理のため戦争はできなかったから、西洋列強のアプローチが継続・強化されるなか、徐々に交際と交易に向けた流れは不可逆なものとなっていく。

安政五年（一八五八）の勅許奏請は失敗したが、侗庵と忠邦の政治潮流は調和ありきの思考自体を相対化していたから、徳川政権＝日本政府の決断として調印を断行した。ところが、大老井伊直弼は調印事実の矮小化に努め、これは緊急避難策としての「仮条約」で、いずれ「鎖国の旧法」に戻すと天皇に密約し、逆に本心では通商を是認していた有力大名は、「違勅」を政権攻撃に利用した。国内政争における対立者同士が、現実の行動と建て前を乖離させたのである。曲がりなりにも体制の安定に寄与してきたダブルスタンダードの技術は、ここに至って内訌の具と化し、政局は大きくねじれることとなった。

文久期になると、「違勅」批判は征夷大将軍の正当性を正面から問うものとなり、有力大名の一部は朝廷と幕政への介入を常態化させる。国内の突き上げと条約締結国との板挟みで幕閣が機能不全に陥るなか、政権内では、奉勅攘夷に尽力することで天皇権威との融合を図る一橋慶喜ら水戸系勢力と、侗庵系統の方針を発展させて日本政府としての振る舞い＝条約の遵守を目指す「条約派」が台頭する。両者は慶応元年（一八六五）に激突、通商条約が正当化された一方で、その根拠はあくまで天皇の許可によるとされた。七年にわたるねじれが解消された反面で、「征夷御職掌」を辞して明確に「武威」的自尊意識と決別し、徳川当主を「大統領」に移行させようとした「条約派」の試みは否定されたのである。

未発に終わった「条約派」の狙いは、世界の差配者から主権国家の代表に転じることであったが、対外主権を機能させるためには頂点権力の整備が必要である。江戸幕閣は水野忠邦の息子忠精を中心に、東国大名を政事総裁職につけることでこの課題に応えようとしたが、バランス調整と「持分」の論理がその実現を拒んだ。また、相手のある国際社会では政治決定にスピードが必要で、国内の動乱も折々の〈決断〉を為政者に要求したが、全会一致の伝統は引き籠りの応酬を生み、老中制は限界を露呈した。忠精は父を反面教師に、近世社会の延長線上に集約と〈決断〉を定着させようとしたが、その転用の目論見は、同じ近世的力学の抵抗によって頓挫したのである。忠精の失脚後は、書生派老中の小笠原長行やフランス公使ロッシュの助言によって、閣老の部局専任制（談合体質の克服）や多数決の制度化（全会一致の克服）が進められたが、これらも天皇権威との一体化を図る徳川慶喜のもと確立には至らなかった。制度設計の側面から漸進的に主権を立ち上げる試みは、壁に突き当たったのである。

一方、大名や「志士」は二重の〈持たざる者〉として国政にアプローチした。一つ目は権限の不在で、彼らは徳川の権力はあくまで〈自己完結の世界〉が保たれる限りで正当なのだから、入れ物自体を揺るがす対外問題においては、自分たちも意思決定に加わるべきと考えた。二つ目は責任の不在で、間接的にしか外交に関与しなかった彼らは、幕臣のように域内と外国の板挟みにならず、本音と建前の懸隔を大いに活用できた（煽情的な排外論で域内の支持を調達できた）。ここでは〈自己完結の世界〉が、政治活動の方便であると同時に、究極的には目的そのものにもなっている。つまり、全体主義の論理が元来の「持ち分」を越えた国政介入を正当化すると共に（ただし東国大名らは「持ち分」を優先）、その果ての「武」の底上げによって結局は〈自己完結の世界〉を取り戻せる（西洋列強を以前の差配対象に引き戻す）と考えられたのである。それゆえ、反幕勢力が「大攘夷」＝「武威」による超越的自己優位性の回復のため、手段としての衆議（政治参加枠の拡大）を尊重し、百姓や大名家臣などといった既存の「持ち分」を越えて政治進出を進めていく、強靭な力学と正当性が勃興したのである。

5 維新政権の綱わたり、および構造化する欧化と「臥薪嘗胆」

「王政復古」政府の成立は、〈持たざる者〉を〈持つ者〉に変えた。内外に意思決定を続ける権利と義務をまとった代表政府となったこと、これまでとは異なり「夷狄」と直接相対するようになったことは、幕末の衆議拡大や排外主義の主張と、責任主体としての新たな自己環境とのあいだに軋轢と調整の必要性を生み、徳川政権を苦しめた難題に、今度は彼らが直面することとなった。

対外問題では、内外への言葉の使い分けや、あいだに軍事整備や「富国」化（「富国強兵」や「殖産興業」の追求）をかませた「征夷」の長期計画化によって、究極目標は維持しつつ当面の緊張回避が図られた。しかし、こうした〈戦略〉を共有しない狭義の攘夷論者にとっては、新政府の振る舞いは裏切りに他ならず、彼らは神戸事件・堺事件・パークス襲撃などを続発させた。直近の危機の続発は、「万国公法」への依存から即今攘夷の代弁まで、要路間の現実対応に関する溝を露呈させた。

意思決定に関しては、政治参加枠の拡大を旗印としてきた「維新の変革主体」は、〈集約〉の発想に乏しく、王政復古時点で急遽三職が作られた。こうした経緯は、戊辰戦争勃発後も場当たり的な組織改編を生み、軍事部門の指揮部局が現実に政権も牽引するという過渡的状況を作り出した。

内外の危機状況は、当初は控えられていた「玉」を前面化させた。江戸城総攻撃直前の時点で、五箇条の誓文・億兆安撫の宸翰・五榜の掲示（と直後のアメリカに範をとった政体書）によって、至高の天皇が列島地域の総員を束ねて、歴史の重みを背負いつつ、当面の欧化を進めることで未来の「膺懲《ようちょう》」

を実現する国是が謳われたのである。日露戦争のスローガンとなった「臥薪嘗胆《がしんしょうたん》」は、実はこの頃から使用され始めていた。

ただし、慶応四年秋に戊辰戦争の大勢が決すると、先送りされていた衆議の本格的制度化と、西洋列強への配慮の必要が減じたことによる対外政策の再紛糾が起こり、結局大久保利通・岩倉具視・木戸孝允らを中心に、「選抜」を経た要路が廟堂に「公議」を純化させる。公議所や上局会議は縮小・廃止され、政体書も改変された。二院制や西洋列強の政体の表層的な模倣ではなく、「えり抜かれた賢才」が調停役の三条実美のもとに、衆議反映と決断創出を両立させる体制となったのである。

身分をなくし、人事の実力主義も自ら「範を示した」政権要路は、国力集中のためのさらなる均質化策として版籍奉還を断行した。これは既存の統治制度の根本的転換であったが、早くに土地と切り離され、「武」のために強いられた赤字―戊辰戦争への動員や軍事改革―で財政も疲弊させていた大名は、代替収入（知藩事の家禄）と引き換えに、領主権解体という革命を容易に受け入れた。

むしろ、困難としては廃藩置県のほうが勝った。すでに近世中期までには、戦国期以来の領知は武人の戦果としての性格を薄め、なかば静態的な行政区として運営されるようになっていた。支配の成り立ちよりもそれを現実に回せる実行力のほうが大事になっていたからこそ、領知権の解消（版籍奉還）よりも地方組織の改造（廃藩置県）の方が揉めたのである。また廃藩置県も、政府の予想に反し大きな混乱はなかった。大久保利通すら妥協を強いられた薩摩のような〈領主らしい領主〉は例外で、理念と実態の両面で武家は日本の「武」（国力）を支える〈細胞〉としてしか存続できない状態に追い込まれ、また自ら転じていた。かかる背景のもと、財源と兵力の集約が強権ゆえ地方に反発されながらも、同時に政府の力を強化もし、引き返せない自転車操業の状態が生まれたのである。この加速傾向は土地・教育・文化政策など多方面にも波及し、「開化への競合」状態が出現する（高橋秀直「廃藩置県における権力と社会」山本四郎編『近代日本の政党と官僚』東京創元社、一九九一年）。

この体制が臨界を迎えたのが明治六年政変であった。「選抜」を経た要路が、衆議尊重と決断創出を曲がりなりにも両立し得たのは、個人の資質と彼ら相互の信頼感に依るところが大きく、それを前提としていた。ところが、岩倉使節団の派遣による政府要路の分裂は、かたや海外の実態を見たことによる攘夷のさらなる段階化（延期と「富国」の推進）を、かたや比較的「組し易い他者」＝朝鮮への予行演習的な「武」の発動を、充分な相互了解なく別個に政策化した。前者は至当性、後者は衆議の体現としての性格を有したから、使節団の帰国は、それまではアクロバティックな綱渡りでなんとか維持できていた「公議」の二つの核の正面衝突を引き起こしてしまった。後者が巷間の願望と数の論理を楯に戦争勃発の可能性の高い朝鮮使節派遣を強引に決議したのに対して、前者はそれを上回る強引さでもって、猛烈な宮廷工作と奏聞の差し替えの末に、いったんは正式決定した閣議をひっくり返したのである。かつての盟友の関係は最悪となり、政府中核メンバーの半分が下野する異常事態となった。

「公議」を機能させ権威づけていた衆議と至当性が分裂したことの深刻さは、三条の「発狂」というかたちで象徴的に示された。リーダーというよりは調停者として、ある意味では幼年の天皇に代わって政府の精神的紐帯の役割を果たしていた彼は、要路が互いに露骨な敵対関係になったあとも、一人相互融和を説いて回ることで純化した「公議」を守ろうとしていた。幕末以来押し立ててきた「公議」の性格からして、新政府は決断主義とリーダーシップだけで回るものではなく、異なる意見を融和して一致協力させる調停力も不可欠であった。三条は自身の身体を「公議」理念の器に模していたからこそその矛盾に体を引き裂かれたのであり、事態を個人の精神的弱さや実力不足で片づけるのは、「公議」の本質と彼の立場をみない評価といわざるを得ない。この政変は、新政府発足六年のタイミングで、政治社会がその骨格理念たる「公議」の本格的な再編の段階に入ったことを意味したのである。

分裂をきたした至当性と衆議は、当面は互いに独自の発展を遂げることで事態に立ち向かっていく。まず至当性の方では、政変に勝利した政府要路が立憲制と君徳補導の整備を進めていく。衆議を欠いた政府の正当性をそれでも確保するには、一方では五箇条の誓文や政体書以来の国是をさらに体系的かつ詳細に明文化することで、恣意と思われないかたちで政府の方針を巷間に共有させる必要があった。そして他方では、三条に代わって前面に立つことになったがまだ人格形成が充分ではない明治天皇を、政敵の誘惑から守り、政府と戦略イメージを共有する国家統合の象徴的存在にすべく、帝王教育を施していくことも同時に必要となった。次に衆議の方では、数の力を政治決定につなげる回路を作り出す必要性から、従来は一致の理想のために避けられていた多数決論理の前面化が試みられる。その象徴が、政変からおよそ二ヶ月半後の明治七年一月に出された民撰議院設立の建白書であり、巷間の衆議を代弁するという形態のもと、政府の「有司専制」を厳しく攻撃していくことになるのである。

このように、至当性と衆議は「公議」理念の両輪としての相互関係を失い、当面は一輪車のようなあり方に転じたことで、独自発展の道を歩み、近代憲法・君徳補導・多数決議会の整備の動きを生み出していく。これらは西洋からの知識先行の単純移植ではなく、幕末以来の構造変動の推移に導かれた帰結であったため、一過性の流行に終わらず、以後の政府方針を規定する流れとなった。

しかし以上のような経緯は、その後の近代日本の歩みに、西洋諸国とは異なる以下のような特質も付与することとなった。それは、①憲法が為政者の専制抑制と民衆保護ではなく、逆に民意と対峙して政府方針を強化するツールとして当初から位置づけられたこと。②多数決制を備えた本格的な議会論が、究極的には「武威」観念の転回としての攘夷願望を原動力に生成・潮流化したということ。③一致は当面後景に退いたものの、理念的に克服されたわけではなかったから、強固な同調圧力と「私」への嫌悪感はこの後も社会に伏流し、人々は個人を個人として確立させるというよりは、立身出世という国家的上昇や新たな〈袋〉の模索を通して、自我を追究するようになったということである。

⑥ 近代日本とはなにか

海保青陵の言葉を借りれば、〈自己完結の世界〉とは「外の無き」世界であった。これは原理的な意味で〈他者〉をもたない世界であり、自身の思い通りにならない他の対等な主体が自身の行動を制約する状態を、諦念として受け入れ理論化しないで済む世界である。近世日本は列島地域=世界の内部でこのテーゼを護持していたが、一八世紀末からの動揺を経て、ペリー来航後は世界の外縁が地球大に拡大したことを受け入れざるを得なくなった。世界の外縁が広がり無数の〈他者〉が林立する状態に突入した以上、従来これを差配してきた神としての立場は見直されなければならない。しかし幕末政局の過程では、上記の立場から〈自己完結の世界〉を一国家としての日本に移行させようとした徳川政権の一部改革派の路線は否定され、既存のテーゼは世界観の構造的次元では総括されなかった。

代わりに、「武」の底上げを通した「武威」の挽回が国家戦略化される。これは、空間を拡大した新世界にもう一度既存のルールを適用し直そうとする壮大な計画であり、しかし意識的には、被害を蒙った状態からの回復をめざす防衛行動と観念された。そして、「武」の底上げのためにはまず国力の底上げが、国力の底上げのためにはまず「富国」化が必要との意識が広まったことで、戦略は徐々に段階化・長期化して、結局は当面の欧化＝文明化が国是となる。矛盾のクッション機能という点でいえば、一九世紀前半には西洋との空間的距離によって現実＝「武」と理想＝「武威」の溝が糊塗されていたのが、一九世紀後半以降は、【現在＝仮の姿⇓未来＝あるべき理想の実現】のように、それが空間軸から時間軸に置き代わったといえる。これにより、「夷狄」の制御どころか自らその模倣＝欧化に走る現状を当面合理化すると共に、底流する不全感を未来の変革のエネルギーへと変える仕組みができた。いうなれば、精神の保守性が、現実社会のすべてを解体し組み直す革新性を生み出したのである。

「武威」の挽回を究極の目標としたタブーなき社会変革の理念は、西洋より半世紀早く訪れた総力戦の構想とでもいうべきものであった。もちろん、理念はあくまでも理念であり、明治初頭の時点で政府要路の願望が各地の地域社会と充分に共鳴していたわけでも、ましてやこれを手中に収めていたわけでもない。私見では、その一応の定着は日清・日露の両戦争を経なければならなかった。

しかし、この点は認めた上で以下の二つは指摘できるだろう。一つは、以後政府の政策はこの理念の社会への浸透のために進められていくということである。学制の導入や御真影の配布、地租改正や徴兵制の急速な施行はその一例で、これらは西洋近代に普遍的な政策の移入としての側面を持ちつつも、他国と比べれば徹底した均質化が図られ、多様な地域は急速な画一化に晒された。もう一つは、地域社会はこうした富と人的資源の収奪（国家への吸い上げ）に抵抗したが、他方で地域社会は〈自己完結の世界〉の対抗概念ではなく、後者を前提に成り立つものでもあったということである。つまり、〈自己完結の世界〉が確固と持続してこそ、その内部を区切って地域共同体も分立できるというように、根本次元での依存が存在し、それゆえの〈弱さ〉があった。これは個人も同じで、明治の啓蒙知識人として著名な福沢諭吉は「一身独立して一国独立す」と述べており、国家から独立した個人を称揚しているイメージが強い（『学問のすゝめ』）。しかし、注意深く読めばこれは「苟《いやしく》も愛国の意あらん者は、官私を問はず先ず自己の独立を謀り（中略）士農工商共に独立して国を守らざる可らず」という主張で、国家防衛の兵士の能力向上論である。つまり、国家に奉仕しない「一身」は想定されておらず、それゆえ段階化した広義の攘夷を否定するのではなく、むしろその戦略を見事に表現したものであった。

攘夷の段階化が当面の欧化という逆説を生んだように、〈他者〉の否定は海外膨張による「皇化」促進と同時に、自身の姿の際限なき変容としても現れた。外国の併呑とカメレオンのごとき自身の状況適応が並存し、異質性との同居による妥協やグレーゾーンの理論化は回避され続けた。これは近代にできた国内の新たな共同体でも同じであった。個人的自我に代わり人々を空間・階層で規定していた近世の共同体は、〈入れ物〉＝日本の強化（動員の効率化）のため上から強権的に解体されたが、これは個人にとってはアイデンティティ不安の到来でもあった。人々は新たな寄る辺を求めざるを得ないが、浮遊する自己を繋ぎ止める対象は単なる選択肢にはとどまりえず、共同体のイデオロギーや存続の絶対化・個人のそこへの一体化とその反面としての外部への非妥協化を伴わざるを得ない（松沢裕作氏は自由民権運動の結社を近世の〈袋〉の代替物とみる。同『自権民権運動』）。そして時間的には、個人は「未来に生きる」ことによって、現状の不安定性を補って余りある推力を手に入れた。国是の構造は、〈最強に返り咲く未来〉と〈その途上の現在〉に時間軸を二分したからである。しかし、このような世界における現在は、果たして通り道以上の意味をもつのだろうか。森鷗外の小説「普請中」では、主人公が近代日本を「普請中」と評するが、牧原憲夫氏も紹介する（『文明国をめざして』小学館、二〇〇八年）鷗外の別の小説である「青年」の主人公、小泉純一は、日露戦争に勝利した明治末年に、長期計画がある程度達成されたがゆえの皮肉な虚無のなか、若きインテリの感性でこう呟く。彼の困惑は青臭い感傷なのかもしれない。しかし二一世紀の今、私たちは本当にその問いを笑えるのか。

> 　生きる。生活する。
> 答は簡単である。しかしその内容は簡単どころではない。
> 一体日本人は生きるということを知っているだろうか。
> 小学校の門を潜《くぐ》ってからというものは、一しょう懸命にこの学校時代を駆け抜けようとする。その先きには生活があると思うのである。
> 学校というものを離れて職業にあり附くと、その職業というものを為し遂げてしまおうとする。その先きには生活があると思うのである。
> そしてその先きには生活はないのである。
> 現在は過去と未来との間に劃《かく》した一線である。
> この線の上に生活がなくては、生活はどこにもないのである。
> そこで己は何をしている。

主要参考文献一覧

青山忠正『明治維新の言語と史料』（清文堂出版、二〇〇六年）
青山忠正『明治維新』（吉川弘文館、二〇一二年）
青山忠正『明治維新を読みなおす』（清文堂出版、二〇一七年）
荒野泰典『近世日本と東アジア』（東京大学出版会、一九八八年）
荒野泰典「江戸幕府と東アジア」（同編『江戸幕府と東アジア』吉川弘文館、二〇〇三年）
家近良樹『幕末政治と倒幕運動』（吉川弘文館、一九九五年）
池内　敏「大君の外交」（『日本史講座6　近世社会論』東京大学出版会、二〇〇五年）
池内　敏『大君外交と「武威」―近世日本の国際秩序と朝鮮観―』（名古屋大学出版会、二〇〇六年）
池田勇太「公議輿論と万機親裁」（『史学雑誌』第一一五編第六号、二〇〇六年）
伊故海貴則「近世後期～幕末期における「議論」と「意思決定」の構造」（『立命館大学人文科学研究所紀要』第一一五号、二〇一八年）
石井　孝『増訂　明治維新の国際的環境』（吉川弘文館、一九六六年）
石井　孝『日本開国史』（吉川弘文館、一九七二年）
磯田道史『近世大名家臣団の社会構造』（東京大学出版会、二〇〇三年）
伊藤昭弘「文久三年の佐賀藩」（『研究紀要』第二号、二〇〇八年）
井上勝生『幕末維新政治史の研究』（塙書房、一九九四年）
井上勝生『開国と幕末変革』（講談社、二〇〇二年）
井上勝生『幕末・維新』（岩波新書、二〇〇六年）
井上　勲『王政復古』（中公新書、一九九一年）
井上　勲「開国と幕末の動乱」（同編『日本の時代史20　開国と幕末の動乱』吉川弘文館、二〇〇四年）

上田純子「儒学と真宗説法」(塩出浩之編『公論と交際の東アジア近代』東京大学出版会、二〇一六年)
ヴェーバー・M〈大塚久雄・生末敬三共訳〉『宗教社会学論選』(みすず書房、一九七二年)
鵜飼政志『幕末維新期の外交と貿易』(校倉書房、二〇〇二年)
鵜飼政志「条約原文でみる明治維新期の日米関係」(『二〇〇七年度、古文書学文献学研究　最終課題その3』二〇〇七年)
大澤真幸『ナショナリズムの由来』(講談社、二〇〇七年)
岡村敬二『江戸の蔵書家たち』(講談社、一九九六年)
奥田晴樹『立憲政体史の研究』(岩田書院、二〇〇四年)
奥田晴樹『維新と開化』(吉川弘文館、二〇一六年)
小関素明『日本近代主権と立憲政体構想』(日本評論社、二〇一四年)
大藤　修『近世村人のライフサイクル』(山川出版社、二〇〇三年)
尾脇秀和「幕末期京糸割符の動向と終焉」(『日本史研究』第五九九号、二〇一二年)
笠谷和比古『主君「押込」の構造』(平凡社、一九八八年)
笠谷和比古『近世武家社会の政治構造』(吉川弘文館、一九九三年)
笠谷和比古『江戸御留守居役』(吉川弘文館、二〇〇〇年)
笠谷和比古『徳川家康』(ミネルヴァ書房、二〇一七年)
柏原宏紀「太政官制潤飾の実相」(『日本歴史』第七五〇号、二〇一〇年)
桂島宣弘『思想史の十九世紀』(ぺりかん社、一九九九年)
菊池良生『戦うハプスブルク家—近代の序章としての三十年戦争—』(講談社、一九九五年)
岸本　覚「長州藩藩祖廟の形成」(『日本史研究』第四三八号、一九九九年)
鬼頭　宏『文明としての江戸システム』(講談社、二〇〇二年)
木場貴俊「近世社会と学知—古賀侗庵と怪異から—」(『ヒストリア』第二五三号、二〇一七年)

木村直也「幕末期の朝鮮進出論とその政策化」（『歴史学研究』第六七九号、一九九五年）
木村直也「近世中・後期の国家と対外関係」（曽根勇二・木村直也編『新しい近世史』新人物往来社、一九九六年）
久住真也『長州戦争と徳川将軍』（岩田書院、二〇〇五年）
久留島浩『近世幕領の行政と組合村』（東京大学出版会、二〇〇二年）
坂本一登『伊藤博文と明治国家形成』（吉川弘文館、一九九一年）
櫻井哲男「ケンペルが聞いた元禄の音」（ヨーゼフ・クライナー編『ケンペルのみたトクガワ・ジャパン』六興出版、一九九二年）
酒田正敏『近代日本における対外硬運動の研究』（東京大学出版会、一九七八年）
佐藤隆一『幕末期の老中と情報―水野忠精による風聞探索活動を中心に―』（思文閣出版、二〇一四年）
澤井深海「「交際」から「外交」へ」（『国家学会雑誌』第一二九巻第九・一〇号、二〇一六年）
鈴木　尚『骨は語る―徳川将軍・大名家の人びと―』（東京大学出版会、一九八五年）
スクリーチ・タイモン『大江戸異人往来』（丸善ブックス、一九九五年）
須田　努『幕末の世直し―万人の戦争状態―』（吉川弘文館、二〇一〇年）
高木昭作『将軍権力と天皇』（青木書店、二〇〇三年）
高埜利彦『日本の歴史13　元禄・享保の時代』（集英社、一九九二年）
高橋秀直「廃藩置県における権力と社会」（山本四郎編『近代日本の政党と官僚』東京創元社、一九九一年）
高村直助「維新前後の〝外圧〟をめぐる一、二の問題」（『社会科学研究』第三九巻第四号、一九八七年）
田中　彰『明治維新政治史研究』（青木書店、一九六三年）
知野文哉『「坂本龍馬」の誕生』（人文書院、二〇一三年）
塚本　学『生類をめぐる政治』（平凡社、一九八三年）
辻本雅史『近世教育思想史の研究』（思文閣出版、一九九〇年）
津田秀夫「民衆運動の思想について」（『月報2』『日本思想体系44　本田利明・海保青陵』岩波書店、一九七〇年）

寺崎　修『自由民権運動の研究』（慶應義塾大学法学研究会、二〇〇八年）
寺嶋一根「江戸幕府成立期における武家服飾上の画期」（『洛北史学』第一一号、二〇〇九年）
トビ・ロナルド『「鎖国」という外交』（小学館、二〇〇八年）
奈良勝司「岩倉具視」（笹部昌利編『幕末維新人物新論』昭和堂、二〇〇九年）
奈良勝司『明治維新と世界認識体系』（有志舎、二〇一〇年）
奈良勝司「小笠原長行と「公議」」（『立命館大学人文科学研究所紀要』第一〇五号、二〇一五年）
奈良勝司「「戊午の密勅」降下後の水戸徳川家と情報周旋」（『茨城県史研究』第一〇〇号、二〇一六年
奈良勝司「慶応元年一〇月五日の廉前評議」（桑名市立博物館編・発行『幕末維新と桑名藩』二〇一七年）
西本郁子『時間意識の近代―「時は金なり」の社会史―』（法政大学出版局、二〇〇六年）
根崎光男『犬と鷹の江戸時代』（吉川弘文館、二〇一六年）
羽賀祥二「和親条約期の幕府外交について」（『歴史学研究』第四八二号、一九八〇年）
羽賀祥二『史蹟論』（名古屋大学出版会、一九九八年）
芳賀　徹「ケンペルと比較文化の眼」（ヨーゼフ・クライナー編『ケンペルのみたトクガワ・ジャパン』六興出版、
一九九二年）
服部英雄「原城発掘」（荒野泰典編『日本の時代史14　江戸幕府と東アジア』吉川弘文館、二〇〇三年）
原口　清『原口清著作集2　王政復古への道』（岩田書院、二〇〇七年）
坂野潤治『未完の明治維新』（ちくま新書、二〇〇七年）
東島　誠『公共圏の歴史的創造』（東京大学出版会、二〇〇〇年）
日高　薫「行列を読む⑧」（国立歴史民俗博物館編・発行〈企画展示図録〉『行列にみる近世―武士と異国と祭礼と―』
二〇一二年）
尾藤正英『江戸時代とはなにか』（岩波書店、一九九二年）
平川　新『紛争と世論』（東京大学出版会、一九九六年）

深井雅海『綱吉と吉宗』（吉川弘文館、二〇一二年）
深谷克己『百姓成立』（塙書房、一九九三年）
深谷克己「一八世紀後半の日本―予感される近代―」（『日本通史14　近世4』岩波書店、一九九五年）
深谷克己「東アジアにおける近代移行期の君主と神観念」（同編『東アジアの政治文化と近代』有志舎、二〇〇九年）
福岡万里子「五ヵ国条約後における幕府条約外交の形成」（『日本歴史』第七四一号、二〇一〇年）
藤井讓治「一七世紀の日本」（『日本通史12　近世4』岩波書店、一九九九年）
藤田　覚『天保の改革』（吉川弘文館、一九八九年）
藤田　覚「対外的危機と幕府」（『九州史学』第一一六号、一九九六年）
藤田　覚「近代の胎動」（同編『日本の時代史17　近代の胎動』吉川弘文館、二〇〇三年）
藤田　覚『太平のしくみ』（岩波書店、二〇一二年）
藤田　正「明治初年の太政官制と「公議・公論」」（『講座明治維新3　維新政権の創設』有志舎、二〇一一年）
ベイリー・ボダルト『犬将軍』（柏書房、二〇一五年）
ペリン・ノエル『鉄砲を捨てた日本人』（紀伊国屋書店、一九八四年）
保谷　徹『幕末日本と対外戦争の危機』（吉川弘文館、二〇一〇年）
前田　勉『近世日本の儒学と兵学』（ぺりかん社、一九九六年）
前田　勉『江戸の読書会―会読の思想史―』（平凡社、二〇一二年）
眞壁　仁『徳川後期の学問と政治』（名古屋大学出版会、二〇〇七年）
牧原憲夫『客分と国民のあいだ―近代民衆の政治意識―』（吉川弘文館、一九九八年）
牧原憲夫『文明国をめざして』（小学館、二〇〇八年）
松尾正人『木戸孝允』（吉川弘文館、二〇〇七年）
松方冬子『オランダ風説書』（中公新書、二〇一〇年）
松沢裕作『自由民権運動』（岩波新書、二〇一六年）

松本英治「レザノフ来航予告情報と長崎」（片桐一男編『日蘭交渉史　その人・物・情報』思文閣出版、二〇〇二年）
丸山眞男『日本政治思想史研究』（東京大学出版会、一九五二年）
水本邦彦「徳川の「日本」「日本人」認識」（同『徳川社会論の視座』敬文舎、二〇一三年）
三谷　博『ペリー来航』（吉川弘文館、二〇〇三年）
三谷　博『明治維新を考える』（有志舎、二〇〇六年）
三村昌司「公議人の存在形態と公議所における「議論」」（『歴史学研究』第八四二号、二〇〇八年）
宮崎克則『大名権力と走り者の研究』（校倉書房、一九九五年）
宮地正人『天皇制の政治史的研究』（校倉書房、一九八一年）
宮地正人「明治維新の論じ方」（『駒沢大学史学論集』第三〇号、二〇〇〇年）
村井章介『分裂から天下統一へ』（岩波新書、二〇一六年）
母利美和『井伊直弼』（吉川弘文館、二〇〇六年）
安丸良夫『日本の近代化と民衆思想』（青木書店、一九七四年）
藪田　貫『国訴と百姓一揆の研究』（校倉書房、一九九二年）
山崎有恒「公議」抽出機構の形成と崩壊」
山下範久『世界システム論で読む日本』（講談社、二〇〇三年）
山室信一『思想課題としてのアジア』（岩波書店、二〇〇一年）
山本博文『鎖国と海禁の時代』（校倉書房、一九九五年）
横山伊徳『開国前夜の世界』（吉川弘文館、二〇一三年）
若尾政希『「太平記読み」の時代』（平凡社、一九九九年）
渡辺京二『逝きし世の面影』（平凡社、二〇〇五年）
渡辺尚志『近世百姓の底力』（敬文舎、二〇一三年）
渡辺尚志「村の世界」（『日本史講座5　近世の形成』東京大学出版会、二〇〇四年）

渡辺　浩『近世日本社会と宋学』（東京大学出版会、一九八五年）
渡辺　浩『東アジアの王権と思想』（東京大学出版会、一九九七年）
渡辺　浩『日本政治思想史—十七〜十九世紀—』（東京大学出版会、二〇一〇年）
渡辺　浩「「礼」「御武威」「雅び」」（笠谷和比古編『国際シンポジウム第22集　公家と武家 その比較文明史的研究』国際日本文化研究センター、二〇〇四年）

国立民族学博物館編・発行『ケンペル展—ドイツ人の見た元禄時代—』一九九一年
国立歴史民俗博物館編・発行〈企画展示〉『地鳴り　山鳴り』二〇〇〇年
東京都江戸東京博物館編『特別展　ペリー&ハリス—泰平の眠りを覚ました男たち—』（東京都江戸東京博物館・名古屋ボストン美術館・読売新聞社、二〇〇八年）
『森鷗外全集　第2』（筑摩書房、一九六五年）
Maarten Hell, Emma Los, Norbert Middelkoop, with coutributions by Tom van der Molen and an epilogue by Paul Spies "Portrait Gallery of the Golden Age" Museumshop Hermitage, Amsterdam 2014

あとがき

ここまで苦しむとは思わなかった、というのが今の正直な心境である。本書は、『明治維新と世界認識体系』に続く著者の二冊目の単著である。初出は次の通りだが、全編にわたって書き下ろしに近い加筆・再構成を行い、学術論文を土台にしながらも、註をなくして本文に収めるなど、一般の読者の便に供するよう意を払った。また、日本史研究としての新たな知見と理解を提示しながらも、同時に人文・社会科学の観点から世界を読み解くことに関心をもつ幅広い層に広かれた、できるだけ普遍的な問いの立て方と語り口をするようにも試みた。具体的には、社会思想史、社会心理学、哲学、文学、政治学、国際関係論など、隣接分野を学ぶ人々とも共有可能な問題設定・考察を心掛けたつもりである。

序章　書き下ろし（ただし、「明治維新論の現状と課題」〈『歴史評論』第八一二号、二〇一七年〉、「明治維新論の再構築に向けて」〈『現代思想』二〇一八年六月臨時増刊号〉の内容と一部共通）

第一・二章「明治維新の前提条件における「主権」と「国民」」（『日本歴史研究』〈韓国〉第三八緝、二〇一三年）を大幅に加筆・再構成

第三章「徳川政権と万国対峙」（明治維新史学会編『講座明治維新2　幕末政治と社会変動』有志舎、二〇一一年）

第四章「幕末政治と〈決断〉の制度化」（『ヒストリア』第二二三号、二〇一〇年）、「小笠原長行と

「公議」」（『立命館大学人文科学研究所紀要』第一〇五号、二〇一五年）
第五・六章　「近代日本形成期における意思決定の位相と「公議」」（『日本史研究』第六一八号、二〇一四年）を大幅に加筆・再構成
終章　書き下ろし

前書刊行後、当初は前書をかみ砕いた概説書に取り掛かる予定であった。しかし、二〇一一年から縁あってドイツと韓国で在外研究および奉職することとなり、人生初めての本格的な海外生活を経験し、その日々のなかで数え切れないほどの新たな発見や刺激を受けたため、この世界認識体系の問題については、改めて腰をしっかりと据えて考え直さなければならないと思うようになった。

そうした折、通時的な明治維新論を書く機会を得た。明治維新一五〇年という節目の年を前に、昔ながらの自画自賛、それに抗する〈近代〉批判と江戸回帰、ともすれば「精緻」であることが自己目的化したかのようにみえる個別実証。その何れとも違うかたちで、列島地域の武人政権と近世社会が一九世紀半ばに急激に姿を変えていくことの理由と意味を、ダイナミックでグロテスクな明暗一対の構造と力学として、粗削りでも描いてみたい。そのような意欲と焦燥感が高まった。

しかし、一介の若手研究者に明治維新を正面から論じる力と資格があるのだろうかという恐れは強く、作業に取り掛かっては幾度も怯むこととなった。またその途次では、比較史の視座や江戸時代の構造的理解の大切さも痛感し、生来の要領の悪さも相俟って、歩みは遅れに遅れて関係者にご迷惑をおかけした。冒頭に挙げた苦しみは、こうした問題と文字通り悪戦苦闘したがためである。

それでもともかくも「蛮勇」を奮うことができたのは、この間の海外生活の影響が大きい。二〇一一年以来、のべ三年半にわたってドイツ・韓国・オランダで暮らした経験は、現地史料の発掘に加え、異文化生活の実践の場となり、同時に、今まで当たり前のように暮らしていた日本社会を、新たな発見や新鮮味をともないクリアに逆照射してくれた。海保青陵や中村正直といった、研究対象でもある優れた先達が鋭く指摘していたように、自国はいったん距離をとってみてこそその本質がよく見えるという真理を、肌身で実感することができたのである。「武威」概念が維新変革にもった意味、共同体の論理と「公議」の構造、三条実美の政治家としての資質など、本書が自負するささやかないくつかのオリジナリティも、この過程で着想を得たものが多い。また、そこで生まれた多くの出会いと交流は、同様の刺激に満ち溢れ、何物にも代えがたい財産となった。お世話になった方、ご恩をうけた方の名前は到底ここに尽せないが、あえて一人だけ名前を挙げることを許されるならば、ドイツ・ルール大学のヤン・シュミット氏（現ベルギー・ルーヴェン大学准教授）との変わらぬ友情に感謝したい。

特定の共同体やそのもとでの空気・お約束を外れ、身一つで異文化に投げ込まれた時、人は真に一己の主体として、世界に相対する恐怖と興奮を味わう。恵まれた環境と無視できない幸運に助けられたとはいえ、このような刺激的な時間のなかに身を置くことができたことは、一人の日本史研究者として望外の喜びであった。国民一般からの逃避は非現実的でも、日本国民となること（であること）を歴史的に解きほぐし、洞察を加えることは、日々の生活や思索の風通しを多少なりとも良くするのではないか。もとより、本書は限定された視角にもとづく作業の暫定的な経過であり、菲才ゆえの過誤もあろう。また、扱った領域の広さから逐一一次史料にあたることが叶わず、多くを先学の成果に依ったが、その解釈、文脈化については全て筆者の責任による。読者諸氏のご叱正を待ちたい。

本書が形になるまでには、日本学術振興会の科学研究費助成事業（基盤研究（C））における「幕末維新期における「公議」の研究」を始め、多くの方々や機関から有形無形のご支援を頂いたが、特に刊行にあたっては、立命館大学学術図書出版推進プログラムの助成を受けた。下読みと文献リストの作成にあたっては、伊故海貴則・橋口真樹の両氏に助けていただいた。また、有志舎の永滝稔氏には、前書に引き続き言葉に尽せないほどお世話になった。改めて深く御礼申し上げる。

最後に、本書は家族の存在なしには決して完成しなかった。この数年のあいだには、病による母との別離を経験し、父や兄弟ともども辛い思いをしたが、他方では新たな家族を作る幸せにも恵まれた。妻の寺澤優は本書の校正を手伝ってくれたが、愛犬ジンムラーと共に、常日頃よりかけがえのない活力となってくれている。ささやかではあるが、この場を借りて改めてお礼を言いたい。家族が、自分一人で左右できるものではなく、同時に移ろい変容していくものでもあれば、盤石で不変に見える日本や日本社会も同じだろう。強靭さと無常さの両面をいかに統合的に把握し、説得的に提示していけるか。この国に生きる身として、現在進行形で向き合い続けなければならない課題である。

二〇一八年六月

奈良勝司

著者紹介
奈良勝司（なら　かつじ）
立命館大学文学部日本史学専攻卒業
立命館大学大学院文学研究科史学専攻日本史学専修博士課程後期課程単位取得退学
日本学術振興会特別研究員、ドイツ・ルール大学ボーフム校客員准教授、韓国・漢陽大学校国際文化大学日本言語文化学科助教授、立命館大学文学部助教、国際日本文化研究センター客員准教授などを経て、現在、広島大学人間社会科学研究科准教授
〔主要著書・論文〕
『明治維新と世界認識体系』（有志舎、2010 年）
「宮崎駿の世界観における〈他者〉と〈言葉〉」（『比較日本学』〈韓国〉第 32 号、2014 年）
『会沢正志斎書簡集』（共編著、思文閣出版、2016 年）
「人見・中川両苗と新選組」（『立命館創立者生誕 150 年記念 中川小十郎研究論文・図録集』立命館 史資料センター編・発行、2017 年）
「海保青陵と近世後期の世界観」（『「2018 第三屆 台灣與東亞近代史青年學者學術研討會」會議論文』〈台湾〉国立政治大学台灣史研究所、2018 年）

明治維新をとらえ直す
——非「国民」的アプローチから再考する変革の姿——

2018 年 9 月 30 日　第 1 刷発行
2021 年 5 月 10 日　第 2 刷発行

著　者　奈 良 勝 司
発行者　永 滝　稔
発行所　有限会社　有　志　舎
〒 166-0003　東京都杉並区高円寺南 4-19-2
クラブハウスビル 1 階
電話　03（5929）7350　FAX　03（5929）7352
http://yushisha.sakura.ne.jp
DTP　言 海 書 房
装　幀　奥 定 泰 之
印　刷　中央精版印刷株式会社
製　本　中央精版印刷株式会社

ISBN978-4-908672-25-5